Introduction historique au droit

DANS LA MÊME COLLECTION

Éric Canal-Forgues et Patrick Rambaud, *Droit international public*.
Michel Clapié, *Institutions européennes*.
Michel Clapié, *Manuel d'institutions européennes*.
Jean-Pierre Clavier et François-Xavier Lucas, *Droit commercial*.
Emmanuel Dreyer, *Droit pénal général*.
Rafael Encinas de Munagorri, *Introduction générale au droit*.
Frédéric Rouvillois, *Droit constitutionnel 1. Fondements et pratiques*.
Frédéric Rouvillois, *Droit constitutionnel 2. La Ve République*.
Bertrand Seiller, *Droit administratif 1. Les sources et le juge*.
Bertrand Seiller, *Droit administratif 2. L'action administrative*.
Sylvain Soleil, *Introduction historique aux institutions (IVe-XVIIIe siècle)*.

Jean-Louis Thireau

Introduction historique au droit

3e édition

Champs UNIVERSITÉ
Flammarion

Cet ouvrage est publié sous la direction de Frédéric Rouvillois.

Troisième édition, 2009.

ISBN : 978-2-0812-2899-3

INTRODUCTION

D'une introduction aux disciplines juridiques, on attend qu'elle apporte d'entrée la réponse à la question essentielle : qu'est-ce que le droit ? Or, définir le droit en quelques mots est une tâche difficile, pour ne pas dire impossible. Les tentatives n'ont certes pas manqué depuis deux millénaires qu'il fait l'objet de réflexions théoriques, mais toutes se sont révélées décevantes, inexactes car trop partielles, trop réductrices. Les Romains, sous l'influence de la philosophie grecque, présentaient le droit comme l'art du bien et du juste (*Jus est ars boni et æqui*) : ils prenaient en considération sa fin, la réalisation d'un idéal de justice et d'équité, plus que sa nature et ses caractères propres. Aujourd'hui prévaut plutôt la démarche inverse, dans une perspective étroitement positiviste qui se flatte d'exclure tout idéalisme. Le droit se caractériserait par son origine immédiate, par ses aspects formels : il serait l'expression de la volonté du législateur ou, dans une perspective plus large, de celle du juge, voire des auteurs qui forment la doctrine ; il tiendrait dans les lois, dans les règlements, dans les décisions des tribunaux ; en bref, il se confondrait avec ses sources.

Contre cette identification du droit à ses sources formelles, d'autres insistent au contraire sur ses sources réelles, profondes, sur les forces sociales, les influences philosophiques ou psychologiques qu'il est censé traduire : ainsi considéré, il apparaît comme un phénomène social, comme le produit d'un milieu, d'une communauté, mais en cela il ne se distingue pas des autres systèmes normatifs qui, tous, émanent de la société et reflètent plus ou moins ses valeurs et sa mentalité. Pour l'en séparer, on insiste alors sur l'aspect contraignant, sur le caractère obligatoire qui serait propre à la règle de droit, sur la sanction qu'encourent ceux qui l'enfreignent, critère qui permet de l'opposer en particulier aux règles morales. Or la contrainte peut sanctionner aussi des normes extra-juridiques, et ne sanctionne pas non plus toutes les règles de droit : le droit romain a connu des *leges minus quam perfectae*, des lois moins que parfaites qui proposaient des règles de conduite que l'on était invité à suivre, mais sans y être tenu. Il a également connu, et a transmis au droit moderne, des obligations naturelles dont l'inexécution ne peut donner lieu à une condamnation judiciaire, mais qui n'en sont pas moins de véritables obligations juridiques puisque celui qui les exécute spontanément ne peut exiger la restitution de ce qu'il a payé. Et il s'en faut de beaucoup que toutes les lois, même en droit moderne, aient un caractère impératif : si certaines sont d'ordre public et exigent un respect absolu, d'autres ne sont que supplétives et n'obligent que dans la mesure où l'on n'a pas écarté leur application par une manifestation de la volonté. La sanction, loin d'apparaître comme l'origine du caractère juridique d'une règle, en serait plutôt la conséquence, et une conséquence qui n'a rien d'inéluctable.

De toutes ces définitions, aucune n'est fausse, chacune met l'accent sur un aspect du droit, mais aucune n'est vraie, ou du moins suffisante, car elles ne projettent qu'un éclairage particulier sur une réalité bien plus complexe. Le droit ne peut être rapporté à sa seule fin, si élevée soit-elle, ni confondu avec ses sources, sans égard pour sa fonction. Et s'il est bien, d'un certain point de vue, un fait social, ou l'expression du sentiment diffus de justice qui règne dans un milieu et à une époque donnés, il ne se borne pas pour autant à enregistrer l'équilibre des forces au sein de la société, ni à exprimer à l'état brut un sentiment individuel ou collectif. Rétif à toute définition simple, il présente des faces multiples, il est par nature complexe et, pour tenter de le saisir, il faut l'aborder par des voies diverses.

C'est pourquoi les programmes des facultés de droit offrent, à côté des matières de droit positif, privé et public, qui envisagent le droit contemporain principalement sous un angle scientifique et technique, des enseignements historiques. L'approche historique, parallèle et complémentaire de l'étude du droit contemporain, est indispensable non seulement parce qu'elle retrace la naissance et le développement des solutions juridiques, mais aussi parce que, ce faisant, elle contribue à les replacer dans un cadre plus général, dans leurs rapports avec la culture ambiante, avec la société, avec la civilisation ; elle permet d'échapper à une vision purement technique sans négliger pour autant celle-ci. Discipline spécifique, avec ses buts, son vocabulaire, ses modes de raisonnement propres, qui déroutent souvent les débutants, le droit n'est pourtant pas une discipline isolée, fermée sur elle-même. Il est porteur de valeurs, de traditions particulières au milieu où il s'est développé, il est le produit non d'une raison abstraite ou de décisions arbitraires, mais d'une très longue histoire, et on ne saurait le comprendre en profondeur sans l'envisager de ce point de vue.

Il suffit, pour se convaincre du lien étroit qui unit le droit au milieu où il prend naissance, de considérer la diversité des systèmes juridiques actuels, qui coïncident avec les grandes civilisations, avec les cultures, avec les États et les nations. Il existe des droits que l'on peut qualifier d'européens, ou plus généralement d'occidentaux – en y englobant les systèmes juridiques de pays d'autres continents nés de l'expansion européenne –, mais aussi, bien différents d'eux, un droit musulman, un droit chinois, des droits africains, dont chacun a ses solutions, ses conceptions propres, même si, depuis plus d'un siècle, les droits européens ont exercé sur les autres une influence qui a, dans certains domaines, atténué les contrastes.

À l'intérieur de ces grands systèmes existent aussi des clivages, sans doute moins fondamentaux mais cependant importants. Au sein des droits européens ou occidentaux, le plus évident oppose les droits *romanistes*, formés sous l'influence dominante du droit romain (en gros ceux d'Europe continentale, les droits français, allemand, italien...), au *Common Law* (le droit anglais, mais aussi celui des pays de civilisation anglo-saxonne, États-Unis, Canada, Australie...), avec là aussi des solutions, des concepts, une logique spécifiques.

Enfin, dans une même famille, comme celle des droits romanistes, existent des droits nationaux, qui présentent également des traits particuliers. Le droit français et le droit allemand, en dépit d'origines largement communes, ne suivent pas les mêmes règles, ni ne partagent le même esprit, et un pays comme la Belgique, dont le droit privé est pourtant fondé sur le Code civil français de 1804, n'en a pas moins aujourd'hui un droit propre, après deux siècles de réformes législatives et d'interprétations jurisprudentielles divergentes. C'est aussi un lieu commun d'opposer, en droit public, la France centralisatrice à l'Allemagne fédéraliste, résultat d'évolutions historiques contraires, de l'unification politique précoce de la première, constituée en État-nation dès la fin du Moyen Âge, tardive de la seconde, dont l'unité n'a été réalisée qu'en 1871. Oppositions que la construction européenne en cours n'a pas fait disparaître : plus qu'à la difficile harmonisation des droits des pays membres, elle aboutit à leur superposer un droit supra-national à caractère technocratique. Car les différences sont profondes, trop ancrées dans les traditions de chaque pays pour s'effacer rapidement. De ce fait, le droit ne peut être connu, ni surtout compris, en faisant abstraction de son passé, de ses racines, des traditions qui, à l'échelle d'un continent, d'une civilisation, d'une nation, lui ont conféré ses caractères propres.

Tout étudiant débutant aura d'abord à se familiariser avec les sources formelles du droit : la loi, la coutume, la jurisprudence. En progressant dans ses études, il se trouvera rapidement confronté à des notions de fond essentielles : en droit public, la Constitution, l'État, la souveraineté ; en droit privé, le mariage, la filiation, les obligations, les contrats, la propriété, la possession ; et bien avant d'entrer dans les méandres du droit processuel, il entendra parler d'appel, de cassation. Or, toutes ces notions ont une histoire – pour certaines récente, pour la plupart ancienne –, qu'il importe de connaître, au moins dans ses grandes lignes, pour les maîtriser. Car il n'existe pas de rupture entre le passé et le présent : la vie passée des institutions a façonné leurs caractères actuels. C'est à ce but que répondent les enseignements historiques dispensés dans les facultés de droit et qui contribuent donc, au même titre que les enseignements de droit positif, à la formation des juristes, pour peu qu'ils ne tombent pas dans l'érudition gratuite, qu'ils ne recherchent pas une hypothétique reconstitution détaillée des réalités d'autrefois, mais qu'ils visent à éclairer les origines du droit moderne, qu'ils prennent pour objet non le *droit du passé* mais le *passé du droit*. Ce qui ne signifie pas que l'on doive les cantonner aux périodes les plus récentes, sous peine de privilégier le superficiel au détriment du plus profond. Le droit, si l'on ose cette métaphore géologique, s'est formé par couches successives, et les plus anciennes, les plus profondément enfouies sont à bien des égards les plus importantes car elles soutiennent tout le reste, elles sont à l'origine de toute l'évolution postérieure.

Chaque époque de l'histoire a apporté des éléments à la construction du droit. Les fondements viennent de l'Antiquité, de la Grèce et surtout de Rome, dont l'influence s'est révélée capitale pour tous les droits qualifiés aujourd'hui, et à juste titre, de romanistes. S'y sont ajoutés les apports du christianisme, dont l'influence, déjà perceptible à la fin de l'époque romaine, a été fort importante au Moyen Âge, et aussi, par le biais d'une tradition coutumière aux origines encore imprécises, ceux d'autres cultures. Aussi conviendra-t-il, pour commencer, de prendre la mesure de cet héritage ancien, d'en apprécier l'importance et de voir par quels canaux il est parvenu jusqu'à nous (Première partie : Les origines antiques et médiévales du droit).

Sur ces fondements, que chaque génération a utilisés et transformés en fonction de ses besoins et de son esprit, ont commencé à s'élever, à partir de la fin du Moyen Âge, les systèmes juridiques modernes, les droits romanistes d'Europe continentale (romanistes parce qu'ils ne sont plus romains, mais seulement dérivés du droit romain), et à l'intérieur de ceux-ci les droits nationaux, dont les particularismes se sont progressivement affirmés avant d'être cristallisés, à partir de la fin du XVIIIe siècle, par le grand mouvement de codification d'où est sorti le monde juridique actuel (Deuxième partie : La formation des systèmes juridiques modernes).

PREMIÈRE PARTIE

LES ORIGINES ANTIQUES ET MÉDIÉVALES DU DROIT

Ubi societas, ibi jus. L'adage latin exprime une vérité incontestée : toute société implique l'existence du droit, qui, sous une forme rudimentaire, est vraisemblablement aussi ancien que l'humanité. Dans les sociétés archaïques étudiées par les ethnologues, chaque groupe social, famille, clan ou ethnie, possède ses coutumes orales, usages dont l'autorité repose sur la longue durée, sur la réitération constante depuis des temps immémoriaux, et dont les membres admettent spontanément le caractère obligatoire. Les sociétés préhistoriques ont dû connaître un tel droit : si les tentatives pour en établir la teneur à partir des fresques paléolithiques semblent aléatoires, le fait que ces sociétés soient entrées dans l'histoire déjà pourvues d'institutions solidement établies en fournit une preuve plus convaincante. Ce n'est toutefois qu'avec l'apparition de l'écriture que le droit a pu se transformer, évoluer de la forme orale à la forme écrite et laisser des traces certaines de son existence.

L'écriture est apparue il y a environ cinq mille ans en Mésopotamie, à l'emplacement de l'Irak et de la Syrie actuels. De ces mêmes pays proviennent les premiers documents juridiques, sous la forme de centaines de milliers de tablettes d'argile exhumées par les archéologues, dont beaucoup contiennent des actes de la pratique, des contrats, des constitutions de dot, plus rarement des textes législatifs. Les Mésopotamiens, qui ignoraient l'alphabet, écrivaient par signes imprimés au moyen de coins, d'où le nom de droits cunéiformes donné à leurs systèmes juridiques. Ils gravaient aussi leurs lois sur des stèles de pierre érigées dans les lieux publics, pour que toute la population en prît connaissance. L'une d'elles, retrouvée en 1902 et conservée au musée du Louvre, expose le texte d'une vaste compilation ordonnée par le roi de Babylone Hammurabi (ou Hammurapi) vers 1750 avant J.-C., et connue sous le nom de Code d'Hammurabi. S'il ne s'agit pas d'un code au sens moderne mais d'un recueil, fait sur ordre du roi, de ses propres lois et de celles de ses prédécesseurs, le Code d'Hammurabi apparaît néanmoins remarquable par ses dispositions étendues et relativement bien ordonnées, qui concernent l'organisation judiciaire et la procédure, le droit pénal, le droit des biens, le mariage, la famille, les successions et les contrats. Cette documentation, dont l'abondance reste sans équivalent pour l'Antiquité, révèle un droit déjà évolué, qui connaissait les principaux contrats, la vente, le louage, le prêt, la société, dans une civilisation où les activités économiques, commerciales et financières étaient fort développées.

Les autres droits du Proche-Orient ont laissé des traces moins nombreuses. Le droit égyptien reste mal connu malgré l'existence de papyrus rapportant des actes de la pratique, car aucun texte législatif ne nous est parvenu. Le droit des Hébreux, fortement influencé par la religion, transparaît dans les nombreuses allusions qu'y fait la Bible.

Tous, quel que soit le stade de leur évolution, ont en commun d'être restés purement pragmatiques et de n'avoir jamais fait l'objet d'une réflexion théorique. De ce fait, leur influence est demeurée limitée : s'ils ont joué un rôle dans la formation des droits actuels, c'est indirectement, par l'intermédiaire des Grecs et des Romains, qui les ont connus et s'en sont parfois inspirés, et, en ce qui concerne le droit hébraïque, par l'entremise du christianisme, qui a repris en partie la tradition juive. Les grands ancêtres de nos droits modernes sont à rechercher dans deux autres civilisations antiques : la Grèce et Rome.

Peuples d'origine indo-européenne, les Grecs et les Latins se sont fixés, à la suite de migrations venues du nord, les premiers dans ce qui allait devenir la Grèce, les seconds en Italie, plus de mille ans avant notre ère. Leur civilisation et, avec elle, leur organisation politique et juridique, ont atteint leur apogée entre le VIe et le IVe siècle avant J.-C. pour les Grecs, entre le IIe siècle avant J.-C. et le IIIe siècle après pour les Romains. Entre eux existaient des caractères communs, des contacts culturels précoces, facilités par l'expansion du monde grec en Sicile et dans le sud de l'Italie et accentués par la conquête de la Grèce par Rome (168 av. J.-C.). Mais aussi des différences : des Grecs, portés sur la réflexion, la spéculation intellectuelle, on a pu dire qu'ils formaient un peuple de philosophes ; des Romains, plus pragmatiques, plus attachés aux réalités concrètes et aux institutions, un peuple de juristes. Sans trop forcer ces contrastes, il faut néanmoins reconnaître que leurs apports au droit furent différents.

Pour tout ce qui concerne le gouvernement de l'État et les rapports des citoyens avec lui, Grecs et Romains ont connu des régimes relativement proches. Dans le cadre de cités puis d'empires, ils ont élaboré un droit public déjà évolué, mais demeuré à l'état de simples pratiques institutionnelles, car ni en Grèce ni même à Rome il n'a fait l'objet d'un véritable travail d'élaboration théorique et n'a acquis de ce fait une portée générale et intemporelle. Difficilement transposable pour cette raison, le droit public antique n'en a pas moins gardé valeur d'exemple et a souvent servi de référence pour les régimes politiques postérieurs, qu'ils soient monarchiques ou républicains : c'est à ce titre qu'il a influencé les idées et les institutions modernes (chapitre I : Naissance du droit public dans l'Antiquité gréco-romaine). En droit privé, au contraire, la supériorité revient aux seuls Romains, qui surent découvrir des solutions techniques de grande qualité, mais qui firent surtout accomplir au droit un progrès décisif en le transformant en une véritable science, pensée et théorisée. Grâce à cette élaboration théorique, qui l'a fait apparaître comme le droit par excellence, le droit romain est resté bien plus qu'un modèle : la source directe d'une bonne partie du droit privé moderne (chapitre II : Rome, patrie du droit privé).

L'Antiquité, selon la chronologie traditionnelle, a pris fin avec les invasions barbares et la chute de l'Empire romain d'Occident en 476. Mais son héritage a survécu aux civilisations qui l'avaient vu naître : il a été recueilli et enrichi au cours des périodes postérieures, et en particulier au cours de celle que l'on nomme improprement le Moyen Âge, entre le Ve et le XVe siècles. Loin d'avoir négligé et oublié l'apport juridique, et plus généralement l'apport culturel de l'Antiquité, comme on l'a trop souvent dit depuis le XVIe siècle, l'époque médiévale a joué au contraire un rôle essentiel dans son enrichissement et sa transmission (chapitre III : Enrichissement et transmission de l'héritage antique).

Chapitre I

NAISSANCE DU DROIT PUBLIC DANS L'ANTIQUITÉ GRÉCO-ROMAINE

Ni le monde grec ni le monde romain n'ont pendant longtemps connu de véritable unité politique. Plus vaste que la Grèce actuelle, la Grèce antique avait colonisé les rivages de l'Asie Mineure, le sud de l'Italie et la Sicile (Grande Grèce), le sud de la Gaule (Marseille, Nice, Antibes). Les Grecs avaient conscience de former une communauté ethnique et culturelle, d'appartenir à une même civilisation qui les opposait aux Barbares, mais vivaient au sein d'une multitude de cités indépendantes et souvent rivales. Le monde latin présentait des caractères proches : Rome n'était à l'origine que l'une des nombreuses cités de l'Italie centrale et, si elle a progressivement conquis ses voisines, puis l'ensemble du monde méditerranéen, ses conquêtes ne se sont pas accompagnées dans l'immédiat d'une unification politique et juridique mais se sont traduites par une domination de type colonial. L'unité politique s'est faite tardivement et incomplètement chez les Grecs comme chez les Romains, et dans un cadre nouveau, celui d'empires qui se sont superposés aux cités privées de leur indépendance : l'empire éphémère d'Alexandre (328 à 323 av. J.-C.) et les monarchies hellénistiques qui lui ont succédé ; l'Empire romain, bien plus durable et plus important sur le plan du droit.

La cité et l'empire ont contribué, à des titres divers, à la formation du droit public. La cité, lorsqu'elle a atteint un certain stade d'évolution, a permis de mettre en place des régimes politiques qui ont constitué les premières expériences d'institutions de type républicain, sinon toujours démocratique (section I). L'Empire romain, régime de nature monarchique, a gardé lui aussi valeur de référence pour avoir posé les premiers fondements de l'État souverain (section II).

Section I

La cité, modèle d'État républicain

C'est dans les cités grecques et à Rome qu'a été inventée la *politique* (cf. M. I. Finley, *L'Invention de la politique*), définie comme l'art de gouverner le groupe social : « politique » (*politeia*) vient du terme grec *polis*, désignant la cité, de même que l'équivalent latin *civitas* a donné le substantif « citoyen » et l'adjectif « civique ». Elles ont été les premières à considérer la direction de la communauté comme l'affaire de tous (la *res publica* des Romains, la chose publique, dont on a fait « république »), et à laquelle tous, à des degrés divers, étaient appelés à participer.

Le cadre de la cité offrait des conditions favorables par sa faible étendue et sa population souvent réduite. Il fallut néanmoins l'accomplissement d'un long processus historique pour que se mettent en place les institutions nécessaires à cette participation. La forme de gouvernement la plus ancienne fut partout la monarchie, que l'on trouve dans la Grèce et la Rome archaïques, avec des rois parfois élus, le plus souvent héréditaires, dotés de pouvoirs à la fois religieux, politiques, militaires et judiciaires, mais qui gouvernaient avec l'assistance de conseils où siégeaient les membres des grandes familles, et, à Rome, d'assemblées populaires. Aux régimes monarchiques ont succédé des gouvernements aristocratiques, au terme d'une transition pacifique de deux siècles (VIIIe-VIe siècles av. J.-C.) en Grèce, à la suite d'une révolution qui a chassé les rois étrusques à Rome, en 509 avant notre ère. Quelques cités grecques, dont la plus représentative est Athènes, ont poursuivi l'évolution vers un régime démocratique, qui fut souvent troublé et éphémère. Quant à la République romaine, elle n'avait rien de démocratique et les fonctions politiques ont été dès l'origine monopolisées par les patriciens, membres des grandes familles aristocratiques qui avaient renversé la royauté étrusque. Il fallut plusieurs siècles de luttes entre le patriciat et le reste du peuple, la plèbe, pour aboutir à un partage moins inégalitaire des pouvoirs et à l'édification d'un système original d'équilibre politique, qui n'a jamais constitué pour autant une démocratie. Défauts que la postérité a souvent occultés pour forger des régimes démocratiques ou républicains de l'Antiquité une vision idéalisée, source inépuisable de discours mais parfois aussi de transpositions institutionnelles à l'époque moderne.

Aristocratique ou démocratique, la cité a posé les premiers principes du droit public. En ouvrant plus ou moins largement la participation aux affaires publiques, elle a inventé le citoyen. Pour établir et tenter de conserver un fragile équilibre entre citoyens et gouvernants, elle a mis en place des organes nombreux, entre lesquels étaient réparties les fonctions politiques, et ébauché ainsi une certaine forme de séparation et de collaboration des pouvoirs. Enfin, par la diversité et la complexité de ses institutions, et aussi par les crises de régime qu'elle a connues, elle a créé un climat propice à l'essor de la pensée politique.

Sous-section 1

Naissance du citoyen

Les concepts de citoyen et de citoyenneté se sont formés dans la cité antique à partir du moment où certains de ses habitants ont été appelés à s'occuper des affaires publiques et à participer aux décisions politiques au sein d'assemblées. La nécessité de réglementer l'accès à ces assemblées a conduit à définir rigoureusement la citoyenneté et à préciser les conditions de son attribution, à fixer les droits et devoirs des citoyens et parfois même, comme à Rome, à instaurer pour eux une certaine protection juridique.

A. Conditions d'accès à la citoyenneté

La cité antique n'a jamais formé une société égalitaire et tous ses habitants n'étaient pas citoyens. Lorsqu'elle existait, l'égalité ne régnait qu'entre les bénéficiaires de la citoyenneté et ne s'étendait pas aux exclus, toujours nombreux : les femmes et les enfants mineurs des citoyens, tout en bénéficiant du droit de la cité, ne participaient pas à la vie publique ; les étrangers (métèques en Grèce, pérégrins à Rome), même établis durablement dans la ville, n'étaient pas citoyens, demeuraient à l'écart des affaires politiques et dans une condition juridique inférieure ; *a fortiori* les esclaves, dépourvus de personnalité juridique. Héréditaire, la citoyenneté s'acquérait généralement par le droit du sang (*jus sanguinis*) : il fallait être né au moins d'un père lui-même citoyen et l'évolution vers la démocratie qu'ont connue certaines cités, loin d'en élargir l'accès, a contribué au contraire à le restreindre.

Athènes, la cité la plus démocratique, exigeait, d'après une réforme de Périclès de 451 avant J.-C., que les citoyens fussent nés non seulement de père mais aussi de mère athéniens, condition que remplissait moins d'un cinquième de sa population. Rome, bien moins démocratique, s'est montrée plus ouverte en tempérant la rigueur des conditions de naissance par des concessions individuelles ou collectives : les esclaves affranchis accédaient aussitôt à la citoyenneté, mais avec des droits temporairement réduits ; les ressortissants de cités conquises ont obtenu individuellement ou collectivement soit la citoyenneté pleine et entière, soit une citoyenneté amputée du droit de vote, et, en 88 avant J.-C., à la suite d'une révolte, la « guerre sociale », tous les habitants des villes alliées d'Italie devinrent citoyens. À la fin de la République, le nombre des citoyens romains dépassait probablement les quatre millions, ce qui impliquait une transformation profonde de la citoyenneté, désormais conçue moins comme la faculté (en pratique irréalisable pour la plupart) de participer aux activités politiques, que comme un statut avantageux, un ensemble de droits individuels. Transformation accomplie après la disparition de la République, avec la généralisation par l'empereur Caracalla, en 212, de la citoyenneté romaine à tous les habitants de l'Empire.

B. Droits et devoirs des citoyens

La citoyenneté impliquait l'exercice de droits et le respect de devoirs religieux et civiques impossibles à dissocier. D'abord des obligations militaires : dans la cité antique, tout citoyen était un soldat en puissance, qui pouvait être appelé à servir dans l'armée en temps de guerre pendant presque toute sa vie (à Rome de dix-sept à soixante ans), et une association étroite existait entre service militaire et participation aux affaires publiques. En Grèce, l'avènement de la démocratie est lié à la transformation de la tactique militaire et de l'armée, où l'infanterie lourde des hoplites, recrutés dans le peuple, a acquis une importance plus grande au détriment des unités aristocratiques de chars ou de cavalerie. À Rome, l'organisation des assemblées politiques, avec la division en centuries, reflétait à l'origine celle de l'armée. Également des obligations d'ordre fiscal : en proportion de ses biens, chacun devait acquitter des impôts directs ou indirects et assumer lui-même certaines dépenses. Dans un monde où aucune séparation n'était établie entre vie publique et vie privée, existaient enfin des obligations civiques et morales : le comportement de chaque individu devait se conformer aux usages de la cité, sous peine de sanctions. Les censeurs romains avaient dans leurs attributions le pouvoir de surveiller les citoyens et de punir ceux qui s'écartaient des normes par des amendes, la privation de leurs droits politiques et des marques d'infamie.

En contrepartie de ces obligations, les citoyens jouissaient d'avantages exclusifs. Chaque cité avait son propre droit qui ne régissait que ses seuls membres et leur famille. En Grèce, les métèques, bien qu'ils aient bénéficié d'une certaine protection, vivaient en marge de la cité, ne pouvaient se prévaloir de son droit ni plaider devant ses juridictions ; ils durent créer leur propre système juridique, fait d'emprunts spontanés aux droits de diverses cités, et recourir à l'arbitrage ou, comme à Athènes, à des tribunaux spéciaux pour faire trancher leurs litiges. À Rome, le droit de la cité (*jus civile* ou droit quiritaire) était également réservé aux citoyens, les *Quirites*, mais la tradition romaine, sur ce point aussi, s'est montrée plus ouverte : des étrangers, en particulier les ressortissants des cités latines, ont reçu le privilège de se marier (*conubium*) ou de contracter (*commercium*) avec les citoyens romains. En outre, les Romains ont conçu progressivement l'idée qu'il existait, au-dessus des droits propres aux différentes cités, un droit commun à tous les peuples, un *jus gentium* étendu à l'ensemble du genre humain et dont tous les hommes pouvaient se prévaloir comme membres d'une communauté juridique universelle (voir *Droit des gens*, p. 351).

La caractéristique la plus haute de la citoyenneté était d'ordre politique. Elle résidait dans la faculté, ouverte à tous les citoyens mais à eux seuls, de participer aux affaires publiques, d'accéder aux magistratures ou aux fonctions judiciaires et de siéger dans les assemblées politiques (voir *infra*, p. 25-29).

C. La protection juridique des citoyens

À l'opposé du droit public moderne, la cité antique se préoccupait peu de la protection juridique des citoyens. La notion de droits subjectifs, de droits de l'homme appartenant par nature à chaque individu et réputés inviolables, est restée inconnue de l'Antiquité, qui ne considérait les individus qu'à travers leur statut objectif de libres, de citoyens ou d'esclaves. Face à la cité, qui imposait à ses membres une stricte discipline religieuse, sociale et politique, le citoyen n'avait guère de droits à invoquer, et pas davantage dans les cités démocratiques que dans les autres. L'institution athénienne de l'ostracisme, dont la création est attribuée au fondateur de la démocratie, Clisthène, permettait à l'assemblée du peuple, par un vote secret et dans l'arbitraire le plus complet, de bannir tout citoyen qu'elle jugeait dangereux pour la cité, sans avoir à justifier un tel jugement et sans que cette mesure sanctionnât des faits précis. Seule la Rome républicaine s'est singularisée en ce domaine : le cumul originaire des magistratures par les patriciens a conduit la plèbe à exiger la limitation des pouvoirs des magistrats et à imposer des garanties en faveur des citoyens, sous la forme de l'*intercessio* d'un autre magistrat ou d'un tribun de la plèbe, et sous celle de la *provocatio ad populum*.

Un premier instrument de protection provenait du tribunat de la plèbe. En 493 avant J.-C., lors d'une sécession, la plèbe s'était donné pour chefs deux tribuns, qui devaient assurer sa défense contre les entreprises des patriciens et dont le nombre fut porté successivement à quatre, puis à dix. Élus par l'assemblée de la plèbe à partir de 471 avant J.-C., les tribuns n'étaient pas des magistrats, n'exerçaient pas un pouvoir de commandement mais, en accord avec leur origine révolutionnaire, un pouvoir d'opposition, d'aide (*auxilium*) et d'intercession, qui leur permettait de paralyser l'action des autorités légitimes de la cité. Tout citoyen, menacé dans sa personne ou dans ses biens par l'acte d'un magistrat, pouvait requérir l'intervention d'un tribun, qui exerçait un droit de veto contre cette décision. Protection efficace car la personne des tribuns était inviolable et sacrée, et toute atteinte aux défenses qu'ils avaient prononcées constituait un crime grave, dont l'auteur était consacré aux dieux de la cité et pouvait être mis à mort par n'importe quel citoyen. L'*intercessio* des tribuns de la plèbe s'est progressivement étendue à tous les actes politiques, mais comportait des limites : elle n'était possible qu'à l'intérieur de Rome, n'était pas opposable aux votes des comices, et, les tribuns étant, comme les magistrats, soumis au principe de collégialité, l'intercession de l'un pouvait être paralysée à son tour par l'intervention d'un autre. La puissance tribunicienne a, malgré tout, offert un contre-poids aux pouvoirs des magistrats qui gouvernaient la cité.

La *provocatio ad populum* était une procédure d'appel au peuple qui fonctionnait primitivement dans le cadre de l'*intercessio* tribunicienne, avant d'être rendue autonome en 300 avant J.-C. par une loi *Valeria*. Elle permettait de déférer aux comices centuriates les actes de coercition des magistrats supérieurs ordonnant la mise à mort d'un citoyen, à l'exception de ceux pris hors de Rome, forme de justice populaire considérée comme le plus solide rempart de la liberté. Étendue en 192 avant J.-C. à l'ensemble du territoire romain, la *provocatio* a perdu beaucoup de son efficacité à cette époque, avec la multiplication des procédures d'exception et l'institution de tribunaux criminels permanents (*quaestiones*), qui jugeaient sans appel.

Sous-section 2

Le gouvernement de la cité

Le gouvernement des cités aristocratiques ou démocratiques, à l'opposé des régimes monarchiques, se caractérisait par la dilution du pouvoir politique, réparti entre plusieurs organes dotés de compétences propres, entre lesquels s'établissait un équilibre relatif : assemblées populaires, qui délibéraient sur les lois et les votaient ; magistrats aux compétences variées, chargés de l'administration et du commandement ; organes de conseil à caractère d'abord consultatif mais qui assumaient aussi directement certaines fonctions. La complexité des organes de gouvernement a été un facteur de progrès du droit public, qui dut définir et fixer les compétences respectives, chercher à équilibrer les pouvoirs, et de ce fait élaborer, sans que le nom ni la notion fussent encore clairement dégagés, une sorte de Constitution garante du bon fonctionnement des institutions.

A. Les assemblées populaires

La présence d'assemblées de citoyens, organisées de manière plus ou moins égalitaire et dotées de pouvoirs plus ou moins étendus selon la nature aristocratique ou démocratique du régime, caractérise les cités antiques. À Athènes, l'*ecclesia* présentait le type le plus achevé de l'assemblée démocratique, au contraire des assemblées romaines, ou comices, bien moins favorables à l'expression de la volonté populaire.

1. *L'*ecclesia *athénienne*

L'assemblée du peuple se signalait à Athènes par son caractère éminemment démocratique : l'égalité de tous les citoyens était l'un des fondements de la démocratie grecque, qui reposait sur le principe que le pouvoir devait dépendre de tous et être exercé par tous, égaux devant la loi et par l'effet de la loi (isonomie). Tous les citoyens mâles et majeurs de dix-huit ans avaient librement accès à l'assemblée, sans distinction de classe sociale ou de fortune, pouvaient y prendre la parole, proposer des projets de loi ou des amendements et voter, même si, en fait, seule une minorité aisément manipulable y venait régulièrement (entre mille et deux mille sur une population de trente à quarante mille citoyens) : en 395 avant J.-C., il fallut instituer une prime d'assistance pour remédier à l'absentéisme.

Démocratique, l'*ecclesia* l'était aussi par l'étendue de ses pouvoirs, qui permettait au peuple de connaître de toutes les affaires de la cité. Elle s'occupait de la politique étrangère, nommait les ambassadeurs, décidait de la guerre et de la paix, contrôlait les finances, votait les impôts, affectait les ressources, élisait ou tirait au sort les magistrats, exerçait certaines fonctions judiciaires. Et surtout elle votait les lois, mais sans avoir en ce domaine une pleine souveraineté : elle devait respecter les normes fondamentales posées par les grands législateurs du passé, Solon et Clisthène, considérées comme supérieures à la législation elle-même et qui formaient une sorte de Constitution avant la lettre. Périclès avait instauré un contrôle de légalité qui permettait à tout citoyen d'attaquer, soit immédiatement, soit dans un délai de un an, les lois votées ou les simples projets qu'il estimait contraires aux principes fondamentaux de la cité, et de les déférer devant une cour de 1 001 jurés (nomothètes) désignés parmi le peuple par l'assemblée. Ce tribunal populaire, qui semble n'avoir été qu'une sorte de commission de l'*ecclesia*, se prononçait sur la validité des lois et des projets et pouvait infliger à leurs auteurs des sanctions pénales. Dans la démocratie athénienne, plus que le peuple, le véritable souverain était la loi, que tous devaient scrupuleusement observer.

2. *Les comices romains*

Mieux organisées et structurées, les assemblées romaines étaient aussi bien moins égalitaires. Rome possédait trois assemblées distinctes auxquelles les citoyens accédaient à partir de dix-sept ans : les comices curiates, qui remontaient à la royauté mais tombés en désuétude à l'époque républicaine, les comices tributes et les comices centuriates. Lors de la sécession de 471 avant J.-C., la plèbe avait créé sa propre assemblée mais celle-ci, progressivement intégrée aux institutions régulières de la cité, finit par se confondre avec les comices tributes, dont la composition et l'organisation étaient identiques, à la différence près qu'elle était convoquée et présidée par un tribun de la plèbe et non par un magistrat.

Au contraire de l'*ecclesia*, où tous les citoyens votaient dans l'égalité complète, les assemblées romaines répartissaient le peuple en unités de vote qui avaient toutes le même poids électoral et comptaient chacune pour une voix, bien que le nombre de leurs membres fût inégal. Comices tributes et assemblées de la plèbe étaient organisés en *tribus*, circonscriptions territoriales où les citoyens étaient inscrits arbitrairement, selon un système qui favorisait les tribus rurales moins peuplées et les grands propriétaires fonciers au détriment des tribus urbaines. Les comices centuriates comprenaient cent quatre-vingt douze centuries regroupées en cinq classes, plus une centurie hors classe de prolétaires, constituées selon des critères à la fois militaires et fiscaux qui déterminaient, au moins à l'origine, le rôle dans l'armée : chaque centurie devait fournir un même montant d'impôt, avec cette conséquence que, du fait de l'inégalité des facultés contributives, les centuries riches comptaient bien moins de membres que les centuries pauvres. Les premières, celles des chevaliers, citoyens les plus fortunés qui acquittaient le cens équestre, réunissaient chacune de cent à cent cinquante membres à la fin de la République, alors que chaque centurie de la troisième classe en comptait environ mille cinq cents. Au bas de l'échelle sociale, la centurie des prolétaires, trop pauvres pour payer des impôts et qui ne jouaient aucun rôle actif dans l'armée, rassemblait plus de membres que l'ensemble des centuries de la première classe. Chaque centurie disposant d'une voix, la première classe, avec ses quatre-vingt-dix-huit centuries, avait à elle seule la majorité absolue, et elle était en outre favorisée par la procédure électorale qui appelait toujours à voter en premier une centurie de chevaliers tirée au sort, puis toutes les autres centuries de la première classe, avant de passer aux classes suivantes. La majorité était fréquemment obtenue par le seul vote de la première classe, sans que l'on eût besoin d'appeler les centuries des autres classes. Les citoyens les plus fortunés, sur qui reposait l'essentiel des charges fiscales et militaires, se trouvaient ainsi sur-représentés ; les plus pauvres, sous-représentés. Rome, comme certaines cités grecques aristocratiques, a pratiqué une forme de suffrage censitaire, fondé sur la distinction, que l'on retrouvera sous la Révolution française et pendant la première moitié du XIXe siècle, entre citoyens actifs et citoyens passifs.

Peu démocratiques dans leur organisation, les comices avaient en outre des pouvoirs plus réduits et plus strictement encadrés que ceux de l'assemblée athénienne. Les comices centuriates, dotés des prérogatives les plus importantes, élisaient les magistrats supérieurs, votaient les lois, exerçaient des fonctions judiciaires, mais de manière plus théorique qu'effective. Le choix des magistrats était restreint par l'obligation de voter pour les candidats présentés par les magistrats sortants et préalablement acceptés par le Sénat. Dans la procédure législative, les comices n'avaient aucun droit d'initiative : les projets de lois étaient préparés et rédigés par les magistrats, puis approuvés par le Sénat avant de venir devant eux, et ils ne pouvaient que les adopter ou les rejeter sans discussion ni amendement. Ils n'avaient pas même la maîtrise de leurs réunions : les sessions, sans périodicité régulière, étaient décidées par les magistrats, qui les convoquaient, les présidaient et pouvaient interrompre à tout moment les opérations de vote lorsqu'elles ne donnaient pas les résultats espérés. Les comices tributes, qui élisaient les magistrats inférieurs, et les assemblées de la plèbe, qui élisaient les tribuns et édiles de la plèbe et votaient des *plébiscites*, lois à l'origine propres aux seuls plébéiens mais qui ont obtenu, en 286 avant J.-C., une autorité égale à celle des lois adoptées par les comices, fonctionnaient selon les mêmes principes.

B. Les magistrats

Dans les cités grecques comme à Rome, les fonctions de gouvernement étaient dévolues à des magistrats qui occupaient la place des anciens rois. Les magistratures, que le droit public romain qualifiait d'honneurs (*honores*), étaient dotées de pouvoirs importants mais suscitaient de ce fait la méfiance. Aussi étaient-elles organisées à l'opposé des régimes monarchiques : désignés par le peuple et pour une brève durée, leurs titulaires n'étaient pas investis de fonctions générales mais au contraire strictement spécialisées, et ils exerçaient ces fonctions dans un cadre collégial qui limitait les pouvoirs de chacun.

1. *Désignation des magistrats par le peuple*

Les magistrats étaient toujours nommés par le peuple mais selon des procédés variés. À Athènes, la plupart étaient désignés par tirage au sort, considéré comme plus démocratique puisqu'il donnait des chances égales à tous les citoyens que l'élection, qui passait pour aristocratique ou oligarchique. À Rome, dans les débuts de la République, les nouveaux magistrats n'étaient pas élus mais cooptés par ceux qui sortaient de charge, avec l'accord du Sénat, ce qui favorisait la mainmise du patriciat sur les fonctions publiques. À partir de 449 avant J.-C., sous la pression de la plèbe, l'élection par les comices s'est généralisée mais des traces de l'ancien système ont survécu et ont limité le choix des électeurs. Les candidats devaient toujours être présentés par les sortants et recevoir l'approbation du Sénat : pour le consulat, les deux consuls en charge présentaient quatre candidats parmi lesquels les comices choisissaient leurs successeurs. Les élus devaient en outre recevoir l'investiture des sortants, que ceux-ci pouvaient leur refuser. Autre manifestation du contrôle populaire : la durée des charges était brève, un an pour la plupart des magistratures grecques et romaines, parfois moins, trois ou six mois pour certaines fonctions à Athènes, et les sortants, sauf exception, n'étaient pas immédiatement rééligibles.

2. *Spécialisation des fonctions*

Les magistrats étaient presque tous spécialisés dans des fonctions déterminées. Le gouvernement d'Athènes, d'abord confié à des *archontes*, dotés de grands pouvoirs à l'époque aristocratique mais qui n'ont conservé ensuite que des attributions religieuses et judiciaires, était assuré par des *stratèges*. Par exception élus et indéfiniment renouvelables, ils exerçaient des fonctions initialement militaires (commandement de l'armée et de la flotte) mais qui s'étendirent à l'administration civile, et ils prirent une place prépondérante, à l'exemple de Périclès, en raison des relations étroites qu'ils entretenaient avec l'assemblée du peuple. Ils étaient assistés de magistrats secondaires, spécialisés dans les finances, la police des rues et des marchés, les services publics, les temples, l'interprétation du droit sacré. Les magistratures romaines, moins nombreuses, sont nées d'un mouvement de diversification progressif. Aux origines de la République, il n'en existait qu'une seule, substituée à la royauté dans toutes ses attributions politiques. Par la suite, à côté des *consuls* qui exerçaient la puissance suprême, la direction civile et militaire de la cité, sont apparus les *censeurs* (à partir de 443 av. J.-C.), qui dressaient la liste des citoyens, les classaient selon leur fortune, composaient le Sénat, infligeaient des blâmes et des amendes ; puis les *préteurs*, magistrats spécialisés dans la justice (le préteur urbain apparaît en 367 av. J.-C. ; le préteur pérégrin en 242 av. J.-C.) ; enfin les magistrats inférieurs, *questeurs* chargés des enquêtes criminelles puis des affaires financières, et *édiles curules* responsables de la police urbaine. Rome connaissait aussi des magistrats extraordinaires, auxquels elle avait recours dans des circonstances exceptionnelles : *dictateur*, magistrat unique investi de tous les pouvoirs pendant six mois ; *interrois*, nommés en cas de vacance des magistratures ordinaires. Tous exerçaient dans le cadre de leurs attributions un pouvoir défini comme la puissance (*potestas*) d'agir et d'exécuter les décisions des comices et du Sénat. Les magistrats supérieurs (consuls, préteurs, dictateur, interrois) disposaient en outre du pouvoir suprême de commander et de contraindre, l'*imperium*, notion héritée de l'ancienne monarchie étrusque, symbolisée par le cortège de trente licteurs, munis des faisceaux et de la hache, qui les accompagnait.

3. *Collégialité des magistratures*

La collégialité caractérisait les magistratures antiques. Les fonctions étaient presque toujours confiées à plusieurs titulaires : dix stratèges à Athènes, dont chacun commandait l'armée et la flotte un jour sur dix ; à Rome, deux consuls qui s'occupaient alternativement des affaires civiles et de l'armée, deux préteurs à tour de rôle urbain et pérégrin. La collégialité romaine présentait un caractère original et une bien plus grande portée juridique puisqu'elle impliquait la faculté permanente, pour chaque magistrat, de s'opposer aux décisions de son collègue en usant d'un droit de veto préventif (*prohibitio*), ou *a posteriori* (*intercessio*) : chacun exerçait une fonction indivisible et avait la faculté d'agir seul, mais ses décisions ne recevaient effet qu'avec l'accord au moins tacite de son collègue ; en cas de désaccord et d'usage du veto, il se trouvait réduit à l'impuissance, système qui constituait une garantie efficace contre les abus de pouvoir mais pouvait conduire à des crises insolubles et à la paralysie des institutions.

C. Les conseils

Les organes de conseil formaient des assemblées réduites, dont la fonction consistait à conseiller les magistrats et à les contrôler. Ils apparaissaient de ce fait comme les régulateurs du régime et les garants de sa pérennité. À Athènes, l'Aréopage, composé d'anciens archontes, avait joué un rôle important à l'époque aristocratique mais n'exerçait plus, sous le régime démocratique, que des fonctions mineures. L'organe le plus important était la *Boulè*, formée de cinq cents citoyens désignés pour un an par tirage au sort, selon un système complexe qui permettait une représentation exacte de toute la société athénienne. La *Boulè* préparait le travail de l'assemblée du peuple en examinant les projets de loi avant leur discussion publique, et coordonnait le travail des magistrats, dont elle entendait les rapports et à qui elle adressait des instructions, qu'elle pouvait aussi mettre en accusation et juger sur dénonciation de n'importe quel citoyen. Elle constituait l'intermédiaire indispensable entre l'assemblée populaire et les magistratures.

Le Sénat romain, « cœur de la République », jouait un rôle encore plus important, et dans un tout autre esprit. De ses origines, qui remontaient à l'époque royale, il avait gardé un caractère aristocratique et, à la différence de la *Boulè*, n'émanait en rien du peuple. Formé au départ des chefs des grandes familles patriciennes, les *patres* ou *seniores* (les anciens), il s'était ouvert plus largement à la suite de réformes intervenues en 318 et en 120 avant J.-C., qui avaient confié aux censeurs le soin de déterminer sa composition et d'y nommer les meilleurs citoyens ; il ne comprenait en fait que d'anciens magistrats, qui y accédaient dès leur sortie de charge et formaient, après la fusion progressive du patriciat et de l'élite de la plèbe, la nouvelle aristocratie romaine. Il donnait son avis sur toutes les grandes affaires politiques, les projets de lois, les listes de candidats aux élections, les préparatifs de guerre, sous la forme de sénatus-consultes votés à la majorité ; il intervenait spécialement en matière de diplomatie, d'administration des provinces conquises et de gestion des finances. Son influence reposait sur une notion propre au droit romain public et privé, une fonction d'approbation, l'*auctoritas* (du verbe *augere* : ajouter, augmenter), qui n'était pas un pouvoir de décision ou de commandement mais allait bien au-delà d'un simple conseil et donnait aux actes approuvés une valeur et une autorité supérieures. De même que les tuteurs validaient par leur *auctoritas* les actes de leurs pupilles, de même le Sénat conférait aux actes politiques une force bien plus grande : les avis qu'il émettait sur les projets de lois ou les listes de candidats aux magistratures, s'il ne liaient pas juridiquement les magistrats et les comices, en théorie libres de passer outre, déterminaient presque toujours la décision ou le vote final. De ce fait, les sénatus-consultes ont acquis pratiquement valeur de lois.

La complexité des systèmes de gouvernement des cités antiques n'a pas suffi à prévenir les crises politiques : à Athènes, après la mort de Périclès (429 av. J.-C.), la démocratie a sombré dans l'anarchie et laissé place, par intermittence, à des régimes tyranniques ; à Rome, la république a connu un siècle de guerres civiles avant de disparaître en 27 avant J.-C. Ces crises de régime, et la ruine des institutions qu'elles ont entraînée, ont en réaction stimulé la réflexion et poussé au développement de la science politique.

Sous-section 3

Naissance de la science politique

Plus encore que par leurs pratiques institutionnelles, la Grèce et Rome ont exercé une influence durable par l'intense réflexion politique que leurs régimes ont suscitée. À Athènes, une tradition bien ancrée de spéculation philosophique a permis l'émergence précoce de l'étude du phénomène politique, dont on trouve des échos chez les auteurs de théâtre (Eschyle, Aristophane), les historiens (Hérodote) et les orateurs, mais qui a atteint son apogée à la fin du Ve et au cours du IVe siècle avant J.-C., où la crise de la démocratie poussait à réfléchir sur les vertus et les vices du régime, et où ont vécu les deux plus grands philosophes de l'Antiquité, Platon (427-347 av. J.-C.) et Aristote (384-322 av. J.-C.). À Rome, la réflexion politique s'est introduite et développée plus tard, sous l'influence de la Grèce, avec Polybe (200-118 av. J.-C.), et Cicéron (106-43 av. J.-C.). Deux grands thèmes, toujours d'actualité, ont dominé la réflexion : la nature du droit et les formes de gouvernement.

A. La nature du droit

La pensée juridique est née en Grèce, chez les philosophes, non chez les juristes. Elle ne s'est pas préoccupée de technique mais de dégager la nature et les fondements du droit, et elle a posé les principes qui restent encore de nos jours à la base de toute réflexion juridique : le concept de loi positive et le positivisme ; la nécessité de subordonner les lois à des normes supérieures.

1. *La loi positive*

La loi positive est une invention grecque, en rapport étroit avec l'essor des institutions aristocratiques, puis démocratiques, au sein de la cité. L'époque archaïque ne connaissait pas de véritables lois mais un droit (la *thémis*) que le roi exposait dans ses jugements en se référant à la volonté des dieux et aux coutumes des Anciens. À partir de la fin du VIe siècle, le droit s'est progressivement laïcisé et identifié aux lois promulguées par les grands réformateurs (Dracon, Solon, Clisthène) ou votées par les assemblées : un droit écrit, de création humaine, tenant dans des lois établies par tous et connues de tous (*nomos*, terme que l'on peut traduire aussi bien par loi que par droit). En identifiant le droit à la loi, la pensée grecque a posé les bases du positivisme juridique. Elle en a expérimenté aussi les conséquences opposées : d'un côté l'exaltation de la loi ; de l'autre la mise en doute de sa valeur et de son autorité.

L'exaltation de la loi, la tendance à en faire un absolu, était de tradition dans les démocraties grecques. À Athènes, la loi était présentée comme le fondement de la cité : c'est par elle que se constituait la communauté des citoyens, et elle était seule souveraine. Opposée à l'arbitraire et à la tyrannie, elle garantissait l'égalité et la liberté, dont la soumission aux lois n'était pas la négation mais l'accomplissement. La vraie liberté consistait à obéir aux lois et le premier devoir des citoyens était de les défendre avec la même énergie que le territoire de la cité.

En dépit de cette conception très haute, la loi positive n'était qu'une œuvre humaine, détachée de toute référence religieuse, et son autorité risquait d'en être fragilisée. Au cours du Ve siècle, elle a été contestée par une école philosophique, les sophistes, dont la doctrine consistait à douter de tout, à proclamer le relativisme le plus complet, à nier l'existence de toute valeur absolue. Pour eux, la loi humaine ne pouvait passer pour l'expression de la Justice et de la Vérité, qui n'étaient elles-mêmes que des illusions. Ni unique ni immuable, puisque son contenu variait selon les époques et les lieux, elle n'était que pure convention, voire la traduction des intérêts de ses auteurs : « Le juste et le honteux ne sont pas par nature mais d'après les conventions que l'homme crée » ; « La Justice n'est que l'intérêt du plus fort » ; « Tout gouvernement établit toujours les lois dans son propre intérêt », tels sont les propos des sophistes, que rapporte Platon pour les réfuter. Ravalée au rang d'auxiliaire de l'arbitraire des gouvernants, la loi n'apparaît plus comme la garante des libertés mais comme un instrument d'oppression et, dans les régimes démocratiques, comme la décision arbitraire de la majorité : « La loi [est] faite par les faibles et par le plus grand nombre dans leur intérêt [...], pour empêcher les plus forts de l'emporter » (Calliclès) ; elle est « le tyran des hommes » (Hippias). Expression d'une crise de la loi, les thèses des sophistes ont conduit, en réaction, à approfondir le débat sur la nature de celle-ci et à dépasser le positivisme.

2. *Les normes juridiques supérieures*

L'idée qu'au-dessus des lois positives existent des normes supérieures, dont l'origine n'est pas purement humaine, s'ancre dans une tradition très ancienne, que l'affirmation du positivisme avait contribué à refouler. C'est à elles que faisait référence l'Antigone de Sophocle (496-406 av. J.-C.) lorsque, pour se justifier d'avoir donné une sépulture à son frère en contrevenant aux ordres du tyran Créon, elle affirmait avoir obéi « à des lois non écrites des dieux, qui ne sont ni d'aujourd'hui ni d'hier », à des lois immuables et éternelles supérieures aux lois positives de la cité, à la *thémis* plutôt qu'au *nomos*. Les polémiques avec les sophistes ont contribué à les ramener au premier plan : les plus grands philosophes, Socrate, Platon, Aristote, ont pris la défense des lois positives, mais une défense conditionnelle, qui sortait du cadre positiviste et justifiait les lois non par l'ordre d'un chef ou la décision d'une majorité, mais par leur fidélité à des normes plus élevées, d'origine divine ou naturelle.

Platon s'est fondé sur les normes divines. Dans son dernier ouvrage, le traité des *Lois*, il a réaffirmé, après son maître Socrate, la primauté des lois, nécessaires au bon ordre de la cité, mais en soulignant qu'elles devaient se conformer elles-mêmes à des valeurs plus hautes, respecter la volonté des dieux, l'intelligence, la raison. Dans la perspective moralisatrice et aristocratique qui était la sienne, les lois devaient contribuer à éduquer le citoyen, à le rendre meilleur et à faire régner la vertu ; aussi, dans l'idéal, auraient-elles dû être l'œuvre de philosophes, de sages, intermédiaires entre les dieux et les hommes. Dans le monde réel, Platon prônait le respect des lois positives, au moins par le peuple car le sage n'en a pas besoin, mais sans illusion, comme un pis-aller, car elles ne donnaient qu'un pâle reflet de la vraie justice.

Aristote a, lui aussi, pris la défense des lois positives, mais de manière plus réaliste, en les replaçant dans une conception plus générale et plus riche du droit, fondée sur l'idée de droit naturel. Au-dessus des lois de la cité existe en effet un droit naturel non écrit, conforme à la nature, c'est-à-dire à l'ordre immuable de l'univers et aux fins que cet ordre assigne à l'homme. Ce droit ne tient pas dans un ensemble de règles prédéfinies, il est à découvrir dans la nature elle-même, par l'observation des choses. Ainsi, de l'étude des sociétés de son temps, cités grecques mais aussi monarchies et empires barbares, Aristote a conclu que l'homme était un « animal politique », qui ne pouvait vivre selon sa nature et s'épanouir qu'au sein de sociétés organisées : l'existence des sociétés politiques, et spécialement des cités, qui constituent la forme la plus achevée d'organisation sociale, était donc de droit naturel. Il en va de même de la propriété, car le développement des cités, qui va dans le sens de la diversification des activités et des conditions, suppose l'appropriation individuelle des biens ; ou encore de la famille, indispensable à la procréation et à l'éducation des enfants. Ce droit naturel informulé reste toutefois trop vague pour se suffire à lui-même : le lois positives sont nécessaires pour le révéler à tous, pour le traduire en règles précises et stables. À ce titre, elles doivent être observées, mais sans tomber pour autant dans le positivisme. Car les lois positives ne donnent du droit naturel qu'une formulation partielle et imparfaite, et on ne saurait leur reconnaître une autorité sans limites. Les mauvaises lois, qui contreviennent à l'ordre naturel, ne sont pas dignes de respect. D'autres méritent d'être discutées et amendées. Et même les meilleures ne sauraient être appliquées aveuglément car elles restent trop générales pour s'adapter à toutes les circonstances : elles peuvent, dans certaines situations, se révéler injustes et doivent être corrigées, en ce qu'elles ont de trop rigide, par le recours à l'équité, notion qui tient une grande place dans la philosophie du droit d'Aristote (voir *Équité*, p. 359).

C'est également au droit naturel que se référait une école philosophique plus tardive, le stoïcisme, mais à une conception bien différente de celle d'Aristote, plus individualiste et cosmopolite. Le stoïcisme, qui s'est affirmé au temps des monarchies hellénistiques, alors que les cités avaient perdu leur indépendance et que les citoyens ne participaient plus guère aux affaires publiques, est l'expression du déclin des valeurs civiques et du repli sur soi : la nature de l'homme sur laquelle se fonde le droit naturel stoïcien n'est pas sa nature sociale mais sa nature intérieure, identique chez tous, la raison, la conscience et les préceptes moraux que dicte celle-ci. Il tend à confondre le droit avec la morale : la loi naturelle ainsi entendue veut que l'on respecte la parole donnée parce qu'il est moralement condamnable de renier ses engagements ; elle prône le respect de la propriété parce que la morale commande de ne pas s'emparer du bien d'autrui.

Largement répandu dans tout le monde méditerranéen, le stoïcisme a connu un grand succès à Rome. C'est à la conception stoïcienne du droit naturel que se réfère Cicéron dans sa définition de la loi de nature : « Il existe une loi véritable, qui est la droite raison accordée à la nature, répandue chez tous les êtres humains, constante, éternelle, qui commande d'accomplir son devoir et détourne du mal par ses défenses… » (*République*, III, 22). C'est elle aussi que l'on retrouvera dans les citations des jurisconsultes romains et qui inspirera les doctrines modernes du droit naturel, qui la feront évoluer vers le subjectivisme (voir *Droit naturel*, p. 352).

B. L'étude des formes de gouvernement

La science politique a trouvé en Grèce un terrain favorable à son développement en raison du goût qui y régnait pour la spéculation philosophique et de la grande diversité des régimes des cités. La propension à réfléchir sur la nature et les formes de l'organisation politique s'est manifestée très tôt : l'œuvre d'Homère contient déjà des remarques sur le pouvoir royal. C'est à la fin du Vᵉ siècle et au début du IVᵉ qu'elle s'est pleinement épanouie, stimulée par la crise de la démocratie athénienne.

L'étude et la typologie des formes de gouvernement ont leur origine chez l'historien Hérodote (484-425 av. J.-C.), qui a été le premier à présenter, dans un dialogue fictif entre trois seigneurs perses, les mérites et les défauts respectifs de la tyrannie, c'est-à-dire du pouvoir absolu d'un seul homme, de l'oligarchie, où le pouvoir est exercé par une minorité, et de la démocratie, où il appartient à l'ensemble du peuple. Classification reprise et enrichie par Platon, dans sa *République* (entre 384 et 377 av. J.-C.), où il distingue les régimes politiques non seulement selon leur forme objective, mais aussi selon la valeur morale de ceux qui les exercent : la monarchie, gouvernement d'un seul, peut être *sophocratie* lorsqu'elle est exercée par un sage dans l'intérêt commun, et elle constitue pour Platon le régime idéal, ou *tyrannie* lorsque le prince ne possède pas la sagesse et gouverne dans son propre intérêt ; l'oligarchie, gouvernement d'une petite élite définie par la richesse ou la valeur intellectuelle, peut être *timocratie* lorsque cette élite gouverne en vue des honneurs, ou *oligarchie* au sens strict lorsqu'elle n'a en vue que son intérêt propre ; la démocratie, enfin, gouvernement du peuple dans son ensemble, est toujours mauvaise car la multitude se révèle incapable d'acquérir et de conserver les vertus, par essence individuelles, de connaissance et de sagesse nécessaires au bon gouvernement.

À l'idéalisme de son maître, Aristote, disciple de Platon mais d'esprit fort indépendant, a substitué une conception réaliste qui fait de lui le fondateur de la science politique. Il s'est consacré à l'étude approfondie des régimes politiques en commençant par rassembler, dans le but de les comparer, les informations relatives aux institutions de cent cinquante-huit États, cités grecques et royaumes barbares, dont seule nous est parvenue une petite partie, peut-être due à l'un de ses disciples et connue sous le nom de *Constitution d'Athènes*. À partir de ces données, il a composé son principal ouvrage, intitulé *La Politique*, où il examinait à la fois les formes de gouvernement mais aussi leurs règles concrètes de fonctionnement.

Dans sa classification des régimes, Aristote a repris les catégories dégagées par ses prédécesseurs en combinant des critères quantitatifs, fondés sur le nombre de ceux qui exercent le pouvoir, et qualitatifs, en recherchant si le régime présente une forme pure, dérivée ou altérée, selon que les gouvernants respectent les lois ou les méprisent. En fonction du nombre, on retrouve chez lui la division tripartite entre royauté (ou monarchie), gouvernement d'un seul, aristocratie, gouvernement d'une élite, et république, gouvernement du plus grand nombre. En fonction de la qualité du régime, Aristote distingue la monarchie, forme pure, de la tyrannie, forme dérivée, l'aristocratie de l'oligarchie, la république de la démocratie ou démagogie, forme corrompue de la précédente. Il introduit aussi des distinctions secondaires selon le mode de transmission du pouvoir, héréditaire ou non, son caractère arbitraire ou au contraire sa soumission aux lois.

Aristote a posé enfin les bases de la réflexion constitutionnelle en séparant, au sein de chaque régime, différentes fonctions : la fonction délibérative, exercée par les assemblées, qui consiste à discuter des affaires publiques, la fonction d'exécution, confiée dans les cités démocratiques à des magistrats, la fonction de juger, dévolue pour partie aux magistrats, pour partie aux assemblées populaires. Selon la forme du régime, l'aménagement de ces fonctions est différent : dans une monarchie absolue, toutes sont exercées par le roi ; dans une démocratie absolue, ce sont les assemblées délibératives qui décident de tout. Mais il existe aussi des formes tempérées, réalisant un partage des attributions, idée que reprendra Montesquieu de manière bien plus systématique.

Quelle est la meilleure forme de gouvernement ? Pour Aristote, à la différence de Platon, il n'en existait pas d'entièrement bonne ou mauvaise : chacune présentait des qualités et des défauts propres ; chacune aussi était condamnée à dégénérer, à se corrompre et à être remplacée par une autre à la suite d'une évolution progressive ou d'une révolution. Pour empêcher ou au moins retarder la dégénérescence et la subversion des régimes politiques, Aristote préconisait la modération dans l'exercice du pouvoir et concluait à la supériorité des formes mixtes, qui combinaient des éléments de monarchie, d'aristocratie et de démocratie : idée de régime mixte appelée à un grand avenir puisqu'on la retrouvera dans la pensée politique romaine puis dans celle du Moyen Âge, et qui a inspiré la notion moderne de séparation et d'équilibre des pouvoirs.

L'historien grec Polybe, venu comme otage à Rome en 167 avant J.-C., a étudié les institutions romaines à leur apogée en leur appliquant la grille d'analyse aristotélicienne. Pour Polybe, la supériorité de Rome tenait à l'excellence de son régime politique, qui parvenait mieux que les autres à concilier les caractères de la monarchie, représentée par les consuls dotés d'un pouvoir de commandement étendu, de l'aristocratie représentée par le Sénat, où siégeaient les meilleurs éléments de la cité, et de la démocratie, formée par les comices et par les tribuns de la plèbe présentés comme chefs du peuple. Mais il a également compris que le régime romain ne se bornait pas à séparer trois pouvoirs : il imposait aussi leur collaboration puisque chacun d'eux ne pouvait rien faire sans les autres, et tous se trouvaient ainsi égaux. Ce concours nécessaire, l'incapacité pour chaque pouvoir d'agir seul, apparaissait à Polybe, en bon disciple d'Aristote, comme la meilleure illustration du régime mixte, sans dissimuler pour autant la fragilité de cet équilibre.

Un siècle plus tard, le thème de la supériorité du régime mixte a été développé par Cicéron dans son traité *De la République* (54-51 av. J.-C.), mais dans un esprit différent : Cicéron, qui vivait au cœur des guerres civiles, en pleine décadence des institutions républicaines, ne recherchait plus dans l'égalité des pouvoirs le moyen de maintenir un équilibre définitivement rompu, mais voyait dans la prééminence d'un pouvoir sur les autres la condition de son rétablissement : une *auctoritas* supérieure confiée au meilleur citoyen, à un homme providentiel, exercée avec sagesse au service de la *res publica*, respectueuse des lois et limitée par la liberté garantie aux citoyens, devait permettre de rétablir l'ordre et de restaurer les institutions. De ce point de vue, la pensée cicéronienne annonce le Principat.

Section II

L'Empire romain, modèle d'État souverain

Depuis 121 avant J.-C., la République romaine était entrée dans une période de crise révélatrice de l'incapacité d'institutions conçues pour le gouvernement d'une cité à assurer la direction d'un vaste empire territorial. Pendant plus d'un siècle se succédèrent conflits sociaux et luttes de factions, accompagnés d'une corruption profonde des institutions républicaines et du recours fréquent à des pouvoirs d'exception ou totalement illégaux : dictature sans limitation de durée avec Sylla (83-79 av. J.-C.), triumvirats, cumul par un seul de plusieurs magistratures permettant l'instauration d'un pouvoir personnel. Jules César (49-44 av. J.-C.) réunit ainsi les fonctions de consul, de dictateur, de tribun de la plèbe et de censeur avant de périr assassiné par des membres du parti aristocratique qui l'accusaient de vouloir rétablir la royauté. Après sa mort, ses anciens lieutenants se disputèrent le pouvoir : son neveu et fils adoptif Octave l'emporta sur son rival Marc Antoine et réalisa à son profit un nouveau cumul des magistratures. C'est dans ces circonstances que s'est opéré le passage de la république à un autre type de régime, l'empire.

L'empire était une forme politique répandue dans l'Antiquité : l'Égypte, la Perse, le monde hellénique avec Alexandre le Grand, avaient connu des régimes impériaux, monocraties qui, à l'opposé des cités, dominaient de vastes territoires aux populations nombreuses et cosmopolites. Si l'Empire romain présente bien ces caractères, il offre aussi des traits originaux qui lui confèrent un plus grand intérêt sur le plan politique et juridique. Il n'est pas, au moins en apparence, une simple autocratie personnelle, livrée à l'arbitraire, mais un régime fondé sur le droit, et un droit emprunté à la République. Il a, dans une certaine mesure, continué la tradition juridique de Rome. Ambiguïté féconde puisque c'est cette conjonction du droit public républicain et d'un régime de nature monarchique qui a valu à l'Empire romain de préfigurer l'État souverain, tant par l'étendue de ses pouvoirs que par son organisation hiérarchisée et centralisée.

Sous-section 1

L'Empire, héritier du droit républicain

Officiellement, et de par la volonté de son fondateur, l'Empire romain ne constituait pas un régime nouveau, mais la continuation de l'ancien : façade républicaine qui dissimulait tant bien que mal une réalité monarchique devenue, avec le temps, de plus en plus évidente, mais qui a cependant orienté durablement la structure juridique de l'Empire.

A. Façade républicaine du régime

Les historiens datent de janvier 27 avant J.-C. la fin de la République romaine et l'instauration du régime impérial. S'il y eut effectivement changement de régime, l'instigateur de cette transformation, Octave, fit tout pour en minimiser la portée et pour donner au contraire l'impression de continuité de la tradition républicaine.

Débarrassé de ses rivaux depuis sa victoire à Actium en 31, Octave avait mis fin aux guerres civiles et exerçait un pouvoir sans partage mais aux fondements juridiques fragiles, qui reposait, suivant une pratique née au cours des guerres civiles, sur le cumul des magistratures (consulat, puissance tribunicienne), dont l'exercice restait en principe temporaire et qui ne conférait que des pouvoirs limités. Les prolonger ou les étendre de sa propre initiative l'eût exposé au soupçon d'aspirer à la royauté, qui avait été fatal à César. Aussi manœuvra-t-il habilement pour asseoir son régime sur une légitimité indiscutable, qui ne pouvait être que républicaine. En janvier 27, il remit tous ses pouvoirs à la disposition du Sénat et du peuple romain, démission feinte qui ne pouvait être acceptée car elle eût entraîné la reprise des guerres civiles. Comme il l'espérait, le Sénat le supplia de conserver le pouvoir et lui conféra des attributions supplémentaires : l'*imperium* proconsulaire, nécessaire pour exercer le commandement à l'armée et dans les provinces, concédé pour dix ans et qui lui sera renouvelé jusqu'à sa mort, à l'origine du titre d'*imperator* ; l'*auctoritas*, qui donnait à tous ses actes une autorité supérieure, lui permettant de porter le titre d'*Augustus*, le plaçait au-dessus des autres magistrats républicains et le soustrayait aux conséquences de la collégialité. Quatre ans plus tard, Octave, dorénavant appelé Auguste, se fit confirmer la puissance tribunicienne, détachée de la fonction de tribun, qui lui sera renouvelée chaque année : elle le rendait inviolable et sacré, lui permettait de convoquer et de présider les assemblées de la plèbe et le Sénat, et faisait de lui le protecteur du peuple. Il obtenait ainsi davantage de pouvoirs, mais surtout des pouvoirs dont la légitimité était désormais indiscutable puisque tenus du Sénat et du peuple. Son autorité était suffisamment assise pour qu'il renonçât au consulat, dont la réitération chaque année heurtait trop la tradition républicaine.

En apparence, les événements de 27 marquent donc non la naissance d'un régime nouveau mais la restauration de la République : Octave Auguste se présentait en continuateur de la vraie tradition politique romaine, corrompue par les guerres civiles. Les institutions républicaines ont été conservées : les comices centuriates et tributes ont continué d'être réunis ; le Sénat a gardé officiellement ses attributions et son influence ; les magistratures – consulat, censure, préture – ont été régulièrement pourvues et, si l'empereur les a parfois exercées lui-même, il s'est le plus souvent contenté d'imposer ses propres candidats en vertu de son *auctoritas*. Auguste a pris le titre de *princeps* (c'est-à-dire de premier des citoyens), d'où le nom de Principat donné par les historiens au régime qu'il a fondé, titre qui traduisait à la fois sa prééminence politique, fondée sur l'*auctoritas*, et sa volonté d'apparaître néanmoins comme un *privatus*, une personne privée, un citoyen respectueux de la légalité et soucieux de la *res publica*. En réalité, le régime d'Octave Auguste marque bien le point de départ d'une monarchie impériale qui s'est affirmée de plus en plus nettement.

B. Réalité monarchique du régime

Il n'est pas douteux que, dès l'origine, la vraie nature du nouveau régime était monarchique. Le cumul des magistratures et des pouvoirs, l'influence que le *princeps* exerçait sur les comices, le Sénat et les autres magistrats, faisaient de lui le véritable maître de l'État. L'évolution allait révéler de plus en plus ouvertement ce caractère monarchique. Les institutions républicaines ont disparu progressivement : les comices sont tombés en désuétude à la fin du Ier siècle ; les magistratures ont perdu leurs attributions et n'ont subsisté que comme distinctions honorifiques. Parallèlement s'est accentuée la personnalisation du pouvoir, avec la divinisation de la personne de l'empereur, la formation à son profit d'un véritable pouvoir législatif et l'établissement de l'hérédité de la dignité impériale.

1. *Divinisation de l'empereur*

Dès le règne d'Auguste, dans les provinces orientales où existait une tradition ancienne en faveur de la divinisation des souverains, est apparu l'usage de rendre un culte à l'empereur, qui s'est ensuite répandu dans le reste de l'empire. L'empereur a d'abord été considéré comme un dieu après sa mort, ce qui accroissait le prestige de son successeur lorsqu'il s'agissait de son fils, puis déifié de son vivant au IIIe siècle. Tous les habitants de l'empire devaient lui rendre un culte, obligation peu contraignante pour la plupart d'entre eux, adeptes de religions polythéistes, mais incompatible avec les religions monothéistes, juive et chrétienne, et qui a été à l'origine de persécutions religieuses sporadiques. La conversion de l'empereur Constantin (313), puis la reconnaissance du christianisme comme religion d'État par Théodose Ier (380) ont mis fin à la divinisation du souverain, favorisant en contrepartie la sacralisation du pouvoir impérial : l'empereur chrétien apparaît comme un personnage mi-laïc, mi-religieux, à la fois « empereur et prêtre », qualifié pour intervenir activement dans les affaires de l'Église, pour convoquer et présider les conciles, et même pour arbitrer les conflits dogmatiques et réprimer les hérésies.

2. *Formation du pouvoir législatif impérial*

Pas plus que les magistrats républicains dont ils se prétendaient les continuateurs, les premiers empereurs ne disposaient du pouvoir de légiférer : ils avaient, comme eux, l'initiative des lois, mais celles-ci devaient toujours recevoir l'aval du Sénat et ne devenaient effectives qu'après le vote des comices. Après que les comices furent tombés en désuétude, c'est le Sénat qui recueillit la fonction de voter les lois et ses sénatus-consultes reçurent directement valeur législative. En réalité, dès l'origine, les comices, puis le Sénat que l'empereur composait à sa guise, étaient devenus des chambres d'enregistrement qui approuvaient sans opposition les projets impériaux : présenté comme une prière (*oratio*), le projet était en fait un ordre fidèlement suivi. Au IIIe siècle, la fiction de l'exercice du pouvoir législatif par le Sénat au nom du peuple romain a disparu : il a été admis sans détour que l'empereur avait le pouvoir de légiférer, fondé sur l'*auctoritas*, et l'exerçait sans limites. Les juristes de l'entourage impérial l'ont exprimé en des formules qui, transmises par les compilations de Justinien et détachées de leur contexte, ont permis plus tard d'édifier la notion de souveraineté : *Quod principi placuit habet legis vigorem* (« Ce que le prince a jugé bon a force de loi »), ou *Princeps legibus solutus est* (« Le prince est absous des lois »). On glisse ainsi du Principat, où le prince était censé n'être que le premier des citoyens, vers le Dominat, où il est considéré comme le *dominus*, le maître absolu.

3. *Hérédité de la dignité impériale*

La transmission héréditaire de la fonction impériale s'est établie plus difficilement, du fait de la persistance des apparences républicaines. Les pouvoirs conférés à Octave l'avaient été à titre personnel et, à sa mort, auraient dû revenir au Sénat qui en était le dépositaire selon la tradition républicaine. En fait, Octave organisa sa propre succession en associant au pouvoir son fils adoptif Tibère, mais sauvegarda les apparences en lui faisant attribuer ses fonctions par le Sénat et l'investiture par les comices (*lex de imperio*). Néanmoins, une tendance à l'hérédité commença à s'établir et les successeurs de Tibère, membres de la dynastie julio-claudienne (Caligula, Claude, Néron), furent tous des héritiers par le sang ou adoptifs de l'empereur précédent, à qui le Sénat et les comices conférèrent automatiquement l'investiture. C'est seulement en l'absence d'héritier, comme à la mort de Néron (68), que le Sénat retrouva une certaine liberté de choix, rapidement bridée par l'influence de l'armée qui, dès 69, parvint à imposer son candidat, Vespasien. Au IIe siècle, le principe dynastique, favorisé par la divinisation de l'empereur, progressa avec la succession de deux lignées d'empereurs, les Antonins et les Sévères, mais au IIIe siècle, période de crise généralisée, l'armée, avec les prétoriens de la garde impériale, imposa à nouveau ses candidats, quitte à s'en débarrasser dès qu'ils ne lui convenaient plus : entre 235 et 284 se succédèrent quarante empereurs, tous portés au pouvoir par des coups d'État militaires et tous assassinés à la suite d'autres révoltes. L'hérédité ne s'imposa définitivement qu'au IVe siècle, à partir de Constantin.

En dépit de son évolution vers une monarchie de plus en plus absolue, qui trouve sa conclusion avec le Dominat, l'Empire n'a jamais répudié les concepts du droit public républicain sur la base desquels il s'était formé : l'organisation étatique est restée, au moins en théorie, au service du bien public, de l'*utilitas publica* ; la *publica potestas*, l'*auctoritas*, l'*imperium*, anciens attributs des magistrats et des organes républicains, ont également subsisté pour devenir ceux de l'empereur. État monarchique, certes, mais État qui se voulait fondé sur le droit : cette caractéristique lui vaudra, à la différence des empires orientaux et hellénistiques, qui n'ont eu aucune postérité institutionnelle, d'exercer une forte et durable influence. Le droit public et les institutions de l'Empire romain, venus de la République mais adaptés au nouveau régime, ont fourni les matériaux qui serviront à construire l'État moderne.

Sous-section 2

L'Empire romain, modèle d'État administratif

À l'époque républicaine, il n'existait pas, sauf pour quelques services techniques, d'administration régulière au service de l'État. Les fonctions essentielles, à Rome comme dans les provinces conquises, étaient exercées par des hommes politiques : la ville de Rome était administrée par ses magistrats élus, les provinces par des promagistrats (proconsuls, propréteurs) désignés parmi les anciens magistrats sortis de charge et bénéficiant d'une prorogation de leur *imperium* par le Sénat. À l'opposé, l'Empire a mis en place une administration nouvelle qui préfigure à deux points de vue les systèmes administratifs modernes : par sa professionnalisation et par son caractère centralisé et hiérarchisé.

A. Professionnalisation de l'administration impériale

La professionnalisation de l'administration impériale a été la conséquence du déclin progressif des magistratures républicaines et de la concentration des pouvoirs en la personne de l'empereur. Celui-ci dut s'entourer de collaborateurs choisis tantôt dans sa propre domesticité, tantôt dans l'aristocratie romaine et provinciale.

Du fait de sa qualité de *privatus*, l'empereur a confié des fonctions administratives à ses esclaves ou à ses affranchis, comme l'aurait fait n'importe quel particulier. Il les a chargés de tâches techniques ou subalternes, mais parfois aussi de fonctions plus relevées impliquant l'exercice de droits de puissance publique, et certains d'entre eux ont exercé une forte influence politique. Progressivement, ces domestiques impériaux sont passés au service de l'État, ont fourni une grande partie du personnel des bureaux, secrétaires chargés de la rédaction des actes, comptables, gestionnaires des finances... Spécialisés dans des fonctions qu'ils exerçaient toute leur vie et dans lesquelles ils faisaient carrière, ils apparaissent de ce point de vue comme les lointains ancêtres des fonctionnaires modernes.

Pour exercer des fonctions plus élevées, les empereurs ont recruté au sein de l'aristocratie romaine, reconstituée par Auguste et organisée en ordres (ordre sénatorial, ordre équestre) dotés d'un statut juridique. Dans ces ordres, véritables pépinières de fonctionnaires, et spécialement chez les chevaliers, étaient choisis les procurateurs, bénéficiaires des délégations des droits de puissance publique consenties par l'empereur, les gouverneurs des provinces et les préfets, magistrats institués par Auguste pour diriger les grands services publics (préfet du prétoire, qui commandait la garde personnelle de l'empereur, les cohortes prétoriennes, mais exerçait aussi des tâches administratives et judiciaires ; préfet de la ville, chargé d'administrer Rome en l'absence de l'empereur ; préfet du trésor ; préfet de l'annone, responsable du ravitaillement ; préfet des vigiles, qui commandait le service des pompiers). À l'opposé des magistratures républicaines, la haute administration était ainsi formée de professionnels, qui se consacraient durant toute leur carrière au service de l'État.

B. Centralisation et hiérarchisation de l'administration

La centralisation de l'administration a été, au même titre que sa professionnalisation, la conséquence du caractère personnel du régime. Comme toute autorité émanait de l'empereur, et toutes les affaires remontaient jusqu'à lui, il fallut développer un système capable, de degré en degré, de l'informer des questions importantes, de transmettre et faire respecter ses ordres dans l'ensemble de l'Empire. Elle a été accentuée par l'interventionnisme de l'État, confronté au IIIe siècle à une grave crise sociale et économique, qui a pratiqué une politique autoritaire et dirigiste visant à réglementer dans les moindres détails les activités et enserré la société dans un carcan juridique et administratif. L'Empire romain a créé un régime bureaucratique, une administration envahissante et pléthorique, qui préfigurent ceux des États modernes.

Au niveau central, les organes de gouvernement se composaient d'un Conseil, où étaient délibérées les affaires les plus importantes, élaborés les textes de lois et jugés les procès en dernier ressort ; de ministres responsables de départements spécialisés ; et d'une chancellerie chargée de l'expédition des ordres impériaux et des affaires judiciaires. Ces organes étaient assistés d'une multitude de bureaux et de services qui assuraient la liaison avec les provinces. Localement, les ordres impériaux étaient relayés par une administration complexe, répartie en circonscriptions dont chacune disposait d'organes propres. Au sommet, les préfets du prétoire, devenus sous Constantin des agents locaux établis à la tête de vastes régions (deux pour l'Orient et deux pour l'Occident : Italie et Gaules, au Ve siècle), mais dont les attributions se limitaient désormais aux affaires civiles. Les préfectures étaient divisées en diocèses (deux en Gaule : Trèves et Vienne), dirigés par un vicaire, et les diocèses subdivisés en provinces, ayant à leur tête un gouverneur placé directement sous l'autorité de l'empereur. Les circonscriptions de base, cités ou pays (*pagi*), avaient conservé leurs organes administratifs traditionnels (Sénat local ou Curie, magistrats chargés d'exécuter les décisions) et une certaine autonomie, de plus en plus réduite aux

IVe-Ve siècles par l'intervention de nouveaux agents impériaux : le *defensor civitatis*, créé pour dénoncer les abus de l'administration mais très vite cantonné dans des fonctions judiciaires inférieures, et le *curator rei publicae*, chargé de contrôler les administrations locales, mais qui s'est souvent substitué à elles et les a dépouillées de leurs attributions. Strictement hiérarchisée, cette organisation administrative centrée sur la personne de l'empereur devait servir de référence aux futurs États centralisés : le choix du titre de préfet, donné en l'an VIII par Bonaparte aux représentants de l'État dans les départements, a valeur de symbole.

L'hypertrophie administrative n'a pas suffi à assurer le contrôle efficace d'un empire trop vaste, miné à partir du IIIe siècle par l'anarchie et les premières invasions barbares. Dès 285, l'empereur Dioclétien a mis en place une division du territoire et un partage du pouvoir impérial en deux zones géographiques, l'Orient et l'Occident, ayant chacune à sa tête un empereur (Auguste), assisté d'un adjoint (César). Ce gouvernement à quatre (tétrarchie) n'eut qu'une brève existence mais marque le point de départ d'une séparation, de plus en plus effective au cours du Ve siècle, entre un Empire d'Orient et un Empire d'Occident, ayant chacun son empereur (même si la collégialité subsistait en principe entre eux), sa capitale (Rome pour l'Occident, Constantinople pour l'Orient), sa législation et son administration, divorce politique et administratif qui recoupait une opposition plus profonde entre provinces occidentales, de civilisation latine, et provinces orientales, de civilisation grecque. Deux Empires qui ont connu des sorts différents : celui d'Occident a disparu en 476, avec la déposition de son dernier empereur, Romulus Augustule, par un général d'origine barbare, Odoacre ; celui d'Orient, bien qu'affaibli par les luttes intestines et les conquêtes arabes puis ottomanes, a survécu jusqu'à la prise de Constantinople par les Turcs en 1453.

Chapitre II

ROME, PATRIE DU DROIT PRIVÉ

Plus encore qu'en droit public, l'influence de l'Antiquité a été déterminante en droit privé. Celle de la Grèce est restée faible dans ce domaine. Peu d'institutions grecques ont contribué directement à la formation du droit moderne : limitées au droit commercial maritime, elles ont toutes été transmises par l'intermédiaire des Romains. L'essentiel vient de Rome, du fait de la supériorité de ses solutions mais surtout parce qu'elle a donné au droit un caractère scientifique. Auparavant, le droit ne consistait qu'en une série de pratiques, parfois d'un grand intérêt technique mais sans lien les unes avec les autres. Il était resté, en Grèce comme en Mésopotamie, à un stade empirique, préthéorique. Les Romains ont été les premiers à l'élever au rang d'une science, à en faire un objet de réflexion intellectuelle, à le théoriser. Ils ont conféré ainsi une bien plus grande portée, et une bien plus grande pérennité, aux solutions qu'ils dégageaient : ils ont fait du droit romain davantage que le droit d'une cité ou d'un peuple déterminé, le droit par excellence, apte à continuer d'exercer une forte influence longtemps après la disparition de Rome.

Ce progrès capital dans l'histoire du droit a été le fruit d'une évolution progressive, parallèle à celle des institutions politiques de la cité puis de l'Empire. Le droit romain, constitué à partir d'un noyau primitif formé par le vieux *jus civile* de l'époque royale et des premiers siècles de la République, ne dépassait pas à ses débuts le niveau purement pragmatique des autres droits antiques, mais présentait déjà certains caractères qui conditionnaient les progrès futurs (section I).

L'évolution décisive s'est produite lors de l'époque dite classique, entre 150 avant J.-C. et le milieu du IIIe siècle de notre ère : au cours de cette phase de maturation, de nouvelles sources sont apparues, les techniques se sont enrichies et affinées, surtout, le droit a commencé à devenir scientifique par l'action de la doctrine (section II). Apogée suivi d'une période moins brillante, l'Antiquité tardive, entre le milieu du IIIe siècle et la mort de l'empereur Justinien (565), mais qui a vu aussi des transformations essentielles avec l'affirmation d'un droit d'origine étatique, et qui a surtout permis la codification, donc la transmission, du droit romain (section III).

Section I

L'ancien droit civil

À Rome, l'expression « droit civil » (*jus civile*) n'avait pas le même sens que de nos jours : elle désignait non une branche du droit privé mais l'ensemble du droit de la cité, le droit des citoyens. Ce droit, à ses débuts, présentait les caractères communs à tous les systèmes juridiques archaïques : il tenait dans des coutumes orales. Pourtant, dès l'époque ancienne, le droit privé romain a commencé à évoluer vers des formes plus modernes : il a fait précocement l'objet d'un travail de rédaction, et, de coutumier et oral, il est devenu législatif et écrit ; parallèlement, il s'est dégagé de l'influence de la religion, s'est laïcisé, tout en conservant, quant au fond, de nombreux traits d'archaïsme.

Sous-section 1

De la coutume au droit écrit

À l'époque royale et aux premiers temps de la République, le droit romain était purement coutumier, formé d'usages, pour certains propres aux grandes familles (*gentes*), pour d'autres communs à l'ensemble de la cité. À ces coutumes venues des ancêtres (*mos majorum*), la tradition ajoutait un certain nombre de lois attribuées aux plus anciens rois de Rome, Romulus, le fondateur, et son successeur Numa Pompilius, dont un nommé Sextus Papirius aurait constitué un recueil (*jus Papirianum*) vers 500 avant J.-C. Mais ces lois royales sont légendaires : ce sont d'anciens préceptes coutumiers, touchant à la religion et à la discipline familiale, placés tardivement, à la fin de la République, sous l'autorité des premiers rois dont l'historicité est elle-même douteuse.

C'est seulement sous la République que le *jus civile* a commencé à prendre la forme de lois écrites, d'actes nés de la volonté du peuple réuni en comices. Mais ceux-ci, en près de cinq siècles, n'ont voté qu'un nombre limité de lois (environ huit cents), parmi lesquelles bien peu (vingt-quatre) concernaient le droit privé. Certaines furent importantes, comme la loi *Aquilia*, plébiscite voté vers la fin du Ve siècle avant J.-C., qui a posé les premiers fondements de la responsabilité délictuelle, mais, au total, la législation n'a joué qu'un rôle modeste parmi les sources de cette époque : « Le peuple du droit ne fut pas le peuple de la loi » (Fritz Schulz). Si le droit privé romain a acquis très tôt une forme écrite, c'est essentiellement grâce à un grand texte fondateur, la loi des Douze Tables, rédigée en 450-449 avant J.-C. suivant des modalités différentes de la procédure législative ordinaire et qui devait exercer une influence décisive sur l'évolution ultérieure du *jus civile*.

La tradition romaine présente la loi des Douze Tables comme un épisode de la lutte entre patriciens et plébéiens. La connaissance des coutumes relevait du monopole des magistrats et des pontifes patriciens, qui profitaient des incertitudes liées à leur forme orale pour les interpréter au mieux de leurs intérêts et les sanctionner de manière arbitraire : selon une brève histoire du droit romain attribuée au jurisconsulte Pomponius, les Romains de ce temps vivaient « sans loi certaine, sans droit certain ». Contre cet état de fait, la plèbe aurait réclamé la fixation et la rédaction des coutumes, et, après dix années de revendication, obtenu enfin satisfaction : en 451 avant J.-C., les comices suspendirent les magistratures traditionnelles et nommèrent pour un an un collège de dix magistrats extraordinaires, les décemvirs, composé de patriciens et de plébéiens chargés à la fois de diriger la cité avec les pleins pouvoirs et de rédiger le droit. Les décemvirs se mirent à l'œuvre, envoyèrent une ambassade en Grèce (ou en Grande Grèce) pour y étudier la législation et rédigèrent dix tables. Le travail n'étant pas achevé, de nouveaux décemvirs furent nommés l'année suivante. Ils mirent par écrit deux nouvelles tables mais, ayant versé dans la tyrannie sous l'influence de l'un d'eux, Appius Claudius, ils furent chassés par le peuple, qui rétablit les magistratures ordinaires. Les comices ratifièrent les tables rédigées et leur donnèrent force de loi. Ce récit comporte une part de légende, mais aussi un incontestable fond de vérité : il y eut bien, vers 450 avant J.-C., dans un climat de crise et de mutations politiques, un mouvement de rédaction qui consista à mettre par écrit les anciennes coutumes, sans doute aussi à introduire des réformes, dont certaines paraissent effectivement inspirées du droit grec. À ce double titre, la loi des Douze Tables a joué un rôle essentiel.

Elle ne constitue pas un code au sens moderne, n'embrasse pas la totalité du droit privé et n'édicte pas de principes généraux. Comme le Code d'Hammurabi, elle se compose de textes brefs, au nombre d'une centaine, qui visent chacun un cas précis ; elle garde un caractère empirique. Par exemple : « Si quelqu'un a brisé un os à un citoyen libre, il lui paiera 300 as ; s'il a brisé un os à un esclave, il paiera 150 as » (VIII, 3) ; « Si quelqu'un a causé à autrui des violences légères, il paiera 25 as » (VIII, 4). Le droit des Douze Tables reste par ailleurs archaïque. Il conserve des traces d'influence religieuse, même s'il a marqué un progrès vers la laïcisation : il édicte des sanctions pénales, comme la *sacratio* des voleurs de récoltes à Cérès, déesse protectrice des moissons (VIII, 9), qui apparaissent encore comme des sacrifices religieux. Il régit une société agraire, se préoccupe de la propriété des terres, du respect des bornes des champs, des relations de voisinage, de la protection des troupeaux et des récoltes, des rapports familiaux, mais pas des contrats et du commerce. Les dispositions répressives l'emportent et se montrent sévères ; quelques-unes prescrivent la peine du talion.

Cependant la loi des Douze Tables a constitué une étape importante dans l'histoire du droit romain en faisant reposer celui-ci non plus sur des coutumes plus ou moins claires et sanctionnées arbitrairement par l'*imperium* consulaire, mais sur une loi écrite révélée à tous et qui s'imposait à tous, magistrats compris : elle se rattache de ce point de vue au grand mouvement de réforme qui, à la même époque, et toujours sous la pression de la plèbe, a commencé à atténuer le caractère rigoureusement aristocratique des magistratures et de l'organisation politique. Aussi a-t-elle joui d'un prestige durable chez les Romains. Gravée sur des stèles de pierre, elle était affichée en permanence sur le Forum. Si les tables où elle était inscrite furent certainement détruites lors de l'incendie de Rome par les Gaulois en 390 avant J.-C., elles furent aussitôt reconstituées. À la fin de la République, selon Cicéron, les enfants l'apprenaient par cœur et les jurisconsultes de l'époque classique en citaient de nombreux fragments, conscients qu'elle représentait le point de départ de toute l'évolution du droit romain. C'est grâce à leurs citations et à leurs commentaires que les historiens ont pu, à partir du XVIe siècle, en reconstituer partiellement la teneur, car le texte ne nous est pas directement parvenu.

Sous-section 2

Laïcisation du *jus civile*

Comme tous les droits primitifs, l'ancien droit romain était fortement marqué par la religion, dont il se distinguait mal. Les coutumes des ancêtres, qui formaient le droit, le *jus*, demeuraient sous la dépendance du *fas*, ensemble de normes qui traduisaient, comme la *thémis* grecque, les volontés divines et fixaient les bornes de ce que permettaient les dieux. Les contrats, notamment, ont été sanctionnés sur le plan religieux avant de l'être sur le plan civil. Les autorités religieuses – le roi et les pontifes à l'origine, puis, au début de la République, les pontifes seuls – étaient chargées de dire le droit, compétence exclusive qui renforçait la domination des patriciens, auxquels étaient réservées les fonctions religieuses comme les magistratures civiles. La contestation de ce monopole par les plébéiens, cause de la rédaction des Douze Tables, a été aussi à l'origine de la laïcisation précoce du droit.

La première brèche dans le monopole des pontifes a été ouverte par la loi des Douze Tables, qui a révélé à tous les règles juridiques auparavant connues d'eux seuls, et a contribué à laïciser le contenu du droit en substituant dans certains cas aux sanctions religieuses traditionnelles, comme la consécration aux dieux des coupables de délits ou des débiteurs insolvables, des sanctions civiles ou pénales. Pour l'essentiel, et même si des traces de l'influence religieuse subsistent, les Douze Tables constituent un « code » laïc.

Après leur promulgation, les pontifes ont conservé cependant des attributions judiciaires : peut-être quelques pouvoirs de juridiction, dont l'existence reste discutée ; plus sûrement la connaissance des formules rituelles d'action, qui permettaient aux plaideurs d'agir en justice et dont ils étaient les gardiens ; enfin, la faculté d'interpréter le droit. Elles leur furent progressivement enlevées. Leur éventuelle fonction juridictionnelle n'a pu survivre à la création du préteur (367 av. J.-C.), magistrat spécialisé dans les affaires judiciaires et qui a recueilli toutes les compétences exercées en ce domaine par les autorités de la cité. Le monopole de la connaissance des formules d'action a pris fin peu après 312 avant J.-C., lorsqu'un affranchi, Cneius Flavius, secrétaire du grand pontife Appius Claudius, et certainement sur ordre de celui-ci, profita de ses fonctions pour consulter les archives pontificales, prendre note des formules et les divulguer au peuple. Élu édile curule en 304, il rendit également public le calendrier judiciaire, qui donnait la liste des jours fastes où l'on pouvait plaider. Dès lors, il était possible d'intenter un procès sans recourir aux pontifes.

L'interprétation du droit finit aussi par leur échapper. Vers 254-252 avant J.-C., le premier grand pontife plébéien, Tiberius Coruncanius, entreprit de donner publiquement des consultations juridiques qui permirent à ses auditeurs de s'initier au droit, initiative où l'on a vu l'origine de la formation d'une doctrine juridique laïque. La laïcisation précoce et finalement complète du droit romain, si elle ne suffit pas à expliquer l'exceptionnel développement que connaîtra celui-ci, a constitué du moins l'une de ses conditions indispensables en faisant de sa connaissance et de son interprétation non plus le monopole d'une caste, mais une activité ouverte à tous.

Sous-section 3

L'archaïsme de l'ancien *jus civile*

Malgré ces progrès, l'ancien droit est resté marqué par l'archaïsme, et il apparaît encore fort éloigné du droit moderne tant par son formalisme rigoureux que par son caractère patriarcal, qui domine le droit de la famille.

A. Le formalisme

Le *formalisme* subordonne la validité d'un acte juridique à l'accomplissement de certaines formes, en l'absence desquelles il ne pourrait valablement exister. De nos jours, et bien qu'il ait connu un regain de faveur au XXe siècle en liaison avec le dirigisme de l'État, il n'occupe plus qu'une place secondaire face au *consensualisme*, qui ne s'attache qu'à l'existence de la volonté sans accorder d'importance, autrement que pour en apporter la preuve, aux formes par lesquelles cette volonté se manifeste. Il fait figure d'exception justifiée par le souci de protéger les parties à certains contrats. Dans l'ancien droit romain, au contraire, il était la règle et répondait à des impératifs non pas utilitaires mais certainement religieux, en plaçant sous la protection divine des actes qui produisaient par ailleurs des effets purement civils.

En matière contractuelle, le formalisme régnait en maître, et le consensualisme restait totalement inconnu. Les plus anciens contrats romains, à l'exception de ceux qui se formaient par la simple remise d'une chose (contrats réels, comme le prêt), ne pouvaient être conclus qu'en accomplissant des formalités soit orales (contrats *verbis*), soit écrites (contrats *litteris*). Le contrat le plus répandu, la *sponsio-stipulatio*, se formait par l'échange de paroles rituelles entre le futur créancier et le futur débiteur, qui devaient être physiquement présents et dialoguer en forme solennelle : le créancier interrogeait l'autre partie (*spondesne dare mihi... ?* : « Promets-tu de me donner [telle chose] ? ») ; le débiteur s'engageait en répondant par l'affirmative (*spondeo dare tibi...* : « Je promets de te donner [telle chose] »). Le formalisme résidait dans l'utilisation obligatoire du verbe *spondere* dans la question comme dans la réponse (l'emploi d'un autre terme, même synonyme, ne produisait aucun effet), dans la nécessité d'enchaîner immédiatement celles-ci sans aucun intervalle, et dans leur exacte concordance sur l'objet de l'obligation. Ce n'était pas la volonté qui créait l'obligation, comme dans les contrats modernes, mais le fait d'avoir prononcé les paroles imposées. Ce formalisme rigide, bien que ses fondements demeurent discutés par les romanistes, visait probablement à placer les contrats primitifs sous l'autorité des divinités de la cité, et le lien qui unissait le débiteur au créancier était plus religieux que civil. Les termes requis (ici *spondere*) constituaient des formules porteuses d'une signification sacrale, d'où l'impossibilité de les remplacer par d'autres qui, bien que de même sens, étaient dépourvus d'une telle vertu. De même, dans l'*expensilatio*, contrat *litteris*, le fait d'inscrire le nom du débiteur sur le livre de comptes du créancier devait lui conférer une sorte de pouvoir magique sur lequel se fondait le lien d'obligation. Et en cas d'inexécution, le débiteur insolvable était sacrifié aux dieux pour expier le sacrilège que constituait l'inexécution d'un contrat dont ils étaient les garants : une disposition de la loi des Douze Tables (III, 6) permettait encore aux créanciers de le tuer et de partager son cadavre.

Le formalisme se montrait aussi rigoureux dans la procédure. Celui qui exerçait une action en justice était tenu de réciter une formule rituelle et la moindre erreur lui faisait perdre son procès : un paysan romain, dont le jurisconsulte Gaius (*Inst.*, IV, 11) a rapporté longtemps après la mésaventure, fut débouté dans le procès qu'il intentait à celui qu'il accusait d'avoir coupé ses pieds de vigne, pour avoir parlé d'action des vignes coupées (*de vitibus succisis*), et non, comme il aurait dû le faire, d'action des arbres coupés (*de arboribus succisis*). Dans l'action en revendication d'une chose (*sacramentum in rem*), les deux parties devaient toucher l'objet du litige avec une baguette, en affirmant solennellement leur droit : « Je dis que cette chose est mienne selon le droit des Quirites. » Le transfert de la propriété de certains biens (*res mancipi* : immeubles, esclaves, animaux domestiques) obéissait également au formalisme. Il s'effectuait par le rituel de la *mancipation* (terme où l'on retrouve la racine *manus*, main, symbole de la puissance sur les choses et, primitivement, aussi sur les personnes), vente fictive en présence de l'aliénateur et de l'acquéreur, d'un porteur de balance et de cinq témoins : la mancipation consistait en la pesée d'un lingot d'airain (acte *per aes et libram* : par l'airain et par la balance), interprétée plus tard comme le symbole du paiement du prix mais qui avait à l'origine une valeur magique, et en une déclaration solennelle de l'acquéreur, qui affirmait sa propriété en récitant, comme devant le tribunal, la formule de revendication. L'inobservation de ces rites faisait obstacle à la transmission de la propriété : l'acquéreur recevait le bien mais n'en devenait propriétaire qu'après l'écoulement d'un délai d'usucapion.

B. L'organisation patriarcale de la famille

À l'époque ancienne, la famille romaine reposait sur la toute-puissance (*patriapotestas*) qu'un patriarche, le *paterfamilias* (chef de famille plutôt que père de famille), exerçait sur les personnes vivant au sein de sa maison (*domus*) : ses enfants et petits-enfants, sa femme et les épouses de ses fils lorsqu'une formalité concomitante au mariage (*conventio in manum*), ou l'écoulement d'un délai de un an passé dans la maison (*usus*), les avait placées sous sa dépendance (*manus*). Puissance viagère qui ne prenait fin qu'à sa mort, car le droit romain ignorait la majorité émancipatrice, et comportait des prérogatives très étendues. Maître de la composition de sa maison, le *paterfamilias* avait la faculté d'accepter ou de refuser, en les abandonnant dans un lieu public (exposition), les enfants nouveau-nés, et d'adopter des personnes qui, dans la *domus*, acquéraient une condition identique à celle des enfants par le sang. Véritable magistrat domestique, il sanctionnait les crimes et délits des membres de sa maison par l'expulsion du coupable, émancipation conçue à l'origine comme une peine qui entraînait l'exhérédation, et même, dans les cas les plus graves, par la mort (*jus vitae necisque*). Il avait seul la pleine capacité juridique (le latin disait *sui juris* : littéralement « de son propre droit ») et était unique propriétaire des biens de la maison, y compris de ceux qu'acquéraient les assujettis à sa puissance. Ceux-ci, les *alieni juris* (« du droit d'autrui », c'est-à-dire du *paterfamilias*), sans être juridiquement incapables, ne pouvaient prendre des engagements qui lui fussent opposables : par les contrats qu'ils passaient, ils le rendaient créancier mais jamais débiteur.

C'était aussi en fonction de la puissance du chef de famille que s'établissaient les liens de parenté et les droits successoraux : tous ceux qui étaient ou avaient été soumis à l'autorité d'un même *paterfamilias* étaient parents, même s'il n'existait pas entre eux de liens du sang (adoptés, femmes des fils). La parenté par les femmes, qui n'exerçaient jamais la *patriapotestas*, ne produisait aucun effet juridique : la famille romaine était fondée sur l'*agnation*, la parenté du seul côté des mâles, par opposition à la *cognation*, qui repose sur les liens du sang tant du côté maternel que du côté paternel. À la mort du *paterfamilias*, sa succession était dévolue aux membres de sa maison ; à défaut, à l'agnat le plus proche, jamais aux cognats. En vertu de sa toute-puissance, le *paterfamilias* pouvait aussi l'organiser lui-même par un testament, véritable acte politique accompli, dans sa forme la plus ancienne, devant les comices, qui servait non seulement à régler la dévolution de l'ensemble des biens de la maison mais aussi à assurer la pérennité de celle-ci, en particulier du culte des dieux du foyer.

À ce stade le droit romain, malgré ses progrès précoces, ne se distinguait encore guère des autres droits de l'Antiquité. C'est au cours de l'époque classique qu'il devait acquérir des traits originaux qui le placeront bien au-dessus d'eux.

Section II

Le droit classique et la naissance de la science juridique

On fait traditionnellement commencer l'époque classique en 150 avant J.-C. Si le passage du droit ancien au droit classique a été progressif, cette date n'en est pas moins importante dans la mesure où elle correspond à une grande réforme procédurale effectuée par la loi *Æbutia*. Car le droit romain a toujours été étroitement dépendant de la procédure. Les Romains ne raisonnaient pas en termes de *droits subjectifs* mais en termes d'*actions*, et c'est seulement dans la mesure où ils disposaient d'une action en justice qu'ils pouvaient s'estimer titulaires d'un droit : l'action précédait le droit. La loi *Æbutia* a marqué un tournant en instituant une procédure nouvelle, dite formulaire, qui a donné au préteur un rôle plus grand et permis ainsi l'éclosion d'un droit plus moderne que le droit civil traditionnel, le droit prétorien. Dans le même temps est apparue une autre source nouvelle, à l'origine de progrès plus décisifs encore, la *doctrine*, créatrice de la science juridique.

Sous-section 1

L'œuvre du préteur

La loi *Æbutia* a aboli la procédure formaliste des actions de la loi au profit d'une procédure plus souple, où les parties venaient exposer leurs prétentions en termes libres devant le préteur. Dans le cadre de celle-ci, le préteur a pu jouer un rôle que l'on a comparé, *mutatis mutandis*, à celui de la jurisprudence actuelle (on qualifie encore de prétoriennes certaines décisions judiciaires), en réalité fort différent : il n'était pas un véritable juge, mais exerçait des fonctions bien plus importantes ; il ne s'est pas borné à interpréter et à appliquer le droit en vigueur, il a créé un système juridique autonome, un droit prétorien distinct du *jus civile*.

A. Le préteur, source du droit

Magistrat judiciaire, le préteur avait à connaître de tous les procès plaidés à Rome, entre citoyens romains pour le préteur urbain, entre un Romain et un étranger, ou entre deux étrangers, pour le préteur pérégrin. Ces procès, il ne les jugeait pas lui-même. La procédure formulaire, comme auparavant certaines actions de la loi, divisait l'instance en deux phases : une première phase devant le magistrat (*in jure*), où se nouait le procès ; une seconde (*apud judicem*) où il était tranché au fond, par un jury dans certains types d'affaires, le plus souvent par un juge unique, simple particulier choisi sur une liste de citoyens réputés pour leur honnêteté et leur connaissance du droit, éventuellement assisté d'un conseil composé de juristes professionnels. Le préteur jouait cependant un rôle essentiel. Il avait d'abord à se prononcer sur la recevabilité de la demande, et il dépendait de lui que le procès s'arrête ou se poursuive : il s'arrêtait immédiatement lorsque le défendeur reconnaissait le bon droit du demandeur, ou lorsque le préteur refusait l'action en estimant la demande non fondée ou d'un intérêt trop faible ; il se poursuivait lorsqu'il acceptait de donner une action au demandeur et de nommer un juge. Le préteur rédigeait alors, en accord avec les parties, un petit texte, la *formule*, qui a donné son nom à la procédure. La formule résumait la demande, désignait un juge pour trancher le litige et lui donnait des instructions sur la manière de juger. Elle revêtait de ce fait une grande importance : elle fixait définitivement les termes du procès, et après qu'elle eut été délivrée et acceptée par les parties (*litis contestatio*), il devenait impossible de modifier la demande ou d'en présenter une nouvelle ; elle orientait la décision future du juge, qui était lié par elle et ne pouvait que condamner ou absoudre le défendeur en fonction des preuves produites par le demandeur. C'est donc du préteur que dépendait largement l'issue du procès et, dans le cadre de ses pouvoirs juridictionnels, il a élaboré un droit nouveau en protégeant des situations non prévues par le *jus civile* et en inventant des actions nouvelles au bénéfice de ceux qui s'en prévalaient.

Le préteur pouvait être confronté à plusieurs types de situations. Lorsqu'on lui soumettait un cas prévu par la loi et pour lequel existait une action, il ne faisait qu'appliquer le droit en accordant l'action (action *in jus*). Ainsi lorsqu'un citoyen romain, victime d'un vol, traînait son voleur devant le magistrat pour demander réparation : la loi des Douze Tables sanctionnait le vol d'une action *furti* au profit de la victime, et le préteur se bornait à délivrer cette action légale de vol.

Mais il arrivait que le cas ne correspondît pas exactement à ceux prévus par la loi. Ainsi, lorsque la victime du vol était un pérégrin, qui ne pouvait se prévaloir du droit civil réservé aux citoyens. À l'origine, le préteur devait lui refuser l'action au motif qu'il n'avait pas la citoyenneté romaine, mais, par la suite, il a pris l'initiative de le protéger en recourant à une fiction, en faisant comme s'il était citoyen et en lui accordant, sur cette base, l'action légale. L'action était délivrée malgré l'absence d'une condition exigée par la loi, en faisant *comme si* cette condition existait (*si civis romanus esset*...). Elle est qualifiée pour cette raison de *fictice* ou d'*utile*, par opposition à l'action *directe*, fondée directement sur la loi. De la même manière, le préteur est venu en aide à ceux qui avaient acquis un bien sans avoir régulièrement effectué les formalités de la mancipation, et qui, avant l'écoulement du délai d'usucapion, ne pouvaient être propriétaires au sens du droit civil : il leur a donné l'action sanctionnant la propriété, mais à titre utile, en réputant fictivement écoulé le délai d'usucapion (Gaius, *Inst.*, IV, 36-37).

Enfin, et de plus en plus fréquemment du fait des lacunes et de la sclérose du droit civil, il arrivait que la situation soumise au préteur ne correspondît à aucune de celles qu'envisageaient les lois existantes. Le préteur délivrait alors une action entièrement nouvelle, qu'il créait de toutes pièces, une action *in factum*, fondée sur le seul fait puisqu'on ne pouvait lui découvrir aucune base légale.

En accordant une action, le préteur servait le demandeur au procès. Il pouvait aussi protéger le défendeur en délivrant des *exceptions*. Si, dans un contrat, le débiteur avait été poussé à s'engager par les manœuvres frauduleuses du créancier ou par la menace, lorsqu'il était poursuivi en exécution du contrat, le préteur, en tenant compte des circonstances, lui donnait une exception de dol ou de violence qui paralysait l'action du demandeur. Dans la formule, il enjoignait au juge d'absoudre le défendeur s'il établissait la preuve du dol ou de la violence dont il se prétendait victime. Il intervenait également pour prononcer, en vertu de son *imperium*, des *interdits*, défenses adressées à ceux dont le comportement troublait l'ordre public, ou pour ordonner la restitution en entier (*restitutio in integrum*), qui annulait les conséquences dommageables d'un acte pourtant valable au regard du droit civil en replaçant la partie lésée dans la situation antérieure à son exécution.

Chaque préteur dressait d'avance la liste des actions qu'il acceptait de délivrer au cours de son mandat dans un édit, proclamation adressée au peuple avant d'entrer en charge et affichée sur le Forum : la loi *Cornelia*, votée en 67 avant J.-C., l'a obligé à en respecter les termes, et les plaideurs connaissaient ainsi toutes les formules dont ils pouvaient se prévaloir. Les édits n'avaient d'autorité que pendant l'année où leur auteur était en fonction, mais les préteurs successifs ont repris systématiquement ceux de leurs prédécesseurs en y ajoutant leurs propres innovations. Ainsi l'édit du préteur a-t-il acquis progressivement un caractère permanent et fini par constituer un système juridique cohérent et complet. Entre 125 et 138, l'empereur Hadrien a confié au jurisconsulte Salvius Julianus le soin de le mettre en ordre et de le fixer de manière définitive : dorénavant qualifié de perpétuel, enseigné et commenté au même titre que les lois civiles par les grands jurisconsultes romains, l'édit est devenu une véritable source du droit.

Dans la Rome classique coexistaient donc deux systèmes juridiques distincts. D'une part, le droit civil formé par les lois et les anciens usages, paré d'un grand prestige et considéré comme le droit par excellence, le *jus*, mais en réalité dépassé, rigide, de plus en plus archaïque et lacunaire en un temps où, du fait des conquêtes et des transformations économiques, la société romaine changeait profondément. D'autre part, le droit prétorien, qualifié aussi d'honoraire, plus récent et plus souple, dont les solutions étaient mieux adaptées, plus équitables, et que le préteur faisait prévaloir en cas de conflit. C'est lui qui a introduit les grandes innovations de l'époque classique.

B. Modernité du droit prétorien

Le droit prétorien a été facteur de progrès. Il a créé de nombreuses solutions nouvelles, dont certaines sont passées dans le droit moderne.

Dans le domaine des contrats, le préteur a fait reculer le formalisme au profit du consensualisme. Il a fait prévaloir la volonté sur les formes en validant par des actions spécifiques les quatre grands contrats consensuels (vente, société, louage, mandat) et en conférant une plus grande efficacité aux *pactes*, simples conventions dépourvues de formes. Dans l'exécution des obligations, il a imposé la notion de bonne foi qui donnait au juge de larges pouvoirs d'interprétation, lui permettait de prendre en compte le dol ou l'erreur de l'un des contractants, la violence exercée par l'une des parties ou un tiers, sans même que l'exception eût été incluse dans la formule, origine de nos vices du consentement. Quant à la *restitutio in integrum*, elle préfigure par ses effets notre nullité relative. À l'encontre de l'ancien droit, qui ne connaissait que l'exécution sur la personne du débiteur, le droit prétorien a développé l'exécution sur les biens : dans le cadre de celle-ci, en 118 avant J.-C., le préteur Rutilius Rufus a introduit la procédure collective de *venditio bonorum*, impliquant la vente en bloc du patrimoine du débiteur et le partage du prix entre ses créanciers au prorata de leurs créances, source lointaine de la faillite.

Dans le droit familial, les transformations ont été également profondes et on voit déjà poindre à travers elles certains traits de la famille moderne. Dans la maison, sans que la prééminence du *paterfamilias* fût remise en cause, l'incapacité des assujettis à sa puissance a été atténuée. Lorsqu'ils contractaient en qualité de préposés du *pater* ou dans le cadre de la gestion d'un pécule confié par lui, le préteur a permis aux créanciers d'agir en exécution du contrat contre le *pater* lui-même au moyen d'une action à transposition de noms : l'action était dirigée contre le fils de famille, directement partie au contrat, mais la condamnation était prononcée contre le *paterfamilias*, seul solvable. Le préteur a amorcé aussi une transformation des structures de la parenté en établissant, à titre encore subsidiaire, un ordre successoral différent de celui du droit civil, fondé non plus sur la seule agnation mais également sur les liens du sang et les affections présumées du défunt, qui accordait vocation à succéder aux enfants émancipés comme à ceux qui étaient demeurés sous la *patriapotestas*, aux cognats à défaut d'agnats, et même au conjoint survivant en l'absence d'autres héritiers. Il a favorisé l'essor du testament, dont l'usage est devenu la règle à Rome, en subordonnant sa validité à des formes moins astreignantes que celles du testament civil.

En droit des biens, le préteur a introduit la notion de *possession*. Pour des raisons d'ordre public, il a protégé la situation de ceux qui exerçaient une maîtrise de fait sur les choses, indépendamment du droit qu'ils pouvaient avoir sur elles, au moyen d'*interdits possessoires* qui défendaient de les troubler et ordonnaient de les rétablir dans la situation initiale lorsqu'ils avaient été spoliés par la violence. Créée au bénéfice de ceux qui détenaient des concessions de longue durée sur les terres publiques, la protection possessoire a été ensuite plus largement étendue. Si elle pouvait être invoquée, sous certaines conditions, même contre le véritable propriétaire, elle permettait aussi de renforcer la situation de celui-ci dans le cas, de loin le plus fréquent, où possession et propriété n'étaient pas dissociées : le propriétaire troublé dans sa jouissance trouvait souvent plus d'intérêt à agir au possessoire qu'au pétitoire. La possession est devenue, comme l'écrivait au XIXe siècle le juriste allemand Ihering, « le bastion avancé de la propriété », et elle illustre la souplesse du droit prétorien, son aptitude à prendre en compte les situations nouvelles, à compléter et à adapter le droit.

Sous-section 2

L'œuvre de la doctrine

La doctrine a joué un rôle plus décisif encore. Elle a proposé, elle aussi, des solutions neuves qui ont inspiré certaines réformes prétoriennes, mais son principal apport a consisté à élaborer le droit romain sous une forme théorique, innovation considérée comme « l'un des deux ou trois événements qui ont produit le plus de conséquences sur l'histoire générale du droit » (Michel Villey). Cette élaboration doctrinale du droit est spécifiquement romaine : on n'en connaît aucun équivalent dans l'Antiquité et toutes les doctrines juridiques postérieures ont été les héritières de Rome.

C'est aux jurisconsultes romains, et à eux seuls, que le droit doit d'être devenu une science.

A. Formation de la doctrine juridique romaine

Rome a offert très tôt des conditions favorables au développement de la science juridique en donnant à son droit une forme écrite et en l'émancipant de la religion. Dès que le droit a échappé au monopole des pontifes, il est devenu une affaire publique, un sujet d'intérêt commun : les grands textes juridiques, loi des Douze Tables, lois comiciales, édits des magistrats, affichés sur le Forum, pouvaient être lus, discutés, commentés. Le goût de la spéculation juridique prêté aux Romains n'était certes le propre que de l'élite intellectuelle, des membres des grandes familles pour qui la connaissance du droit constituait la condition indispensable à l'accomplissement d'une carrière politique, le moyen de s'attacher les services de clients qui favorisaient leurs ambitions. Mais il est sûr que le droit a occupé, dans la vie des Romains, une place qu'on ne retrouve nulle part ailleurs.

Dans ce contexte est née une fonction nouvelle, celle de jurisconsulte, spécialiste qui dispensait des consultations à ceux qui sollicitaient son avis. Données publiquement, ces consultations permettaient aux auditeurs d'acquérir une formation juridique, en un temps où n'existait encore aucun enseignement du droit organisé. La tradition place au milieu du IIe siècle avant notre ère l'apparition des premiers jurisconsultes laïcs (les *Veteres*) et attribue « la fondation du droit civil » à trois d'entre eux : Manlius Manilius, Marcus Junius Brutus et Publius Mucius Scaevola. Ces juristes demeuraient avant tout des praticiens que l'on consultait sur des questions concrètes, des « prudents » aptes à découvrir les solutions les meilleures grâce à leur connaissance des lois et à leur sagesse, d'où le nom de

« jurisprudence » que l'on a donné à leur activité. Mais ils ne semblent pas avoir poussé très loin l'élaboration théorique du droit.

La révolution de la pensée juridique a eu lieu un peu plus tard, sous l'influence de la philosophie grecque dont la connaissance s'est répandue à Rome dans la seconde moitié du IIe siècle avant J.-C. : c'est en utilisant les méthodes et les concepts des philosophes, et en les appliquant au droit, ce que n'avaient pas fait les Grecs, que les Romains ont fondé la science juridique. Les pionniers de cette méthode nouvelle furent, dans le dernier siècle de la République, Ælius Gallus, auteur du premier lexique des termes juridiques, qui contribua à pourvoir le droit d'un vocabulaire technique en définissant avec précision les notions essentielles, Quintus Mucius Scaevola (140-82 av. J.-C.), auteur du premier grand traité de droit civil, sans doute aussi le premier à tenter une classification des opérations juridiques en genres et espèces, et qui exerça une influence durable, enfin ses successeurs Servius Sulpicius Rufus et Trebatius Testa.

L'âge d'or de la doctrine romaine se situe dans les premiers siècles de l'Empire. Dès l'époque d'Auguste, de nombreux jurisconsultes ont rédigé des ouvrages théoriques et ouvert des écoles pour former leurs disciples, sur le modèle des écoles philosophiques grecques. Le plus célèbre, Labéon, imbu de culture hellénique, passe pour avoir, le premier, dégagé de véritables règles et a laissé une œuvre importante. Son disciple Proculus a fondé l'école des Proculiens, à laquelle se rattachent de grands jurisconsultes des Ier et IIe siècles : Nerva, Nératius, Celse père et fils. Aux Proculiens s'opposait l'école des Sabiniens, fondée par Masurius Sabinus, disciple d'un contemporain et rival de Labéon, Capiton, et représentée aussi par des membres éminents : Cassius Longinus, Ariston, Javolenus, Julien, le compilateur officiel de l'édit du préteur, Pomponius, Gaius. Des œuvres de la plupart de ces auteurs ne subsistent que de rares fragments et leurs idées restent mal connues. Les causes de l'opposition entre Proculiens et Sabiniens demeurent elles aussi obscures : les premiers auraient été novateurs, les seconds traditionalistes, mais il s'agit d'une vision simplificatrice. Ce qui est sûr, c'est que le travail intellectuel de tous ces jurisconsultes, et les multiples controverses qui les ont opposés, ont fait progresser la science juridique. L'apogée de la doctrine romaine est atteint à la fin du IIe siècle et au début du IIIe, période où l'on trouve ses plus grands représentants : Paul, Papinien, Modestin et surtout Ulpien, auquel les compilateurs byzantins feront le plus d'emprunts.

Les jurisconsultes romains ont rédigé des recueils de consultations (*Responsa*), des traités fondés sur le droit civil ou l'édit du préteur (*Digesta*), des recueils de règles formulées en maximes brèves (*Regulae*, *Sententiae*), des manuels pour étudiants (*Institutes*). Leurs opinions et leurs écrits avaient d'autant plus d'autorité qu'ils n'étaient pas de simples particuliers mais des magistrats ou des collaborateurs de l'empereur, à la fois hommes de science et hommes d'action : consuls ou préteurs, gouverneurs de province, membres du Conseil impérial ou préfets du prétoire. Dès le règne d'Auguste, l'empereur a cherché à contrôler leur activité en attribuant à certains d'entre eux, seuls autorisés à porter le titre de *jurisconsultus*, le privilège de *publice respondere*, de délivrer des consultations revêtues d'une autorité quasi officielle, brevet qui consacrait la doctrine comme véritable source du droit.

B. L'élaboration scientifique du droit

L'originalité des jurisconsultes classiques est d'avoir su dépasser la simple casuistique et les procédés empiriques des débuts pour développer un raisonnement logique et rationnel qui est la source de la majorité des théories modernes. Leur méthode, comme celle des philosophes grecs, consistait à définir avec précision les opérations juridiques, à en donner une analyse rigoureuse mais aussi, en fonction des ressemblances et des dissemblances qu'elles présentaient, à les regrouper, à les classer dans des catégories plus vastes, en genres et en espèces, enfin à formuler des règles générales applicables à chacune de ces catégories.

Ainsi pour les contrats. Dès le début de la période classique, le droit romain connaissait un grand nombre d'opérations que nous qualifions de contrats mais que les juristes de l'époque considéraient isolément, d'un point de vue purement pratique, d'autant que le formalisme dominant, qui astreignait chacune de ces opérations à des formes particulières, et le fait qu'à chacune d'elles correspondait aussi une action spécifique, n'incitaient guère à les rapprocher. On traitait séparément de la stipulation, du prêt, de la vente, de la société, du louage, sans chercher à les placer dans un cadre plus général ni à découvrir entre eux des principes communs. La mise en œuvre de la méthode nouvelle a permis de dépasser ce stade empirique. Elle a conduit à définir chaque type d'opération, à mieux cerner les contours et les spécificités de chacune, par exemple à séparer la vente, qui consiste à aliéner une chose contre le paiement d'une somme d'argent représentant le prix, de l'échange, contrat voisin mais différent, où la contrepartie est représentée par une autre chose et où il n'y a donc pas de véritable prix. La comparaison, si elle mettait en relief les différences, permettait aussi de révéler les points communs et d'opérer des regroupements. Dès la fin de la République est apparu chez Servius Sulpicius Rufus, avec un sens encore vague, le terme *contractus*, et un peu plus tard, chez Labéon, la notion plus large d'*obligation*. Au milieu du IIe siècle, le jurisconsulte Sextus Pedius s'est avisé que ces opérations juridiques, indépendamment de leurs formes et de leurs effets propres, prenaient toutes leur source dans une convention, dans l'accord des parties, et à partir de ce caractère commun il s'est élevé à la notion générique et abstraite de contrat [1]. Son contemporain Gaius a distingué, en fonction de leur origine, les obligations *conventionnelles*, nées d'un contrat, d'un accord des volontés, les obligations *délictuelles*, nées d'un délit, et les obligations *quasi contractuelles*, issues ni d'un contrat ni d'un délit mais de sources diverses – la loi, la gestion d'affaires ou l'enrichissement sans cause – analyse qui reste la base de la théorie actuelle des sources de l'obligation (Code civil, titre III, livres 3 et 4) [2].

À l'intérieur du genre des contrats ont été établies aussi des distinctions d'espèces en fonction des modes de formation, entre contrats solennels, réels ou consensuels ; ou en fonction des effets, entre contrats unilatéraux, qui n'engagent qu'une seule partie, comme la stipulation, et ceux qui font naître des obligations à la charge des deux, nommés, d'un terme grec, *synallagma* : la vente, l'échange, le louage, malgré leurs différences, appartiennent à cette catégorie des contrats synallagmatiques. D'autres distinctions ont été fondées sur l'objet des obligations, en particulier entre obligations de « donner » (c'est-à-dire de transférer la propriété d'une chose), de faire (d'accomplir une prestation) et de ne pas faire (cf. Code civil, art. 1136 suiv., 1142 suiv.).

---

1. *Nullum esse contractum, nullam obligationem quae non habeat in se conventionem, sive re sive verbis fiat* : « Il n'existe aucun contrat, aucune obligation, qui n'ait en lui une convention, qu'il se fasse par la remise d'une chose ou par des paroles » (*Dig.* 2, 14, 1, 3).

2. J. Gaudemet, « Naissance de la notion d'obligation dans le droit de la Rome antique », *Sociologie historique du droit*, p. 147-162. La troisième catégorie des obligations quasi contractuelles a peut-être été ajoutée postérieurement à Gaius. Une quatrième catégorie, les obligations quasi délictuelles, apparaîtra sous Justinien, par simple souci de symétrie.

Il ne s'agit pas là de simples jeux intellectuels mais d'une démarche féconde qui a permis d'ordonner et de hiérarchiser les règles juridiques, et de résoudre les cas d'espèce suivant des critères proprement scientifiques. On a pu distinguer les règles applicables à toutes les obligations, celles qui valaient pour tous les contrats, celles qui ne s'appliquaient qu'à certaines espèces de contrats, ou qui se limitaient à un seul. Ainsi, les règles spécifiques aux contrats synallagmatiques, qui tiennent à l'interdépendance des prestations (encore imparfaitement dégagée en droit romain) et s'opposent à ce que l'une des parties réclame l'exécution de son obligation avant qu'elle n'ait elle-même accompli la sienne, à l'origine de l'exception d'inexécution moderne. Au lieu de chercher la solution de manière empirique, il devenait possible, en qualifiant le cas d'espèce, en le rattachant, selon ses caractères, à des catégories juridiques précises, de déterminer logiquement les règles qui lui étaient applicables. C'est de cette manière, et à partir d'un tel travail de comparaison, de distinction et de regroupement en genres et en espèces que les jurisconsultes romains ont dégagé et analysé la plupart des grands concepts qui restent toujours ceux du droit civil moderne et auxquels s'attachent un certain nombre de règles propres : obligation, contrat, propriété, possession, usufruit, servitudes, toutes ces notions et ces catégories, que les civilistes continuent d'utiliser, viennent de Rome.

Cette méthode pouvait aussi, en poussant plus loin la systématisation, servir à établir des théories générales et à ordonner l'ensemble du droit autour de quelques grands principes. Tel était le vœu de Cicéron, plus rhéteur que juriste, qui préconisait de traiter le droit comme un art (*jus in artem redigere*), d'en faire un corps de doctrine harmonieusement et rationnellement construit en partant de définitions précises, en classant en genres et en espèces la totalité des solutions juridiques, méthode qui devait permettre de découvrir les solutions de toutes les questions par un raisonnement déductif et quasi mathématique.

La doctrine romaine n'a que partiellement suivi ce programme. Attachée aux réalités de la pratique, elle n'a pas édifié des théories aussi amples que celles du droit moderne : elle s'est le plus souvent contentée d'en fournir les éléments. Ainsi ne trouve-t-on pas à Rome une véritable théorie générale des obligations, et pas davantage une théorie générale des contrats : c'est à propos d'un contrat spécifique, même s'il fut certainement le plus courant, la *stipulation*, que les juristes romains ont dégagé des règles qui pouvaient s'appliquer à tous les autres. La systématisation du droit romain est demeurée limitée, et elle ne s'est développée que dans les *Institutes* destinées aux étudiants, à des fins purement didactiques. Les *Institutes* de Gaius, et plus tard celles de Justinien, se sont conformées aux vues de Cicéron en partant toujours de définitions brèves, en ramenant l'ensemble du droit civil à quelques principes généraux et en ordonnant ces principes en trois parties consacrées respectivement aux personnes, aux choses et aux actions, avec, dans chacune d'elles, de multiples subdivisions selon le genre et l'espèce ; ce plan, repris à partir du XVIe siècle par les humanistes, exercera une forte influence sur les codes modernes. Dans leurs autres écrits, les jurisconsultes romains ont fait moins de concessions à l'esprit de système et ont su concilier la théorie avec les réalités de la pratique : s'ils ont raisonné, théorisé et généralisé, c'est plus à partir de cas d'espèces que de principes préétablis. La systématisation, au sens où l'entendait Cicéron, n'a connu le succès qu'à l'époque moderne, avec les juristes humanistes.

Section III

Étatisation et codification du droit dans l'Antiquité tardive

Au milieu du IIIe siècle s'ouvre une nouvelle période de l'histoire du droit romain. Elle voit le déclin des sources classiques. Le préteur ne joue plus aucun rôle judiciaire et son édit, depuis longtemps immuable, apparaît à son tour dépassé. La doctrine est représentée par des auteurs moins illustres, souvent anonymes, qui se bornent à commenter ou simplement à compiler et à abréger les œuvres des classiques sans faire montre de la même science. En retour, elle voit s'affirmer une tendance nouvelle, conforme à l'évolution politique du Dominat : l'étatisation du droit, de plus en plus d'origine législative, qui a permis le développement d'un processus de codification générale et assuré ainsi la survie de l'héritage juridique de Rome.

Sous-section 1

Étatisation du droit

Traditionnellement, le droit privé romain devait peu à l'État : il ne faisait guère de place à la loi, et ses autres sources, prétorienne ou doctrinale, provenaient d'autorités qui, tout en entretenant des liens avec lui, conservaient une large autonomie. Il en va autrement sous l'Empire, surtout à partir du milieu du IIIe siècle : le caractère de plus en plus absolu du régime impérial, la formation d'une administration bureaucratique et centralisée, ont favorisé la mainmise de l'État sur le droit. Mainmise sur son enseignement : des écoles de droit officielles ont été créées à Rome, à Constantinople et à

Beyrouth, pour former les cadres de l'administration impériale. Mainmise sur la doctrine, représentée surtout par des professeurs de droit et des fonctionnaires impériaux, et dont la législation a fixé minutieusement l'autorité [1]. Mainmise surtout sur la marche des procès, avec la généralisation de la procédure dite extraordinaire, et sur les sources du droit, où la loi revendique une place prépondérante, sinon exclusive.

A. La procédure extraordinaire

La procédure a subi de grandes transformations sous l'Empire. La procédure formulaire traditionnelle a décliné en même temps que le préteur et les autres magistrats républicains. À la fin du IIIe siècle, elle disparaît complètement, remplacée par une procédure très différente où l'État et ses représentants interviennent directement : la procédure extraordinaire (*cognitio extraordinem*).

La procédure extraordinaire se rattache au pouvoir de juridiction attribué personnellement à l'empereur et dont il déléguait l'exercice à ses fonctionnaires. L'empereur était juge mais, en sa qualité de souverain, n'était pas lié par les règles procédurales habituelles et statuait sans avoir à suivre l'ordre traditionnel, l'*ordo judiciorum privatorum* qui réglait la marche des procès privés, d'où le qualificatif d'extraordinaire donné à cette procédure. Sous le Principat, elle n'était encore utilisée que pour le jugement du contentieux administratif, qui relevait de la compétence des administra-

1. En 426, la loi des citations (Code théodosien, 1, 4, 3) a conféré valeur officielle aux opinions de cinq grands jurisconsultes (Gaius, Papinien, Paul, Ulpien, Modestin), les seules que les plaideurs pouvaient invoquer en justice et que les juges devaient suivre servilement lorsqu'elles étaient unanimes ; à défaut d'unanimité, la loi imposait de suivre l'opinion de la majorité, et en l'absence de majorité, celle de Papinien.

teurs eux-mêmes, les fonctionnaires impériaux. À la fin du IIIe siècle, elle s'est généralisée à l'ensemble des procès, privés et publics.

Plus simple que la procédure formulaire, elle ignorait la traditionnelle bipartition de l'instance : le juge, fonctionnaire délégué par l'empereur, connaissait du procès du début jusqu'à la fin, dirigeait et dominait toute l'instance, entendait les parties, examinait les preuves et rendait le jugement. Il disposait de pouvoirs plus étendus que le préteur, pouvait ordonner la contrainte pour assurer la comparution du défendeur, corriger les erreurs des parties et suppléer aux insuffisances de leurs allégations. La justice devenait un service public organisé et dirigé par l'État et ses représentants, et la procédure extraordinaire apparaît de ce fait comme l'ancêtre de la procédure judiciaire moderne. Elle comportait en particulier une innovation capitale : le juge étant intégré dans une hiérarchie administrative dépendant de l'empereur, les plaideurs mécontents avaient la faculté de porter leur cause devant son supérieur hiérarchique et même de remonter jusqu'à l'empereur, voie de recours qui est à l'origine de l'appel moderne. Le juge lui-même, lorsqu'il était embarrassé, pouvait solliciter les instructions de l'empereur, qui indiquait, au moyen d'un *rescrit*, la décision qu'il convenait de prendre. Par le biais de l'appel ou par celui du rescrit, la procédure extraordinaire donnait ainsi le rôle décisif à l'empereur, ou aux services de l'administration centrale qui rendaient la justice en son nom.

B. La législation, source exclusive du droit

La législation impériale s'est développée au point de devenir la source principale, et même officiellement la source unique, du droit privé comme du droit public. Dès le début du IIIe siècle s'est déployée une intense activité législative, encore accrue aux siècles suivants : la chancellerie impériale a rédigé et promulgué des milliers de textes qualifiés de constitutions ou de lois, mais dont la plupart ne présentaient pas le même degré de généralité que les lois actuelles. Les dispositions à caractère général (*édits*), valables pour tout l'Empire ou au moins pour toute une province ou toute une catégorie de personnes, sont restées minoritaires. Les constitutions les plus nombreuses étaient des *rescrits*, réponses données aux consultations sollicitées par les fonctionnaires provinciaux, les juges ou les particuliers, ou des *décrets*, jugements rendus par le tribunal impérial qui se sont rapidement confondus avec les rescrits, c'est-à-dire des décisions émises dans un cas d'espèce mais qui, revêtues de l'autorité impériale, avaient valeur de précédents et vocation à s'appliquer à tous les cas similaires.

La législation impériale a fortement contribué à l'évolution du droit privé. Elle a revivifié le *jus civile*, depuis longtemps figé, en créant un droit nouveau très différent de l'ancien droit civil. Dans l'esprit, elle apparaît plus proche du droit prétorien, dont elle a prolongé l'œuvre réformatrice. Dans le droit des contrats, elle a fait accomplir de nouveaux progrès au consensualisme en rendant efficaces certains pactes, qualifiés de légitimes, et surtout les contrats *innomés*, contrats synallagmatiques dépourvus de formes mais néanmoins sanctionnés par une action en exécution dès lors que l'une des parties avait rempli son obligation : si le droit romain, même au terme de son évolution, n'a jamais pu atteindre le principe général du consensualisme, il s'en est ainsi de plus en plus approché.

Dans le droit de la famille, elle a accentué l'autonomie des personnes en puissance en développant les pécules : les soldats, puis les fonctionnaires, ont conservé la gestion et la disposition de leurs gains et salaires (pécule *castrense* et *quasi castrense*), par exception au principe qui rendait le *paterfamilias* propriétaire de tout ce qu'acquéraient les personnes placées sous sa puissance ; sur les biens que les enfants héritaient de leur mère, qualifiés d'adventices, le père n'a reçu qu'un droit de jouissance légale considéré comme la contrepartie de l'obligation d'entretien qui pesait sur lui, solution qui préfigure les articles 382 et suivants du Code civil. En droit successoral, les réformes législatives ont accru l'importance de la parenté par le sang au détriment de l'agnation : un droit de succession réciproque a été établi entre la mère et ses enfants et, au terme de l'évolution, la *Novelle* 118 de Justinien a imposé un nouvel ordre successoral fondé sur la seule parenté cognatique, qui appelait à succéder d'abord les descendants par le sang, puis les ascendants et les collatéraux privilégiés, les frères et sœurs utérins ou consanguins et enfin les collatéraux ordinaires, ordre que le Code civil (art. 731 suiv.) a repris pour l'essentiel. Dorénavant dépourvue de fondement, la distinction entre un droit prétorien rigidifié et un droit civil rénové, qui en prolongeait la tradition, a été supprimée par Justinien.

La législation impériale a accueilli aussi des influences étrangères à la tradition classique, qui ont conduit à des modifications plus profondes encore du droit privé. À partir du règne de Constantin, se manifeste celle de la religion chrétienne. Parfois surestimée, l'influence du christianisme sur le droit romain tardif a cependant inspiré des réformes visant à humaniser la condition des esclaves, à atténuer les rigueurs de la *patriapotestas*, à interdire l'exposition des nouveau-nés et la vente des enfants. Elle a amorcé l'évolution vers une conception nouvelle du mariage, envisagé davantage comme l'union de deux êtres que comme une alliance entre familles, ce qui a incité à mettre l'accent sur le consentement des époux plus que sur celui des pères, et à voir dans le consentement paternel moins une manifestation arbitraire de la puissance qu'un instrument de protection. L'influence chrétienne a été aussi à l'origine du renforcement des obligations de fidélité et d'assistance entre les conjoints, de la création d'empêchements au mariage fondés sur la parenté ou la disparité de religion, d'une défaveur pour les secondes noces, de mesures de restriction du divorce, auparavant totalement libre.

La législation impériale s'est montrée également ouverte aux influences provinciales. L'Empire rassemblait des peuples trop différents par leurs origines et leur civilisation pour être assujettis à un droit uniforme. Tout en ayant la faculté de suivre le droit romain, ils ont conservé en partie leur propre droit privé sous la forme de coutumes, même après la généralisation de la citoyenneté en 212. La doctrine classique n'ignorait pas l'existence de ces coutumes mais les séparait nettement du droit romain. La législation impériale, au contraire, les a de plus en plus prises en compte, parfois pour tenter de les extirper, le plus souvent pour les intégrer au droit officiel. Elle a amalgamé solutions romaines et solutions provinciales pour former un droit composite, d'autant plus aisément que le droit romain lui-même perdait de sa rigueur et dérivait vers un droit simplifié, un « droit vulgaire » opposé au droit pur et savant de l'époque classique. Le déplacement du centre de gravité de l'Empire de Rome vers Byzance a favorisé tout spécialement l'influence des usages orientaux. Le droit romain tardif a connu le même sort que la langue latine, qui s'est progressivement relâchée et abâtardie au contact des dialectes provinciaux : comme elle, il apparaît encombré de vulgarismes et de provincialismes, mais plus proche aussi de la pratique concrète.

La transformation du rôle des arrhes dans la vente offre un exemple de ces influences provinciales. En droit romain classique, les arrhes versées par l'acheteur lors de la conclusion de la vente ne jouaient qu'un rôle probatoire : elles consistaient en une petite somme d'argent qui n'était même pas déduite du prix et dont le but était de faciliter la preuve que le contrat avait été effectivement conclu. Dans les droits orientaux où elles étaient très répandues (le terme « arrhes » vient de l'hébreu par l'intermédiaire du grec), les arrhes représentaient au contraire une part importante du prix (le tiers ou la moitié), versée au moment de la conclusion du contrat dans un but non pas probatoire mais pénitentiel, pour sanctionner l'éventuel dédit de l'acheteur (qui perdait les arrhes versées) ou du vendeur (qui devait les restituer au double). C'est cette conception orientale des arrhes, et non celle du droit classique, qu'a reprise la législation impériale, et à sa suite le Code civil (art. 1590).

En matière familiale, le droit romain tardif a intégré une institution répandue tant dans l'Empire d'Orient que dans celui d'Occident, mais étrangère au droit classique, la donation antérieure au mariage (*donatio ante nuptias*) que faisait le futur mari à sa future épouse, alors que la tradition romaine voulait au contraire que la femme apportât une dot au mari : la législation impériale a mis sur le même plan dot et *donatio ante nuptias*, et établi entre elles une symétrie rigoureuse. Autre trace d'influences provinciales : le strict séparatisme du régime matrimonial traditionnel, le régime dotal, a commencé à fléchir face à des tendances communautaires favorables à la confusion des biens des époux et à leur gestion commune, renforcées peut-être par l'esprit de charité du christianisme.

La propriété a subi, elle aussi, des vicissitudes. Le droit vulgaire l'a confondue souvent avec la possession, et les droits réels comme les servitudes et l'usufruit, qui en étaient auparavant nettement distingués, n'apparaissaient plus comme des démembrements de la propriété mais comme des formes de propriété partielle ou temporaire, confusions qui annoncent la notion médiévale de *saisine*. Dans le même temps se sont développées, pour la mise en valeur des terres, des concessions foncières de très longue durée ou perpétuelles (*emphytéoses*), qui conféraient au preneur, à titre utile, les actions et les droits de la propriété et aboutissaient à juxtaposer sur un même fonds deux droits distincts, celui du bailleur et celui de l'emphytéote, en opposition avec le caractère exclusif de la propriété classique, juxtaposition que l'on retrouvera dans les *tenures* médiévales. De ce fait, le dogme officiel de la prééminence absolue de la loi doit être nuancé face à la vigueur des coutumes provinciales et aux influences qu'elles exercent sur la législation elle-même : moniste dans la forme, le droit de l'Empire tardif se révèle pluraliste quant au fond, et l'autorité de la coutume concurrence de plus en plus celle de la loi.

Sous-section 2

Les codifications impériales

La codification a été la conséquence de l'étatisation du droit et du développement accéléré de la législation : l'accumulation des lois a contraint de trier, de rassembler et d'ordonner des textes trop nombreux et dispersés. Mais elle a revêtu aussi un caractère politique, en manifestant avec éclat la majesté impériale, même si l'initiative est venue d'abord de particuliers. Dès la fin du Principat a commencé, par les soins des derniers grands jurisconsultes qui occupaient de hautes fonctions dans l'administration impériale, un travail de rationalisation et de systématisation de la législation qui a préparé le terrain à une future codification. À la fin du IIIe siècle, ce sont des praticiens et des professeurs de droit, conscients de l'importance prise par la législation mais aussi des difficultés que soulevait son utilisation, qui ont composé les premiers codes pour leur usage et celui de leurs étudiants : le Code grégorien (291), recueil de rescrits de droit privé remontant à 150, complété un peu plus tard (295) par le Code hermogénien. Très vite, l'État a pris en main la codification, avec, en 438, la promulgation du premier grand recueil officiel, le Code théodosien, suivi, un siècle plus tard, des compilations de Justinien.

A. Le Code théodosien

Le Code théodosien a été composé sur l'ordre de l'empereur d'Orient Théodose II et promulgué par lui le 5 février 438, puis par son collègue Valentinien III en Occident, dans le but de rendre le droit plus clair et de faciliter la tâche des juristes et des juges. Préparé par une commission de hauts fonctionnaires, il rassemblait plusieurs milliers de constitutions générales édictées depuis le règne de Constantin, réparties par matières en seize livres subdivisés en titres et classées par ordre chronologique à l'intérieur de chaque titre. Tous les aspects du droit étaient traités : les sources, le droit privé, le droit pénal, le droit ecclésiastique, le droit public. Les commissaires n'ont pas reproduit tous les textes sous leur forme originaire mais les ont sélectionnés et modifiés pour en faciliter le classement et les actualiser.

Complété par des recueils privés de *Novelles* post-théodosiennes, le Code théodosien est resté en vigueur pendant un siècle en Orient avant d'être remplacé par celui de Justinien. En Occident, son existence a été plus durable et, pendant toute l'époque franque, il a constitué la principale source de la connaissance du droit romain : reproduit partiellement dans un recueil composé sur l'ordre d'un roi wisigoth, le *Bréviaire d'Alaric*, c'est principalement par l'intermédiaire de cet ouvrage que le texte nous en est parvenu.

B. Les compilations de Justinien

La codification de Justinien a revêtu une plus grande ampleur. Elle répondait à des nécessités pratiques : les imperfections du Code théodosien, l'accumulation des lois nouvelles depuis sa promulgation et la multiplication de commentaires approximatifs sur les œuvres de la doctrine rendaient plus que jamais aléatoire la connaissance du droit. Mais elle visait plus encore à satisfaire les desseins politiques de l'empereur, qui ambitionnait de restaurer l'Empire romain dans sa splendeur : avec la reconquête de nombreux territoires tombés aux mains des Barbares, en Italie, en Dalmatie, en Espagne et en Afrique du Nord, la codification parallèle du droit apparaissait comme le principal volet de cette politique de restauration. Elle fut entreprise très tôt : le 13 février 528, moins d'un an après l'avènement de Justinien, fut nommée une commission de dix juristes dirigée par un professeur de droit de Constantinople, Tribonien, avec mission de réaliser, dans un délai de dix ans, la codification d'ensemble du droit romain. En moins de six années furent rédigés trois grands ouvrages.

1. *Le Code*

Composé sur le modèle du Code théodosien, le Code de Justinien forme un recueil de constitutions impériales. Une première version, dont le texte est perdu, fut publiée dès 529. La seconde, qui nous est parvenue, date de 534 et remplaçait la précédente. Bien supérieur à celui de Théodose, il est plus complet : il remonte, pour les lois les plus anciennes, jusqu'au règne d'Hadrien, au début du IIe siècle, et intègre la législation postérieure à 438. Il est en outre mieux ordonné, en douze livres par référence à la loi des Douze Tables, subdivisés en titres consacrés à diverses matières, avec classement par ordre chronologique à l'intérieur de chaque titre. Il concerne le droit ecclésiastique, placé en tête, le droit privé, le droit pénal, le droit administratif et fiscal.

2. *Le* Digeste

Promulgué le 30 décembre 533, le *Digeste* (en grec les *Pandectes*) se compose d'extraits de la doctrine classique choisis par les commissaires de Justinien parmi un grand nombre d'ouvrages (environ seize cents) dus à trente-huit jurisconsultes, du plus ancien, Quintus Mucius Scaevola (début du Ier siècle av. J.-C.), au plus récent, Hermogénien (fin IIIe siècle). Répartis en trois sous-commissions chargées respectivement des commentaires sur le droit civil, des commentaires sur l'édit du préteur et des écrits d'Ulpien, les commissaires impériaux ont découpé et fragmenté ces ouvrages pour en réduire le volume (environ un vingtième seulement a été conservé) et les faire entrer dans le plan préétabli du *Digeste*, inspiré de celui de l'Édit perpétuel. Les fragments retenus, qui comportent l'indication de leur origine (nom de l'auteur et titre de l'ouvrage), proviennent en majorité des grands jurisconsultes de la fin de l'époque classique : Gaius, Paul, Papinien et surtout Ulpien. Ils ont été classés en cinquante livres et quatre cent-vingt-neuf titres, consacrés chacun à un thème du droit privé. En dépit de leur origine doctrinale, les dispositions du *Digeste* ont reçu, par la volonté de Justinien, force obligatoire et ont été qualifiées de *leges* au même titre que les lois proprement dites.

Le *Digeste* souligne l'importance de la doctrine comme source du droit romain. Il semble néanmoins paradoxal de consacrer comme règles en vigueur les opinions de jurisconsultes qui remontaient, pour les plus anciennes, à six siècles et, pour les plus nombreuses, à trois ou quatre, alors qu'entre-temps le droit et la société avaient changé. L'explication tient dans le désir de Justinien de restaurer la grandeur passée de Rome : en réaction contre les influences provinciales et les dérives du droit vulgaire, le *Digeste* apparaît comme un monument élevé à la gloire du droit classique, dont il cherche à sauvegarder la mémoire mais aussi à rétablir l'autorité. Il faut en tenir compte pour résoudre la question longtemps débattue des interpolations. L'empereur, comme il l'a reconnu dans la constitution *Tanta* qui sert de préambule au *Digeste*, a donné licence à ses commissaires de modifier les textes qu'ils retenaient, d'en changer le sens en ajoutant ou retranchant des mots ou des membres de phrase, transformations de forme ou de fond que l'on nomme interpolations. Depuis le XVIe siècle, les historiens ont interprété ces consignes comme la manifestation d'une volonté de bouleverser et de dénaturer le droit classique. Ils en ont conclu que les interpolations avaient dû être nombreuses et importantes, et se sont efforcés de les identifier pour retrouver les solutions classiques à partir d'indices variés mais pas toujours sûrs. À la fin du XIXe siècle et au début du XXe, un courant hypercritique, alors dominant, jugeait interpolés la plupart des fragments. Le point de vue opposé prévaut aujourd'hui : les modifications apportées aux textes ont été vraisemblablement peu nombreuses et superficielles, elles ont porté davantage sur la forme que sur le fond et n'ont pas été faites pour réformer radicalement le droit romain mais seulement pour moderniser le vocabulaire des textes anciens, harmoniser les opinions contradictoires des prudents et écarter les solutions désuètes. Certaines sont probablement antérieures à Justinien, dont les commissaires ont travaillé sur des copies déjà interpolées. Pour la majorité des romanistes actuels, Justinien fait figure de classique, respectueux de la tradition.

3. *Les* Institutes

Rédigées parallèlement au *Digeste* par trois professeurs de droit, Tribonien, Dorothée et Théophile, et promulguées également en 533, les *Institutes* de Justinien, comme celles de Gaius dont elles s'inspirent, forment un manuel pour étudiants qui expose, de manière abrégée et synthétique, la plupart des questions de droit privé.

4. *Les* Novelles

Un quatrième ouvrage est associé aux précédents : un recueil de *Novelles*, constitutions en langue grecque promulguées par Justinien entre la parution du Code et sa mort (565). Il complète le Code, sans en avoir le caractère officiel. Cependant on le rattache traditionnellement aux compilations de Justinien et, au XIIe siècle, les quatre recueils, Code, *Digeste*, *Institutes* et *Novelles*, considérés comme les éléments d'un même ensemble, seront réunis sous le nom de *Corpus juris civilis*.

Les codifications de Théodose et surtout celles de Justinien ont joué un rôle historique considérable : c'est par leur intermédiaire que l'on connaît le droit romain, du fait de la perte de la plus grande partie de la littérature juridique classique et du faible nombre d'actes de la pratique qui nous sont parvenus. L'histoire du droit romain ne s'est pas achevée à la mort de Justinien : elle s'est prolongée jusqu'à l'aube de l'époque contemporaine, mais en se confondant désormais avec celle des compilations impériales.

Chapitre III

ENRICHISSEMENT ET TRANSMISSION DE L'HÉRITAGE ANTIQUE (Vᵉ-XVᵉ SIÈCLES)

Après l'Antiquité, l'historiographie traditionnelle place ce que l'on nomme, depuis le XVIᵉ siècle, « Moyen Âge », période conçue comme intermédiaire entre la fin du monde antique et la Renaissance, et, avec une nuance péjorative, comme un temps de déclin, d'obscurantisme, d'oubli de la culture classique. Simple convention comme toute distinction chronologique, le concept de Moyen Âge apparaît, de plus, fort contestable. Ses limites sont incertaines : la date de 476 (disparition de l'Empire romain d'Occident), que l'on assigne à ses débuts, ne correspond à aucune rupture, même sur le plan institutionnel ; et pas davantage celles de 1453 (prise de Constantinople par les Turcs) ou de 1492 (découverte de l'Amérique), qui en marqueraient la fin. En outre, cette longue période d'un millénaire est si peu homogène que l'on éprouve le besoin de la subdiviser, de distinguer un haut Moyen Âge des débuts, celui des monarchies barbares, un Moyen Âge central, temps de la féodalité, et un bas Moyen Âge qui voit l'émergence des États modernes, subdivisions qui ont le mérite de souligner qu'entre ces sous-périodes les différences sont plus profondes que les ressemblances, et qu'à l'inverse des analogies bien plus fortes existent entre le haut Moyen Âge et les derniers siècles de l'Antiquité, à tel point que certains n'hésitent pas à prolonger jusqu'aux Carolingiens, voire jusqu'aux alentours de l'an mil, une Antiquité qualifiée de tardive, comme entre le bas Moyen Âge et les XVIᵉ-XVIIᵉ siècles qui lui succèdent, mais aussi le continuent à bien des égards.

Mais le plus critiquable est le parti pris de caractériser le Moyen Âge par le mépris ou l'oubli complet de la culture antique. Inventé par les humanistes du XVIe siècle pour rabaisser leurs prédécesseurs, amplifié par les « Philosophes » du XVIIIe, ce cliché toujours répandu est une contre-vérité qui repose sur la surestimation de ce qui a longtemps passé pour l'événement fondateur du Moyen Âge, les invasions barbares, la pénétration dans l'Empire et l'établissement durable de peuplades d'origine germanique, qui auraient détruit le monde antique et lui auraient substitué une civilisation bien plus fruste, qualifiée de « gothique ».

Ces vues sont aujourd'hui de plus en plus abandonnées. Étalée sur trois siècles (IIIe-VIe), l'arrivée des Barbares fut lente, en dehors de poussées brutales comme la grande invasion de 406-407. Si elle suscita des désordres, elle fut néanmoins le fait de peuples qui venaient pour profiter de la civilisation romaine, non pour la détruire, et qui furent pour la plupart rapidement romanisés. Les invasions ne créèrent pas une rupture et jamais la culture antique ne fut totalement perdue. Elle connut, entre le Ve et le XVe siècle, des phases de déclin et parfois d'oubli partiel, mais aussi de brillantes renaissances : la renaissance carolingienne, et plus encore celle des XIIe-XIIIe siècles, au moins aussi importante que le fut la « Renaissance » du XVIe siècle.

Cette affirmation vaut tout autant pour le droit, dont le sort fut identique à celui des autres branches de la culture : le droit romain est resté présent tout au long du Moyen Âge, mais avec une autorité et selon des modalités variables, mal compris, peu ou mal appliqué dans les périodes de déclin intellectuel, restauré et remis en pleine vigueur dans les périodes de renaissance, spécialement à partir du XIIe siècle. Loin d'avoir ignoré l'héritage juridique de l'Antiquité, le

Moyen Âge, ou ce qu'il est convenu d'appeler ainsi, a assuré sa conservation et sa transmission.

Il a contribué aussi à le transformer et à l'enrichir. Conservation des sources antiques ne signifie pas immobilisme. Si aucune rupture brutale n'a mis fin à l'Antiquité ni donné naissance au Moyen Âge, peu à peu les cadres politiques, la société et les mentalités se sont modifiés pour devenir bien différents de ceux qu'avait connus l'Empire romain : de nouvelles sources d'autorité, de nouvelles conceptions du pouvoir se sont affirmées, non dans l'ignorance du droit ancien mais en l'utilisant et en l'adaptant (section I). L'évolution a été identique en droit privé, où se sont également imposées des sources et des solutions nouvelles, qui sont venues coexister avec le droit romain dans une situation de pluralisme juridique du reste ébauchée dès l'Antiquité tardive (section II).

Section I

Les structures politiques et le droit public

L'évolution des structures politiques et du droit public offre un bon exemple de changement dans la continuité. Changement du contexte politique et des institutions avec l'établissement de royaumes barbares, qui, en Gaule, furent rapidement réunis sous l'autorité des Francs, puis, à partir du Xe siècle, suite au déclin de la royauté franque, avec l'instauration d'une forme politique nouvelle, caractérisée par le morcellement du pouvoir, la féodalité. Ces transformations, dans lesquelles les usages et traditions germaniques apportés par les Barbares ont joué un rôle dont l'importance reste controversée, n'impliquaient pas pour autant l'abandon des conceptions politiques et juridiques romaines.

Sous-section 1

La royauté franque

Les peuples germaniques, établis dans l'Empire romain pour la plupart avec l'accord des autorités impériales, au titre de fédérés, c'est-à-dire d'alliés du peuple romain, se sont taillé des royaumes en principe subordonnés à l'empereur. La déposition du dernier empereur d'Occident en 476 et le renvoi des insignes impériaux à Byzance n'ont rien changé : ils n'ont pas marqué la fin de l'Empire romain mais sa réunification théorique au profit de l'empereur d'Orient, et n'ont rien apporté de plus à des royautés barbares dépendantes en droit et indépendantes en fait. À la fin du Ve siècle, le territoire de la Gaule, tout en continuant de relever de l'Empire, était partagé entre un royaume wisigoth, s'étendant de la Loire aux Pyrénées, un royaume burgonde à l'emplacement de la Bourgogne, de la Franche-Comté, du Dauphiné et d'une partie de la Suisse actuels, un royaume alaman à l'Est, couvrant l'Alsace, le pays de Bade et la Suisse dite alémanique, et deux royaumes francs, celui des Francs saliens entre Bruxelles et Cambrai, celui des Francs ripuaires autour de Cologne, tandis qu'un vaste territoire entre Somme et Loire, où n'avaient guère pénétré les Barbares, restait aux mains d'officiers gallo-romains devenus indépendants. En quelques décennies, le roi des Francs saliens, Clovis, conquit et réunit sous son autorité presque tous ces royaumes. Ses fils parachevèrent son œuvre en s'emparant de la Burgondie et de la Provence. La Gaule tout entière devait, pendant deux siècles et demi, être gouvernée par leurs descendants, membres de la dynastie mérovingienne. Après la chute du dernier Mérovingien en 751, la royauté franque passa aux mains des Carolingiens, qui menèrent une nouvelle politique d'expansion territoriale en Germanie (Frise, Bavière, Saxe, Thuringe) et en Italie, au détriment d'un autre peuple barbare qui s'y était installé au VIe siècle, les Lombards, et édifièrent un empire qui s'étendait sur toute l'Europe occidentale, à l'exception des îles Britanniques et de l'Espagne.

Les royaumes barbares, en particulier le royaume franc, fondés et dirigés par des princes d'origine germanique mais sur des territoires relevant de l'Empire et dont les populations étaient en majorité gallo-romaines, ont-ils été régis par le droit public romain ou par le droit des envahisseurs ? Il y eut assurément amalgame des deux, et la question de l'importance respective des traditions germaniques et des traditions romaines reste débattue entre les historiens, partagés entre un courant « germaniste » et un courant « romaniste », mais qui, aujourd'hui, insistent davantage sur l'importance et la permanence de l'héritage institutionnel de Rome, et *a contrario* sur la faiblesse de l'apport germanique.

A. Les traditions germaniques

Les peuples germaniques établis en Gaule avaient apporté des traditions politiques et une conception du pouvoir différentes de celles des Romains. Peu perméables aux abstractions, ils ignoraient la notion de *respublica* et privilégiaient les rapports personnels entre le roi et ses sujets, les relations d'homme à homme. Le roi était le chef d'une troupe de guerriers, qui s'imposait par sa force et ses vertus militaires, et dont le prestige rejaillissait sur ses descendants, créant une forme de légitimité dynastique. Sur son royaume, il exerçait un véritable droit de propriété qu'il tirait de la conquête et de l'héritage de ses ancêtres. Mais s'il était en droit d'attendre de ses sujets une fidélité totale, il devait en retour respecter ses obligations envers eux, les protéger, leur rendre justice et leur accorder la part du butin à laquelle l'usage leur donnait droit.

Certaines institutions et pratiques du royaume franc paraissent bien relever de cette conception du pouvoir. Les liens personnels y tiennent une grande place. Ainsi le roi, bien qu'il accédât au trône par succession, était « élu », c'est-à-dire acclamé en signe de reconnaissance par l'assemblée des hommes libres, avant d'être hissé sur le pavois. Au commencement de son règne, et aussi dans les périodes de crise politique, il se faisait prêter par tous ses sujets libres un serment de fidélité. Il s'entourait de fidèles, ou *leudes*, unis à lui par une fidélité renforcée. Ces pratiques, si elles mettent bien l'accent sur les relations personnelles qui lient le roi franc à chacun de ses sujets, ne sont cependant pas dénuées d'ambiguïté car certaines avaient déjà cours dans l'Empire romain, où les liens personnels n'étaient pas inconnus dans le cadre des relations entre maîtres et affranchis, entre patrons et clients, et pas davantage les serments de fidélité, que se faisaient prêter certains empereurs. De même, les rites de l'acclamation et de l'élévation sur le pavois étaient pratiqués dans les armées romaines. Si ces usages s'accordaient aux conceptions du pouvoir que partageaient les Francs, ils ne peuvent être considérés pour autant comme spécifiquement germaniques.

Plus significatif est le fait que les rois francs se comportaient en propriétaires de leur royaume, aliénaient librement les terres et même les droits de puissance publique qui en dépendaient. Les Mérovingiens se sont montrés prodigues en multipliant les donations de domaines au profit des membres de l'aristocratie, pour s'attacher leur fidélité, et les concessions d'immunités aux églises, qui permettaient aux ecclésiastiques d'échapper à l'autorité des fonctionnaires royaux et d'exercer eux-mêmes sur leurs dépendants des pouvoirs judiciaires et fiscaux. Les Carolingiens, par nécessité politique, ont observé les mêmes usages. Les règles que suivaient les successions royales illustrent également la patrimonialité du royaume. Elles étaient régies, comme les successions des particuliers, par les dispositions de la Loi salique, loi nationale des Mérovingiens, qui excluaient les filles de l'héritage de la terre et partageaient celle-ci à égalité entre tous les fils, sans aucun privilège d'aînesse. Lorsqu'un roi laissait plusieurs fils, le royaume était divisé entre eux suivant des modalités complexes, pratique qui aurait pu conduire au morcellement de la Gaule franque si les effets n'en avaient été corrigés par la fréquence des décès sans postérité et parfois par l'élimination physique des autres héritiers.

Au total, les influences proprement germaniques, sans être absentes, paraissent moins importantes qu'on ne l'a longtemps cru au regard des traditions romaines, étroitement mêlées d'éléments chrétiens.

B. Les traditions romaines et chrétiennes

Le droit public impérial n'a pas disparu avec les invasions. Sa survie a été assurée par l'aristocratie gallo-romaine, qui avait conservé son influence et ses fonctions, et par l'Église, qui avait adopté, en la christianisant, la tradition romaine et en assurait la transmission auprès des rois francs. Eux-mêmes partiellement romanisés, issus d'une famille depuis longtemps au service de Rome et qui avait fourni des généraux aux armées impériales, ceux-ci n'étaient nullement inaptes à comprendre le sens et la portée des conceptions politiques romaines, qu'ils reprirent à leur profit.

L'administration impériale et ses pratiques ont été en grande partie conservées. Les comtes, représentants locaux du roi, furent établis dans le cadre des anciennes cités ou *pagi*. L'écrit a continué d'être couramment utilisé en matière administrative. Les rois francs portaient des titres romains et arboraient les insignes distinctifs de ces fonctions : celui de *princeps*, investi de l'*auctoritas*, qui fondait leur pouvoir d'édicter des lois ; celui de consul (honoraire), que reçut Clovis de l'empereur d'Orient Anastase à Tours, en 508, après sa victoire sur les Wisigoths ; celui de patrice, qui correspondait à la plus haute dignité de fonctionnaire civil et militaire dans l'Empire romain, qui lui fut attribué en même temps et que portèrent aussi certains de ses successeurs. Titres symboliques, mais qui mettent l'accent sur la continuité à la fois de l'Empire romain et des conceptions politiques qui s'y rattachaient.

La romanisation de la monarchie franque a été favorisée par la conversion et le baptême de Clovis, à la Noël 496 selon la tradition, plus vraisemblablement en 499 selon des recherches récentes. Contrairement aux autres monarques barbares qui avaient abandonné leurs cultes traditionnels au profit d'une religion chrétienne mais hérétique, l'arianisme, Clovis se fit baptiser dans la religion catholique avec trois mille de ses guerriers. Initiative qui n'était certainement pas inspirée par des calculs politiques mais a néanmoins produit des conséquences importantes, en ralliant à Clovis et à ses successeurs les populations et le clergé de toute la Gaule, y compris celui des royaumes arianisés, et a facilité la conquête ultérieure de ceux-ci. Elle a fait des rois francs, jusque dans le domaine religieux, les successeurs de Constantin et des empereurs romains chrétiens : Clovis a illustré la continuité de cette tradition « césaro-papiste » en convoquant et en présidant un concile à Orléans en 511, peu avant sa mort.

Le lien entre monarchie franque et tradition romano-chrétienne s'est renforcé avec le changement dynastique de 751 et l'avènement des Carolingiens. Approuvé par l'Église, cet événement s'est accompagné d'un renouveau intellectuel animé par les grands ecclésiastiques, la renaissance carolingienne, fondée à la fois sur l'essor des études bibliques et sur le retour à la culture antique. L'introduction du sacre royal a constitué la première manifestation politique de cette renaissance. Pépin le Bref, fondateur de la dynastie carolingienne, exerçait, avec la fonction de *maire du palais* devenue héréditaire dans sa propre famille, la direction politique du royaume franc que les derniers Mérovingiens étaient hors d'état d'assumer. En 751, après avoir obtenu l'avis favorable du pape, il déposa Childéric III, ultime représentant de la dynastie mérovingienne, et se fit élire roi par ses fidèles. Pour légitimer son coup d'État, il eut recours à un usage encore inconnu dans le royaume franc, le sacre royal, qui consistait à appliquer sur la tête et le corps du roi une onction d'huile sainte, comme on le faisait pour l'ordination des prêtres : Pépin fut sacré une première fois à Soissons par l'évêque Boniface, en 751, puis une seconde fois à Saint-Denis par le pape Étienne II, en 754, avec ses deux fils Charles et Carloman. Étranger à la tradition politique romaine, le sacre s'inspirait des usages juifs de l'Ancien Testament, déjà repris par les Wisigoths d'Espagne. Sa signification était d'abord religieuse : il scellait une nouvelle alliance entre Dieu et le peuple franc, et faisait de son roi, à l'image de Moïse et de David, l'élu de Dieu, son représentant terrestre, dans un régime politique d'inspiration théocratique. Indirectement, il contribuait aussi à conforter les conceptions politiques romaines : il accentuait la sacralisation du souverain, le caractère mi-laïc, mi-religieux que présentaient déjà les empereurs chrétiens ; à l'opposé de la patrimonialité, il insistait sur l'idée que la royauté, issue de Dieu, n'était pas le bien personnel du roi mais une fonction publique, un « ministère » voué aux fins supérieures de la société chrétienne. Il faisait du roi un magistrat au service d'une *respublica* christianisée.

L'influence romanisante a culminé avec la restauration de l'Empire. Le jour de Noël de l'an 800, Charlemagne, fils et successeur de Pépin, roi des Francs depuis 774, fut couronné empereur par le pape Léon III en la basilique Saint-Pierre de Rome. Rituel laïc même lorsqu'il était dispensé par le pape, et à l'origine sans lien avec le sacre, le couronnement renouait directement avec la tradition des empereurs romains, dont le diadème symbolisait la plénitude de puissance et la prééminence de la fonction. Pour les contemporains lettrés, il signifiait la restauration de l'Empire d'Occident, disparu depuis 476, la *renovatio imperii* à laquelle l'empire d'Orient, politiquement affaibli, ne pouvait s'opposer. Charlemagne, investi d'une autorité à vocation universelle qui lui conférait un surcroît de prestige, prit le titre d'« Auguste empereur…, gouvernant l'Empire romain ». Plus nettement que le sacre, avec lequel il allait se fondre en 814, lorsque le fils et successeur de Charlemagne, Louis le Pieux, fut en même temps sacré et couronné, le couronnement mettait l'accent sur la continuité politique, sur la permanence de la *respublica* et des concepts fondamentaux du droit public romain.

On peut cependant douter de la profondeur de la restauration impériale, et plus généralement de la renaissance carolingienne, en constatant leur impuissance à infléchir la tradition des partages successoraux du royaume. En 806, Charlemagne, en prévision de sa propre succession, promulgua un règlement qui prévoyait le partage égal du territoire entre ses trois fils et ne contenait aucune disposition sur la dévolution du titre impérial, par nature indivisible. À sa mort en 814, seul le décès prématuré de deux de ses fils permit de sauvegarder l'unité : l'unique survivant,

Louis le Pieux, reçut le titre impérial et la totalité des terres. En 817, sous l'influence des ecclésiastiques de son entourage, Louis régla à son tour sa succession, mais selon des principes nouveaux : les dispositions qu'il prit à cette occasion, sous le nom d'*Ordinatio imperii*, prévoyaient que le titre impérial et la plus grande partie du territoire iraient à l'aîné de ses trois fils, Lothaire ; les deux puînés recevraient des royaumes mineurs – Pépin, l'Aquitaine, et Louis, la Bavière – tenus sous l'autorité de l'aîné. Sans écarter tout partage, Louis le Pieux en limitait les effets et faisait ainsi prévaloir la conception romano-chrétienne du pouvoir, fonction indivisible au service de la *respublica*, sur la tradition patrimoniale franque. Mais ce succès ne fut que provisoire. Après son remariage et la naissance d'un quatrième fils, Charles, l'empereur revint sur sa décision de 817 et, dans un nouveau règlement successoral, rétablit la tradition du partage égal malgré l'opposition de Lothaire et de l'épiscopat. Après sa mort, en 840, et plusieurs années de luttes entre ses trois fils survivants, la tradition du partage égal l'emporta et fut consacrée par le traité de Verdun de 843 : Lothaire, en qualité d'aîné, reçut seul le titre impérial mais dut se contenter d'une partie du territoire située au centre des possessions carolingiennes, depuis la Frise jusqu'à l'Italie ; Louis reçut la partie orientale, la Germanie, entre le Rhin et l'Elbe ; Charles hérita de la *Francia occidentalis*, délimitée à l'est par l'Escaut, la Meuse, la Saône et le Rhône, partage dans lequel on a longtemps vu, mais de manière prématurée, l'acte de naissance de la France et de l'Allemagne. Après la mort de Lothaire (855) et celle de son fils aîné (875), Charles reçut à son tour le titre impérial.

En dépit de cet échec, la restauration de l'Empire eut des conséquences durables. Si la fonction et le titre impériaux furent abandonnés en 911 par une dynastie carolingienne déclinante, ils furent relevés dès 962 au profit de dynasties allemandes, les Othons puis les Hohenstauffen (1024), et ils devaient survivre, aux mains des Habsbourg, jusqu'en 1806. Longtemps a subsisté la croyance en la permanence de l'Empire romain, avec un empereur exerçant l'autorité supérieure, l'*auctoritas*, sur des royaumes subordonnés dont les monarques n'auraient eu que la *potestas*, la puissance publique héritée des magistrats. La réalité était bien différente : la fonction impériale, dévolue par élection mais toujours à des Allemands, et par des princes-électeurs allemands, vit ses prétentions à la monarchie universelle combattues, en particulier par les rois de France. Dès le XIe siècle, l'autorité de l'empereur se limitait à l'Allemagne et à l'Italie, et ne s'exerçait plus que sur des territoires morcelés, où se développaient principautés autonomes et villes libres. Progressivement l'Italie et une partie de l'ancienne Lotharingie, réunie au royaume de France, lui échappèrent ; au XVe siècle le Saint Empire, dorénavant qualifié de germanique, avait perdu toute prétention à l'universalité et s'identifiait à l'Allemagne, sans parvenir à faire de celle-ci un État unifié. Il porte néanmoins témoignage d'un attachement profond aux conceptions politiques romaines, qui, loin d'avoir disparu avec l'Antiquité, se sont transmises jusqu'à l'aube de l'époque contemporaine.

Sous-section 2

La féodalité

À la royauté franque a succédé la féodalité, forme d'organisation politique et sociale qui s'est répandue entre la fin du IXe et le XIIIe siècle, d'abord dans les pays de l'ancien Empire carolingien (France, Allemagne, Italie), puis dans ceux où elle fut exportée : en Angleterre par les Normands, en Espagne à la suite de la reconquête sur les musulmans, au Proche-Orient avec les Croisades. Cependant le terme « féodalité », de même que l'adjectif « féodal », sans parler du moderne « féodalisme », ne sont apparus que bien plus tard, au XVIIIe siècle, et à bien des égards la féodalité n'est qu'une construction rétrospective, qui donne une vue souvent trop systématique des réalités du temps.

Ces réalités se résument d'abord à un phénomène d'affaiblissement et même de décomposition du pouvoir central, qui a conduit à la naissance non pas d'une situation d'anarchie, mais d'un ordre différent, décentralisé à l'extrême, fondé sur des relations directes et personnelles entre titulaires de fiefs et de seigneuries. Mais dans ce cadre *a priori* défavorable ont survécu des éléments du droit public, à commencer par la royauté elle-même, qui s'est maintenue et qui, à la fin de la période, a commencé à restaurer son autorité.

A. Décomposition du pouvoir central

La décomposition du pouvoir central a créé les conditions favorables à l'apparition du régime féodal. Elle est due à des causes inhérentes à l'Empire carolingien, trop vaste pour être administré et contrôlé efficacement, et miné par les querelles liées à la succession de Louis le Pieux. Également aux incursions scandinaves qui, au cours du IXe siècle, ont semé le trouble et désorganisé profondément la Francie occidentale avant d'aboutir à la formation de la Normandie en 911. Face à cette situation, Charles le Chauve dut créer de grands commandements militaires, confiés à des ducs ou à des marquis qui réunissaient sous leur autorité plusieurs comtés. L'un d'eux, Robert le Fort, chargé de la défense de toute la région de l'Ouest avec le titre de *dux*, fut à l'origine de la dynastie des Robertiens-Capétiens. Ces événements ont contribué à altérer la puissance et le prestige des Carolingiens, incapables de faire face aux incursions normandes et éclipsés par ces chefs militaires plus efficaces et plus proches des populations. Aussi en 888, lorsque le roi carolingien Louis le Bègue mourut sans descendance, c'est le fils de Robert le Fort, Eudes, et non un membre de la famille carolingienne, qui fut élu roi par les grands. L'élection, auparavant réduite à l'acclamation de l'héritier, devint ainsi un choix effectif et, au Xe siècle, Carolingiens et Robertiens alternèrent sur le trône. Si elle mit fin aux partages successoraux, elle contribua à affaiblir la royauté du fait des concessions que le nouveau roi devait faire à ses électeurs. La plus dangereuse portait sur l'hérédité des charges, qui s'est peu à peu établie au cours du Xe siècle : duchés, marquisats et comtés commencèrent à passer de plein droit aux héritiers, favorisant l'indépendance de leurs titulaires, qui les tenaient plus de leur père que du roi.

La première étape de la décomposition du pouvoir central est intervenue entre 888 et 930, avec la formation de vastes principautés territoriales constituées sur la base d'anciens royaumes ou provinces où existaient de forts particularismes culturels et ethniques, de marquisats et de duchés : l'Aquitaine, plus profondément romanisée que les régions du nord de la Loire, la Bretagne, qui avait toujours conservé une grande autonomie, la Normandie concédée aux Scandinaves, la Flandre, la Bourgogne et même, au cœur du royaume, le duché de France, devenu le domaine familial des Robertiens.

La seconde étape, au milieu du Xe siècle, a vu certaines de ces principautés se morceler au profit des comtes qui en dépendaient : au sein du duché de France, les comtés de Blois, d'Anjou, du Maine, se sont ainsi émancipés pour ne laisser aux Robertiens qu'une autorité directe sur la seule partie centrale, entre Senlis, Paris et Orléans.

Enfin, ultime étape aux alentours de l'an mil, les comtés se sont à leur tour fragmentés en châtellenies aux dimensions réduites, l'autorité est tombée aux mains de seigneurs châtelains dont la puissance reposait sur la possession d'un grand domaine foncier ou d'un château fort. Il y eut des exceptions : en Normandie, en Flandre et même en Anjou dans un premier temps, le duc ou le comte a su conserver pour lui seul l'exercice de l'autorité. Mais, dans la plus grande partie du royaume, en un siècle et demi, la puissance publique est passée du roi à une multitude de petits seigneurs qui l'exerçaient en leur nom et en toute indépendance.

B. L'ordre féodal

Féodalité n'est pourtant pas synonyme d'anarchie. Même si elle a engendré des conflits entre seigneurs, des guerres qualifiées plus tard de privées, elle a constitué un système politique relativement ordonné, mieux adapté à la situation et donc plus efficace que la monarchie centralisée des Carolingiens. Elle n'a pas entraîné la disparition de l'autorité mais un exercice différent de celle-ci, avec d'ailleurs des fondements et des modalités eux-mêmes très divers selon qu'elle pesait sur les manants ou sur les membres de l'aristocratie dirigeante.

1. *L'autorité sur les manants*

Sur les roturiers habitant la seigneurie, hommes libres ou serfs, c'étaient des prérogatives de droit public, les attributs de la puissance publique d'origine royale qu'exerçaient, par concession ou par usurpation, les seigneurs, d'où le nom d'*hommes de poesté* (déformation du latin *potestas*) donné aux assujettis. Parmi ces prérogatives, le ban, pouvoir de commandement semblable à celui du roi (la seigneurie est qualifiée pour cette raison de banale), qui permettait d'exiger des services militaires, des corvées pour l'édification ou la garde du château, de réglementer les pratiques agraires (bans de moisson ou de vendanges), d'imposer des monopoles économiques (fours, moulins et pressoirs banaux).

Autre prérogative, la justice, dont la filiation avec celle du roi est soulignée par le fait qu'elle comportait, comme elle, deux degrés : la haute justice, généralement conservée par les seigneurs importants, était l'ancienne justice comtale, seule compétente pour juger les causes majeures, au pénal les crimes graves (homicide, rapt, incendie, vol), passibles de la peine de mort, d'une peine corporelle ou de l'amende de soixante sous, au civil les affaires relatives à la condition des personnes et à la propriété immobilière ; la basse justice, ancienne justice des subordonnés du comte carolingien (viguiers ou voyers), compétente seulement pour les petits délits punis de l'amende de cinq sous et les causes civiles de peu d'importance.

Mentionnons enfin la fiscalité, notamment la taille, impôt annuel perçu sur les roturiers, libres ou serfs, avec cette réserve que les redevances fiscales n'étaient acceptées que lorsqu'elles étaient passées en *coutumes* (le terme *consuetudines* désignait, entre autres choses, les différents droits payés au seigneur), les exigences nouvelles se heurtant toujours à de vives résistances.

2. *Les liens féodo-vassaliques*

Entre membres du groupe dominant, l'autorité était d'une autre nature, plus privée que publique : d'origine contractuelle, elle reposait à la fois sur un acte formaliste hérité des pratiques juridiques de l'époque franque, le *contrat de foi et hommage*, qui créait un lien personnel de vassalité, et sur un élément réel, la concession d'un *fief*. L'hommage vassalique, renforcé par un serment de fidélité, la *foi*, formait des obligations réciproques entre l'inférieur, le vassal, et le supérieur, le seigneur. Le vassal s'engageait à ne pas nuire à son seigneur, à sa famille et à ses biens, mais surtout à le conseiller et à l'aider. Le devoir de conseil consistait à venir à la cour du seigneur à sa requête, à siéger à son tribunal et à lui donner un avis loyal chaque fois qu'il le demandait. L'aide était d'abord militaire : le vassal, en cas de guerre, devait combattre aux côtés du seigneur, obligation lourde dont la durée a été progressivement limitée par la coutume. Elle était aussi financière : le vassal devait contribuer aux charges du seigneur dans un certain nombre de cas également fixés par la coutume. Le seigneur, en retour, devait s'abstenir de nuire à son vassal, le protéger, lui rendre bonne justice et lui donner les moyens de subsister et de remplir ses obligations, en l'hébergeant chez lui ou, plus couramment, en lui concédant un bien productif de revenus, le fief.

La concession d'un fief, à l'origine séparée de l'hommage, en est vite apparue comme le complément et la contrepartie : presque tous les vassaux qui faisaient hommage à leur seigneur recevaient de lui un bien immobilier de plus ou moins grande valeur, un domaine, parfois une seigneurie entière, dont ils avaient l'usage et percevaient les revenus ; seule la faculté de disposer du fief, à titre gratuit ou onéreux, restait limitée par la nécessité d'obtenir le consentement du seigneur et d'acquitter un droit de mutation élevé (*quint*). Faite à titre viager avant le XIe siècle (on parlait alors de bénéfice), la concession est devenue rapidement héréditaire : à la mort du vassal, son héritier conservait le fief à la condition de faire à son tour hommage au seigneur, même s'il s'agissait d'une fille (c'était son mari qui faisait alors hommage et assurait le service féodal) ou d'un collatéral. Le fief est ainsi entré pleinement dans le patrimoine du vassal, qui ne pouvait le perdre qu'en cas de manquement grave à ses obligations.

La vassalité et le fief ont tissé un réseau serré de relations qui contribuèrent à ordonner la société du temps et finirent par édifier, mais pas avant le XIIe siècle, une pyramide féodale, une chaîne ininterrompue de rapports vassaliques depuis la base, les simples chevaliers titulaires de petits fiefs, jusqu'au sommet, les comtes, les ducs, et même le roi. Cependant, du fait de son origine contractuelle, l'autorité fondée sur l'hommage était moins forte et moins efficace que celle, à caractère public, qui s'exerçait sur les manants. Elle était relative : seuls étaient liés ceux qui étaient directement parties au contrat, le seigneur et le vassal, non les vassaux du vassal, et pas davantage, au niveau supérieur, le seigneur du seigneur, ou suzerain, limitation qu'exprimait l'adage : « Le vassal de mon vassal n'est pas mon vassal. » Elle était, pour la même raison, conditionnelle : comme dans tout contrat synallagmatique, chacune des parties ne pouvait exiger de l'autre l'exécution de ses obligations que si elle respectait les siennes. Le vassal qui reniait son seigneur, l'agressait ou lui refusait l'aide ou le conseil, s'exposait à la saisie temporaire ou, dans les cas les plus graves, à la confiscation définitive, ou commise, de son fief. Lorsque le seigneur manquait à ses devoirs, le vassal était en droit de recourir au seigneur supérieur et, si sa plainte était reconnue fondée, il entrait directement dans la vassalité de ce dernier.

Enfin l'élément réel, le fief, au départ simple accessoire, a rapidement pris le pas sur l'élément personnel et a contribué à l'affaiblir : dans les relations féodales s'est introduite une mentalité intéressée qui a conduit à faire hommage à plusieurs seigneurs pour recevoir autant de fiefs, d'où des conflits de fidélités qu'on a tenté de résoudre en instituant des hommages prioritaires, ou *hommages liges*, et au total un relâchement des liens vassaliques.

De ce fait, du fait aussi de la patrimonialité des fiefs, la féodalité a été interprétée comme un mouvement de privatisation des rapports politiques. Affirmation à nuancer car la spécificité des fonctions publiques n'a jamais été oubliée. Les grands fiefs, qui comportaient l'exercice de droits de puissance publique et de la *potestas*, ont continué d'être désignés sous le nom d'« honneurs » (*honores*), que le latin donnait aux magistratures, et considérés comme différents par nature des biens privés. Devenus comme les autres patrimoniaux et héréditaires, ils étaient néanmoins soumis à des règles propres, en particulier à l'indivisibilité successorale. Enfin, la fonction la plus haute, celle du roi, bien qu'affaiblie, a continué d'occuper une place à part.

C. Royauté et féodalité

La royauté a pu apparaître comme la principale victime de la féodalité. Elle est sortie dans un premier temps diminuée du mouvement de décomposition du pouvoir, sans pour autant disparaître. Mais elle est parvenue ensuite à se ressaisir et a alors tiré profit du droit féodal pour reconstituer sa puissance.

Victime de la féodalité, la royauté le fut incontestablement aux Xe-XIe siècles. Le roi est tombé sous la dépendance des grands, qui l'élisaient et dont il tenait sa couronne. L'élection, en juillet 987, du Robertien Hugues Capet contre un concurrent carolingien n'est qu'un aspect de cette dépendance : due pour une grande part aux manœuvres de l'archevêque de Reims, elle traduit surtout l'indifférence à l'égard de la fonction royale et c'est rétrospectivement, parce qu'il a marqué le début de la dynastie capétienne qui devait régner sur la France jusqu'en 1848, que l'événement a pris une grande importance. Hugues Capet et ses descendants réussirent à rendre à nouveau la royauté héréditaire en prenant l'habitude de faire sacrer et d'associer au trône de leur vivant leur fils aîné, qui, à leur mort, étant déjà roi, leur succédait automatiquement. Mais si les grands acceptèrent sans difficulté cette pratique, déjà en usage chez les derniers Carolingiens, c'est parce que le pouvoir royal ne comptait plus guère pour eux.

Dans le même temps, les princes territoriaux se rendaient de plus en plus indépendants du roi. Dès le courant du Xe siècle, ceux du Midi ne lui prêtaient plus ni hommage ni serment de fidélité, et pour la plupart ne le rencontraient jamais. Après le changement dynastique de 987, ce fut au tour des grands vassaux du Nord de cesser de faire hommage. Au XIe siècle, le cercle des vassaux royaux s'est réduit aux petits seigneurs d'Île-de-France et des régions voisines. L'affaiblissement du roi a accompagné cette évolution : c'est seulement dans les régions situées entre Senlis et Orléans, où s'étendait le domaine propre des Robertiens-Capétiens, qu'il exerçait un pouvoir effectif, en qualité de seigneur plus que de roi. Dans le reste du royaume, l'autorité royale se heurtait au phénomène de médiatisation inhérent à la féodalité : entre le roi d'une part, les arrière-vassaux et la masse des manants d'autre part, s'interposaient les seigneurs banaux qui commandaient, rendaient la justice et levaient les impôts en leur propre nom. La royauté, dépourvue de pouvoirs réels et de moyens, se réduisait à une prééminence honorifique qui a pourtant permis, avec le concours d'hommes d'Église restés fidèles aux conceptions politiques carolingiennes, de conserver l'idée de ministère royal au service de la *respublica*, singularisé par le sacre et différent, par nature, des fonctions seigneuriales.

Le retournement de la conjoncture politique aux XIIe-XIIIe siècles a fait du roi non plus la victime mais le bénéficiaire de la féodalité. L'essor économique, en contribuant à renforcer la puissance des plus grands seigneurs au détriment des petits vassaux, le renouveau intellectuel, en ramenant au premier plan les idées politiques de l'Antiquité, l'exemple de l'Église qui avait rétabli, dès la seconde moitié du XIe siècle, une stricte organisation hiérarchique dans le cadre de la réforme grégorienne, ont œuvré en faveur de la reconstitution de l'autorité et de la formation d'une hiérarchie féodale structurée, dont le roi occupait le sommet. Au XIIe siècle, ces facteurs ont permis la reconstitution de grandes principautés territoriales, dont l'existence n'était pas sans danger pour la royauté : dans la seconde moitié du siècle, la dynastie angevine des Plantagenêts est parvenue, par mariage et par succession, à se forger un vaste empire qui, de l'Écosse aux Pyrénées, rassemblait le royaume d'Angleterre, la Normandie, tout l'ouest de la France et l'Aquitaine, bien plus étendu et plus riche mais moins homogène que le domaine capétien.

Néanmoins le roi a su tirer parti de sa position de suzerain pour exiger l'hommage de tous ses vassaux, y compris des princes territoriaux, arbitrer les conflits entre eux et multiplier les interventions dans leurs fiefs. Il a fait prévaloir l'idée, développée par Suger, abbé de Saint-Denis, conseiller de Louis VI et Louis VII, qu'il ne devait, en cette qualité de suzerain, faire hommage à personne et ne tenait sa couronne que de lui-même. Au XIIIe siècle, le roi a imposé la règle que les rapports féodo-vassaliques ne pouvaient jouer contre lui : tous lui devaient une fidélité prioritaire et les arrière-vassaux, lorsque leur seigneur immédiat était en conflit avec lui, ne devaient pas prendre les armes contre lui. Les techniques du droit féodal, plus fermes et précises qu'aux siècles précédents, lui ont permis d'agrandir son domaine, en mariant ses fils et ses frères aux héritières des grands fiefs, en se faisant céder des territoires en paiement des taxes que les vassaux devaient acquitter à leur seigneur à chaque mutation du fief, enfin en exerçant la confiscation des terres de ses vassaux félons. Par la *commise*, Philippe Auguste parvint, au début du XIIIe siècle, à s'emparer de presque toutes les possessions continentales des Plantagenêts au motif que le roi d'Angleterre Jean sans Terre, son vassal pour tous ces fiefs, avait refusé de comparaître devant sa cour.

Cette politique d'agrandissements parfois minimes mais nombreux et poursuivis avec constance a permis, un siècle plus tard, de faire coïncider largement les limites du domaine royal avec celles du royaume, de précipiter le déclin de la féodalité politique et de préparer la renaissance de l'État, fondé sur des concepts de droit public qui, même au cœur de l'époque féodale, n'avaient jamais été totalement oubliés.

Section II

Les sources du droit privé

Plus encore que celles qui ont affecté le droit public, les transformations du droit privé sont révélatrices des vicissitudes subies par les sources juridiques. Le fait majeur est l'établissement d'une situation de pluralisme où coexistaient de nombreuses sources du droit, concurrentes ou complémentaires, et où le droit romain, sans jamais s'effacer complètement, ne constituait plus qu'une source parmi d'autres. À ses côtés, si les lois édictées par les titulaires de la puissance publique sont restées encore trop rares pour jouer un grand rôle, spécialement en droit privé, le droit de l'Église, ou droit canonique, et surtout les coutumes, se sont affirmés pour former un ensemble composite.

Le pluralisme médiéval mérite l'intérêt des juristes d'aujourd'hui car la situation actuelle, caractérisée par le retour à une pluralité de normes, par la superposition de droits nationaux et d'un droit européen, offre quelques ressemblances avec lui. Il est né d'une double évolution historique. La plus ancienne, qui a prolongé et amplifié au cours des périodes franque et féodale les tendances apparues aux derniers siècles de l'Empire romain, a vu le déclin des formes savantes du droit et le retour à un droit oral et coutumier. La seconde, plus tardive, à partir du XIIe siècle, a été marquée à l'inverse par la renaissance des droits savants, droit romain mais aussi droit canonique, qui n'ont pas évincé les coutumes mais se sont juxtaposés à elles.

Sous-section 1

Prééminence du droit coutumier

Plus que l'irruption massive du droit germanique, dont la réalité reste à démontrer, c'est le déclin progressif mais presque complet du droit savant qui caractérise l'évolution postérieure au Ve siècle. Les invasions barbares n'ont produit sur le droit privé que des effets limités, et les nouveaux venus étaient généralement trop peu nombreux pour imposer leur propre droit, au demeurant rudimentaire. La situation que l'on trouve après l'installation en Gaule des Barbares n'est guère différente de celle qui existait à la fin de l'Empire, avec le maintien du droit romain mais aussi son glissement de plus en plus accentué vers un droit vulgaire et son ouverture toujours plus large aux influences locales. La seule originalité, certes importante mais qui n'apparaîtra que lentement, au terme de plusieurs siècles d'évolution, réside dans la profondeur du phénomène, qui va jusqu'à l'abandon non seulement des formes savantes du droit, mais même de tout droit écrit, législation comprise, pour laisser place nette au droit purement oral des coutumes territoriales.

A. L'éclipse du droit romain

Le droit romain a survécu aux invasions, qui n'ont altéré ni son autorité ni la connaissance et la compréhension déjà limitées qu'on en avait. La vigueur qu'il a conservée aux Ve-VIe siècles est attestée par les compilations de lois romaines ordonnées par les rois barbares, à l'imitation des empereurs, ou dues à des initiatives privées, pour aider juges et praticiens à distinguer celles qu'il convenait de conserver et qui pouvaient être utilement invoquées en justice. Contrairement à une idée longtemps reçue, ces lois romaines ne semblent pas avoir été destinées aux seuls Gallo-Romains, en application du principe de la personnalité des lois dont la portée a été exagérée, mais bien à l'ensemble de la population, Barbares compris.

Du royaume wisigoth proviennent deux grands textes officiels : l'*Édit de Théodoric*, loi de cent cinquante-quatre articles promulguée vers 460 sur ordre du roi Théodoric II (453-466), qui s'inspire des constitutions impériales et des œuvres de la doctrine classique et post-classique, et un recueil plus important, la *Loi romaine des Wisigoths* (*Lex romana Wisigothorum*) ou *Bréviaire d'Alaric*, que fit rédiger en 506 le roi Alaric II. Préparé par une commission de juristes aquitains, le *Bréviaire* est fait d'emprunts aux codifications privées et publiques des IVe et Ve siècles : aux Codes grégorien et hermogénien et surtout au Code théodosien pour les constitutions impériales, dont ont été reprises la plupart des dispositions de droit privé ; aux compilations gallo-romaines de droit vulgaire (*Liber Gai*, abrégé des *Institutes* de Gaius, et *Sententiae Pauli*, paraphrase des écrits de Paul) pour les œuvres doctrinales. Un commentaire, certainement emprunté lui aussi à des ouvrages antérieurs, a été adjoint à la plupart des textes. Dans l'ensemble, le *Bréviaire* témoigne d'une grande fidélité au droit romain. Étendu à toute la Gaule après la conquête de l'Aquitaine wisigothique par Clovis, il a fait l'objet de résumés postérieurs (*Epitome*) et exercé une influence durable. C'est principalement par son intermédiaire que s'est pérennisée une certaine connaissance du droit romain, et les actes de la pratique, comme les capitulaires carolingiens, lui ont fait de fréquents emprunts.

Du royaume burgonde est issue une compilation unique de lois romaines, la *Loi romaine des Burgondes* ou *Papien*, composée entre 502 et 516, vraisemblablement une œuvre privée dont l'influence est demeurée réduite et dont le niveau se révèle bien inférieur à celui des recueils wisigothiques. Fondé sur les mêmes sources que le *Bréviaire d'Alaric*, le *Papien* comporte des altérations parfois profondes qui montrent que, hors de l'Aquitaine restée fortement romanisée, les solutions romaines commençaient déjà à être moins bien comprises.

Les documents de la pratique, en particulier les *formulaires*, recueils de modèles d'actes à l'usage des praticiens, témoignent aussi de la survie du droit romain mais révèlent en même temps, mieux que les œuvres législatives ou doctrinales, la lente érosion qu'il subit. Les formulaires de l'ouest et du centre de la Gaule, celui d'Angers aux VIe-VIIe siècles, ceux de Tours, de Bourges et d'Auvergne au VIIIe, sont restés dans l'ensemble fidèles aux solutions romaines, si l'on prend pour référence le droit de l'Empire tardif. À mesure que l'on avance dans le temps apparaissent toutefois des incompréhensions et des confusions de plus en plus nombreuses et profondes, dues sans doute moins à la contamination par des usages proprement germaniques qu'à l'incapacité croissante des juristes, en un temps de déclin général de la culture, à saisir toutes les subtilités du droit romain, même vulgaire.

Le sort d'un acte aussi typiquement romain que le testament en offre une bonne illustration. Très répandu à Rome, soumis à des règles de forme et de fond complexes, le testament est resté en usage en Gaule bien après les invasions : aux Ve-VIe siècles, il a continué d'être fréquemment utilisé et les exemplaires parvenus jusqu'à nous montrent une grande fidélité aux principes romains et spécialement à celui, fondamental, de la libre révocabilité ; au VIIe siècle, il devient déjà plus rare et les formes romaines s'altèrent ; au VIIIe siècle, il disparaît presque partout, les techniques romaines ne sont plus comprises et les actes de disposition à cause de mort se présentent soit comme des déclarations faites en maladie ou en danger de mort, qui, au moins dans certaines régions, sont cependant demeurées révocables en cas de guérison et apparaissent de ce fait comme des testaments oraux aux formes très simplifiées, soit comme des donations définitives et irrévocables, assorties d'une clause de réserve de jouissance des biens jusqu'au décès.

Une évolution identique s'est produite pour les obligations. Les règles romaines de formation des contrats ont été peu à peu abandonnées au profit d'un nouveau formalisme qui cherchait à frapper les esprits, à établir l'existence de l'acte et à en conserver la mémoire en recourant à des symboles : dans la vente, qui se fait de plus en plus au comptant, la propriété est transférée par la remise du vendeur à l'acquéreur de la charte écrite constatant le contrat (*traditio per cartam*), ou d'un objet censé représenter l'immeuble vendu, une baguette, une motte de terre... Pour les biens, toutes les catégories romaines sont confondues : propriété, possession, usufruit, servitudes, se fondent dans une notion unique et mal définie, la *saisine*, qui se manifeste par des actes concrets d'exploitation du fonds et peut n'être que partielle ou temporaire.

Aux Xe et XIe siècles, terme de l'évolution, le droit romain, malgré les efforts des clercs pour en perpétuer le souvenir et l'enseignement dans les écoles épiscopales ou monastiques, a presque partout cessé d'exister en tant que système juridique écrit : dans les actes de la pratique n'en restent que des vestiges plus ou moins déformés, moins rares et moins mal compris dans le Midi et l'Ouest (Languedoc, Catalogne, région toulousaine, Auvergne, Poitou), mais qui n'ont subsisté qu'en passant à l'état de coutumes.

B. Déclin de la législation

La législation a suivi la même pente. Au lendemain des invasions, les rois barbares, en héritiers des empereurs, ont maintenu une activité législative, d'abord dans le cadre de la rédaction des lois nationales de leurs peuples mais aussi pour édicter des lois autonomes sous la forme de capitulaires. À la fin de la période franque, la décomposition du pouvoir a fait disparaître pour plusieurs siècles la législation royale des sources du droit.

1. *Les lois nationales des Barbares*

La rédaction des lois nationales des peuples barbares a été entreprise sur l'ordre de leurs rois peu après l'établissement en Gaule, en même temps que les compilations de lois romaines, et a donné matière à une législation importante. Les Barbares avaient apporté dans l'Occident romain leurs coutumes orales, issues de traditions germaniques dont nous n'avons qu'une connaissance très partielle et indirecte par le témoignage des écrivains latins. À partir du Ve siècle, ces coutumes, pour les fixer, peut-être aussi pour leur permettre de résister à l'influence du droit romain, ont été mises par écrit sur ordre du roi et promulguées en qualité de lois.

Ce travail de rédaction par voie législative a été mené avec plus ou moins de fidélité aux traditions germaniques. On a longtemps considéré comme de véritables lois nationales les rédactions opérées chez les Wisigoths et les Burgondes. En fait, il apparaît que ces textes, largement ouverts aux influences romaines, régissaient toute la population, au même titre que les lois romaines reprises par le *Bréviaire d'Alaric* et le *Papien*. Ainsi le *Code d'Euric*, première rédaction des lois des Wisigoths effectuée en 476 à l'initiative du roi Euric, préparé avec le concours de juristes romains et qui mêle étroitement aux règles d'origine germanique un important apport romain. De même la loi des Burgondes ou *loi Gombette*, composée vers 502 sur ordre du roi Gondebaud : elle aussi amalgame les règles burgondes (ou considérées comme telles, car les Burgondes paraissent bien avoir adopté des coutumes autochtones des pays où ils s'étaient établis, comme la copropriété par moitié entre le père et ses enfants ignorée des autres Germains) et les dispositions romaines, dont elle s'inspire ouvertement.

Au contraire, les lois franques, qui n'avaient pas vocation à régir les Gallo-Romains, ont conservé plus fidèlement les traditions germaniques. La loi des Francs saliens, ou *Loi salique*, rédigée en latin sous le règne de Clovis, vraisemblablement à partir d'un règlement militaire du IVe siècle édicté par des officiers romains pour assurer la discipline des soldats francs enrôlés dans les armées impériales, fut révisée à plusieurs reprises, la dernière fois sous Charlemagne. Mise par écrit plus tardivement, au milieu du VIIe siècle sous le règne de Dagobert, la loi des

Francs du Rhin, ou *Loi ripuaire*, a subi l'influence de la précédente.

Même si des solutions d'inspiration romaine ont pu être introduites à la faveur de la rédaction ou des révisions postérieures, elles ont toutes les deux conservé un caractère archaïque que révèlent le peu d'intérêt porté au droit privé et la place attribuée au droit pénal. Dans la Loi salique, la majorité des dispositions concernent les crimes et délits, et il semble que la préoccupation majeure a été d'abolir le régime de la vengeance privée, individuelle ou collective, qui sanctionnait traditionnellement les faits de cette nature, en imposant au coupable, en cas de blessure ou d'homicide, le paiement d'une composition pécuniaire (*Wergeld* : le prix du sang), dont les deux tiers étaient dus à la victime ou à ses proches, qui perdaient ainsi le droit de recourir légitimement à la violence, et le tiers restant au roi, garant du maintien de la paix. De nombreux articles ont pour seule fin de fixer avec précision le tarif de ces compositions en fonction de la nature du délit, de la gravité des dommages et de la condition de la victime. Plus rares, les dispositions de droit privé concernent surtout les successions, où la Loi salique édicte des solutions originales : l'absence de représentation, même en ligne directe, l'exclusion des filles de la succession aux terres venues des ancêtres (*allodia*) au profit des fils, corrigées dans la pratique par des actes de rappel à succession. La Loi ripuaire attribue à la veuve qui n'avait pas reçu de donation de son mari au moment du mariage, une dot légale de cinquante sous et le tiers des biens acquis au cours de l'union (*tertia collaborationis*), règle où l'on a vu à tort l'origine de la communauté conjugale.

La juxtaposition des lois barbares et des lois romaines soulevait la question du droit applicable devant les tribunaux. On l'a longtemps crue résolue par le recours général à la personnalité des lois, qui déterminait la loi compétente en fonction de l'origine ethnique des parties. Au début du procès, le juge interrogeait chacun des plaideurs : « Sous quelle loi vis-tu ? », et, suivant la réponse, jugeait selon la loi franque si le défendeur était franc, selon la loi romaine s'il était gallo-romain. La personnalité des lois semble pourtant avoir été interprétée de manière trop systématique : probablement inconnue des Burgondes et des Wisigoths, elle n'intervenait ailleurs que dans une minorité de cas, à titre de dérogation aux règles législatives, romaines ou coutumières qui régissaient la plus grande partie de la population. Elle n'excluait pas l'existence concomitante de la territorialité, *a fortiori* dans les régions où le peuplement germanique était très minoritaire : le lieu de naissance valait comme présomption d'appartenance à une « nation » et déterminait très largement la loi applicable ; les lois royales s'étendaient à tous et l'Église était soumise uniformément au droit romain. Enfin, la fusion progressive des « races », l'oubli des origines, ont enlevé une bonne part de son objet à la personnalité des lois, qui n'a laissé que quelques traces aux IXe et Xe siècles.

En dépit de cet effort de rédaction, l'évolution s'est révélée plus défavorable encore aux lois barbares qu'au droit romain, à qui son prestige garantissait une révérence au moins théorique. Elles sont tombées complètement en désuétude et, à la fin de l'époque carolingienne, on n'en conserve plus qu'un vague souvenir.

2. *Les capitulaires*

La législation des rois francs s'est exprimée aussi sous la forme de capitulaires, lois divisées en chapitres (*capitula*), dont quelques-uns étaient pris pour compléter ou modifier une loi nationale (capitulaires additionnels), mais dont la plupart avaient une existence autonome. Les Mérovingiens n'ont promulgué qu'un nombre réduit de lois : une dizaine connues en l'espace de deux siècles, qui proviennent en majorité de Clovis et de ses proches successeurs. Les premiers Carolingiens, inspirés par une forte volonté réformatrice, se sont montrés plus actifs et Charlemagne, Louis le Pieux, Charles le Chauve ont pris plus de deux cents capitulaires en moins d'un siècle et demi, dans des matières variées : l'administration et les affaires ecclésiastiques, la répression des crimes et délits, plus rarement le droit privé.

Émanés de l'autorité du roi, dont ils étaient censés exprimer la volonté et d'où ils tiraient leur force obligatoire, les capitulaires, depuis le VIe siècle, étaient cependant discutés et approuvés au sein d'assemblées, les *plaids généraux*, qui réunissaient périodiquement les grands laïcs et ecclésiastiques. Sous le règne de Charles le Chauve, lorsque s'est amorcé le déclin de l'autorité royale, certains ont revêtu l'aspect de véritables contrats passés entre eux et le roi. À la fin du IXe siècle, avec l'accentuation de ce déclin, la législation royale s'est raréfiée et a fini par disparaître : l'ultime capitulaire carolingien date de 884. Avec elle s'est tarie la dernière source écrite du droit.

C. Le développement des coutumes

Le déclin des droits écrits a permis le règne incontesté de la coutume, aussi bien dans la France du Midi que dans celle du Nord, domination qui a eu d'importantes conséquences sur la formation de notre droit. Les coutumes ont constitué, jusqu'à la promulgation du Code civil, la principale source du droit privé français et ont apporté des traditions différentes de celles du droit romain, dont certaines sont à l'origine de solutions toujours actuelles : la communauté conjugale, devenue dans le Code civil (art. 1400 suiv.) régime matrimonial légal sous la forme d'une communauté des meubles et acquêts, puis, en 1965, d'une communauté réduite aux acquêts ; la saisine héréditaire, qui met instantanément et de plein droit l'héritier le plus proche en possession des biens du défunt (art. 724) ; la technique des retraits, qui, bien que moins utilisée que dans l'ancien droit, reçoit encore diverses applications.

En dépit de son importance, le phénomène coutumier reste mal connu : le processus de formation des coutumes territoriales, qui s'est accompli à une époque où la documentation devenait rare, demeure obscur et a fait l'objet de reconstitutions hypothétiques ; le contenu des coutumes et surtout l'origine des solutions qu'elles proposaient sont également controversés. Ce n'est qu'à partir du XIIIe siècle qu'ils se laissent mieux appréhender grâce à la rédaction de coutumiers.

1. *Naissance des coutumes territoriales*

L'émergence des coutumes territoriales est généralement perçue comme la conséquence de la disparition conjuguée du droit romain et des droits barbares. Du Xe au XIIe siècle, on aurait vécu dans une sorte de vide juridique, partiellement comblé par les accords ou « convenances » (*convenientiae*) conclus par les membres de l'aristocratie féodale pour régler les affaires privées, la dévolution successorale des biens, la condition des femmes, le statut des fiefs. Peu à peu, les clauses de ces accords, à force d'être réitérées, auraient donné naissance à des règles reconnues comme obligatoires, à des normes coutumières. Les juridictions féodales et seigneuriales auraient joué aussi leur rôle dans la fixation de ces règles, en les confirmant, éventuellement en les modifiant par leurs jugements, ce qui expliquerait que les ressorts des coutumes aient souvent épousé les limites des seigneuries.

L'accomplissement de ce processus de formation de la coutume, inégalement précoce ou tardif selon les régions, aurait été dans l'ensemble assez lent : dans les pays où l'autorité des princes territoriaux était restée forte, comme la Normandie, la coutume se serait cristallisée très tôt, dès le courant du XIe siècle ; dans ceux où elle s'était éparpillée au niveau des seigneuries châtelaines, elle ne serait pas apparue avant la fin du XIIe ou le début du XIIIe siècle, et dans des cadres géographiques restreints correspondant aux limites de ces seigneuries. On donne pour preuve de cette naissance tardive des coutumes territoriales le fait que le terme latin *consuetudo* n'aurait désigné, aux XIe-XIIe siècles, que les exactions et impositions seigneuriales devenues coutumières et n'aurait pas pris un sens objectif, celui de coutume générale, avant le XIIIe siècle.

Cette reconstitution, si elle s'appuie sur quelques arguments incontestables, comme l'existence des « convenances » entre grandes familles, surtout dans le Midi, et la coïncidence des ressorts seigneuriaux et coutumiers, reste cependant fragile et se heurte à des objections. La plus sérieuse tient au fait que le terme *coutume*, dans un sens objectif, est plus ancien qu'on ne le dit. Son emploi était courant dès le XIe siècle en Anjou et dans les régions voisines, et ses origines remontent bien plus haut : dès 515, une formule angevine fait ouvertement référence à la « coutume de la cité d'Angers » ; d'autres textes antérieurs au XIe siècle invoquent eux aussi la « coutume du pays » comme une réalité patente. Témoignages qui montrent que des coutumes territoriales ont existé dès l'époque franque, et sans doute même dès la fin de l'Empire, dans le cadre des cités ou des pays (*pagi*) qui, dans bien des régions, est resté celui des comtés féodaux. La féodalité a contribué à modifier les ressorts coutumiers partout où l'autorité seigneuriale ne s'est pas exercée dans les limites préétablies du *pagus* : elle a dessiné tantôt des ressorts plus vastes, aux dimensions d'une province entière née de la réunion de plusieurs *pagi*, comme la Champagne ou la Normandie, où ont subsisté cependant de nombreux usages limités à des zones plus restreintes, tantôt des ressorts plus étroits, aux dimensions d'une simple seigneurie, là où s'est produit le phénomène de dislocation du *pagus* ou comté, comme en Île-de-France où s'est formée autour de Paris une multitude de petites coutumes (Senlis, Mantes, Melun, Étampes, Dourdan, Dreux, Montfort-l'Amaury, Châteauneuf-en-Thimerais). Les limites dessinées à l'époque féodale sont d'ailleurs artificielles : elles séparent des coutumes quant au fond très proches, qui ne diffèrent les unes des autres que par quelques détails, de sorte que l'on a pu discerner, par-delà les frontières politiques arbitraires et les divergences superficielles, de véritables familles de coutumes reconnaissables à leurs fortes ressemblances ; et plus encore, à partir des actes de la pratique, des usages dont la diffusion ne coïncide nullement avec les ressorts coutumiers.

2. *Origine et contenu des règles coutumières*

Tout autant que le processus de formation des coutumes, l'origine des règles qu'elles contiennent donne matière à débats. On a reconnu avec plus ou moins de certitude dans certaines d'entre elles des solutions venues du droit romain tardif, des lois barbares ou de la législation franque. Néanmoins la provenance des plus nombreuses et des plus importantes, dont la généralité plaide en faveur de l'ancienneté, est beaucoup plus incertaine et le droit coutumier apparaît à bien des égards comme un système juridique original, dont les caractères ne peuvent être rattachés à des précédents connus.

Le droit de la famille se singularise par la force des solidarités familiales et des tendances communautaires, qui tranchent sur l'individualisme prêté au droit romain. La vie commune, entre époux, entre parents et enfants, entre frères et sœurs et même entre personnes étrangères, entraînait la formation de communautés portant au moins sur les biens meubles, et parfois aussi sur les immeubles acquis ensemble, et la communauté conjugale, qui s'est constituée sous sa forme définitive à partir du XIIIe siècle, n'est qu'une variété de ces pratiques communautaires. La femme, outre sa part de communauté, avait droit, lorsqu'elle survivait à son mari, à un douaire en usufruit sur une partie des biens de celui-ci, qui constituait également une institution typiquement coutumière dont l'origine se trouve dans les donations que le mari faisait à sa femme à l'occasion du mariage, tant dans la tradition du droit romain provincial (*donatio ante nuptias*) que dans les droits barbares (*dos ex marito*). Sur les biens propres, immeubles hérités des parents, la famille exerçait un droit éminent qui limitait les prérogatives du propriétaire : entre le XIe et le XIIIe siècle, toute aliénation devait obtenir l'approbation des proches (*laudatio parentum*) pour échapper à la contestation ; en cas de vente, un parent avait la faculté de se substituer à l'acheteur et de reprendre le bien en exerçant le retrait lignager. Au décès, le droit successoral coutumier protégeait encore les intérêts familiaux : les héritiers bénéficiaient d'une réserve qui leur garantissait de recevoir une part importante des propres (la moitié, les deux tiers ou les quatre cinquièmes selon les coutumes) ; en l'absence de descendants, les propres retournaient aux ascendants ou collatéraux de la ligne d'où ils venaient (règle *paterna paternis, materna maternis*), de sorte que le patrimoine du *de cujus* se subdivisait en plusieurs masses (propres, meubles et acquêts, éventuellement fiefs), dévolues selon des règles spécifiques et à des héritiers différents.

De même, les relations entre parents et enfants obéissaient à des principes originaux : la *patriapotestas* romaine était inconnue et les enfants étaient assujettis à une autorité parentale exercée en commun par le père et la mère (solution à laquelle est revenu le droit français en 1970), qui, en l'absence de majorité émancipatrice, durait tant qu'ils vivaient avec leurs parents, quel que fût leur âge et même après leur mariage, mais prenait fin dès qu'ils quittaient la maison pour s'établir séparément.

Les règles appliquées aux biens étaient également spécifiques. La propriété coutumière, à la différence de la propriété romaine classique, apparaissait divisée, fragmentée, limitée. Sur le fief, le seigneur et le vassal exerçaient conjointement des droits relevant de la propriété, de même que le seigneur et le tenancier sur les tenures roturières ; les pouvoirs du propriétaire, déjà limités par les droits de la famille, l'étaient aussi par les servitudes collectives et les droits d'usage des voisins et de la communauté villageoise. Un juriste historien du XVIIe siècle, Eusèbe de Laurière, a pu écrire que la propriété sur la terre ne s'exerçait pleinement que tant que celle-ci portait des récoltes : « Dès que les récoltes sont enlevées, la terre, par une espèce de droit des gens, devient commune à tous les hommes, riches et pauvres également. »

Tout un courant d'historiens « germanistes » a soutenu que ces solutions, étrangères au droit romain classique, ne pouvaient venir que des droits barbares, et certains n'ont pas hésité à affirmer de manière générale l'origine germanique des coutumes françaises. Une telle affirmation relève du postulat plus que de la vérité démontrée : entre les dispositions des lois barbares, du reste peu nombreuses et peu explicites sur le droit privé, et celles de la plupart des coutumes, il est souvent impossible d'établir une filiation certaine et même de discerner des ressemblances. Aussi la recherche s'oriente-t-elle vers d'autres pistes.

Si la distance est trop grande avec le droit romain classique pour espérer trouver dans celui-ci la source de règles coutumières, elle l'est moins avec le droit vulgaire de la fin de l'Empire, dont les déformations en matière de propriété, de rapports patrimoniaux entre époux, voire de dévolution fractionnée des successions, préfigurent certaines solutions médiévales. L'existence avérée, à la même époque, d'usages provinciaux pourrait expliquer aussi la provenance de règles coutumières. Bien des traditions anciennes, d'origine celtique ou même pré-celtique, que la domination romaine avait momentanément refoulées, ont pu revenir à la surface à la faveur du déclin de l'Empire. Le grand historien et civiliste néerlandais E.-M. Meijers, frappé par les ressemblances entre les coutumes de régions fort éloignées les unes des autres (Pays-Bas, ouest de la France, Auvergne, Valais suisse, Corse, Pays basque), a émis l'idée que certaines d'entre elles pouvaient remonter à des traditions antérieures aux invasions celtiques du VIIe siècle avant J.-C., conservées par les populations autochtones dans les zones excentrées ou isolées où elles s'étaient réfugiées. Il a évoqué, à titre d'hypothèse, l'existence d'un droit ligurien et d'un droit ménapien, issus des plus anciennes populations de la Gaule. Hypothèse invérifiable mais qui a au moins le mérite de souligner l'impossibilité d'expliquer l'origine des coutumes par un droit germanique dont l'existence, en tant que système unitaire et cohérent, reste elle-même fort problématique.

L'intérêt pour les origines ne saurait faire oublier que les coutumes ne se sont pas constituées une fois pour toutes et que, du fait de leur souplesse, leur formation a résulté d'un mouvement permanent. À proprement parler, il n'y eut jamais de cristallisation des coutumes avant leur rédaction officielle au XVIe siècle : elles n'ont cessé d'évoluer, plus rapidement et plus profondément dans les périodes de bouleversement politique et social, spécialement à l'époque féodale, et les « convenances », plus qu'à la formation des coutumes, ont certainement contribué à leur transformation, à leur adaptation aux conditions nouvelles. Les coutumes ont commencé alors à refléter, plus ou moins selon les lieux, les besoins et les préoccupations de la noblesse. Elles ont accueilli des règles nouvelles, parfois sous l'influence de la législation comtale ou royale : les privilèges d'aînesse et de masculinité dans la succession aux fiefs ; l'exclusion successorale des filles dotées, qui permettait de réserver au fils la plus grande part du patrimoine familial ; le renforcement des droits du lignage, de la famille par le sang, au détriment du ménage, de la famille conjugale, et par conséquent de la femme mariée dont la situation patrimoniale, favorable jusqu'au XIe siècle, a commencé à se dégrader.

Les différences et les oppositions que l'on relève entre groupes géographiques de coutumes tiennent en partie à l'accueil plus ou moins large qu'elles ont réservé aux influences féodales. Les coutumes de l'Ouest (Anjou, Maine, Touraine, Poitou, Bretagne et surtout Normandie), fortement féodalisées aux XIIe-XIIIe siècles, ont donné aux privilèges de l'aîné la plus grande extension, fait prévaloir les intérêts du lignage et plus ou moins sacrifié ceux de la femme : le droit normand est allé jusqu'à exclure la communauté conjugale au profit d'un régime dotal séparatiste, qui présente des ressemblances avec celui du droit romain mais ne lui doit rien à l'origine. Au Nord, les coutumes du groupe picard-wallon, moins réceptives aux influences féodales, ont conservé au contraire un régime favorable au ménage, au moins chez les roturiers, avec de fortes structures communautaires et des droits successoraux étendus entre époux. Entre les deux, les coutumes du groupe orléano-parisien ont adopté des solutions moyennes et équilibrées, conformes aux vues et aux intérêts de la bourgeoisie, et qui contribueront plus tard à leur conférer valeur de référence.

3. *La connaissance et la preuve des coutumes*

Du fait du caractère oral des coutumes, leur connaissance et leur preuve en justice présentaient des difficultés. Jusqu'au début du XIIIe siècle, la connaissance des coutumes, qui tenaient encore dans des solutions simples et peu nombreuses, d'origine populaire, semble avoir été largement répandue et les actes de l'époque relatent peu de litiges portant directement sur leur teneur. À partir du XIIIe siècle, lorsque la coutume est devenue, sous l'influence des droits savants, un système juridique plus évolué mais aussi plus complexe et moins accessible à la masse de la population, s'est posée la question de son autorité et de sa preuve en justice. La pratique judiciaire et les ordonnances royales ont opéré une distinction entre *coutumes notoires*, censées connues de tous pour avoir été consacrées par des jugements antérieurs, qu'il n'était pas nécessaire de prouver et que le juge était tenu d'appliquer, et *coutumes privées*, dont l'existence devait être établie par les plaideurs qui les invoquaient. Le procédé de preuve le plus répandu était l'enquête, soit individuelle auprès de témoins questionnés séparément, soit collective : l'*enquête par turbe*, qui s'est établie à partir du XIIIe siècle sur la base d'influences romaines, consistait à interroger ensemble plusieurs habitants du ressort (au moins au nombre de dix), choisis parmi les plus âgés et les plus expérimentés, qui devaient affirmer unanimement l'existence de la règle.

Pour pallier les inconvénients de l'oralité des coutumes, on a commencé, à la fin du XIIe et au XIIIe siècle, à les rédiger. Dans le Midi, les coutumes urbaines (Arles, 1162 ; Alès, 1200 ; Montpellier, 1204 ; Narbonne, 1232 ; Toulouse, 1286) ont fait l'objet d'une rédaction officielle par les autorités seigneuriales ou municipales. Dans le Nord, ce sont des praticiens, juges et administrateurs seigneuriaux ou royaux pour la plupart, qui ont composé des recueils de coutumes, ou coutumiers. Les premiers viennent de Normandie : le *Très Ancien Coutumier de Normandie*, dont une partie date de la fin du XIIe siècle, et la *Summa de legibus Normanie* (milieu XIIIe siècle), traduite en français sous le nom de *Grand Coutumier de Normandie*. Dans le courant du XIIIe siècle ont été rédigés le recueil des *Coutumes de Touraine-Anjou* (vers 1246), repris en 1273, en même temps qu'un coutumier orléanais, dans les *Établissements de Saint Louis*, ouvrage longtemps considéré à tort comme une compilation de lois royales, le *Livres de jostice et de plet*, coutumier de la région d'Orléans truffé d'emprunts aux droits savants (vers 1260), le *Conseil à un ami* du bailli de Vermandois Pierre de Fontaines (avant 1258), les *Coutumes de Beauvaisis* d'un autre bailli royal, Philippe de Beaumanoir (1283). La rédaction des coutumiers s'est prolongée aux XIVe-XVe siècles avec l'*Ancien Coutumier de Champagne* (vers 1300), la *Très Ancienne Coutume de Bretagne* (début XIVe siècle), le *Grant Coutumier de France* (c'est-à-dire d'Île-de-France), ouvrage anonyme attribué à un avocat au Parlement, Jacques d'Ableiges (fin XIVe siècle), la *Somme rural* (vers 1395), synthèse des coutumes du Nord due à un officier royal, Jehan Boutillier, le *Coutumier bourguignon glosé* (fin XIVe siècle) et le *Vieux Coustumier de Poictou* (1417), pour s'en tenir aux principaux.

Les coutumiers, même lorsqu'ils avaient pour auteurs des officiers royaux et avaient été entrepris, comme il est probable pour certains, avec l'assentiment du roi, étaient des œuvres privées, dont l'autorité restait purement doctrinale. Leur valeur est inégale : influencés par les droits savants, certains présentent comme coutumières des règles romaines ou canoniques ; ceux de l'Ouest privilégient le droit des nobles et délaissent plus ou moins celui des roturiers. Néanmoins leur confrontation avec les actes de la pratique, chaque fois qu'elle est possible, montre que la plupart donnent un exposé assez fidèle des règles coutumières, et quelques-uns, le *Grand Coutumier de Normandie*, toujours en usage dans les îles Anglo-Normandes, les *Établissements de Saint Louis*, la *Très Ancienne Coutume de Bretagne*, ont joui d'une autorité quasi officielle qui a permis de remédier aux incertitudes liées à la nature orale des coutumes et d'atténuer le contraste avec les droits savants en pleine renaissance.

Sous-section 2

La renaissance des droits savants

La renaissance des droits savants a constitué un événement capital dans l'histoire juridique, et c'est à elle que l'on doit d'avoir aujourd'hui des droits d'inspiration romaniste : si elle ne s'était pas produite, les droits européens se seraient développés sur des bases purement coutumières et jurisprudentielles, comme l'a fait le droit anglais, dans la formation duquel le droit romain, sans être absent, n'a joué qu'un rôle limité. La découverte des compilations de Justinien a non seulement permis de ranimer un droit romain presque moribond, mais aussi, en inversant la tendance établie depuis les derniers siècles de l'Empire romain, de renouer avec une conception doctrinale et théorique du droit, de recréer une véritable science juridique inspirée du droit classique. Son influence ne s'est d'ailleurs pas limitée au seul droit romain. L'exemple de celui-ci s'est étendu bien au-delà de son domaine propre : il a favorisé l'essor du droit canonique, élevé lui aussi au rang de droit savant ; il a influencé la pratique juridique, qui a accueilli des solutions romaines, et a contribué à modifier l'esprit et le contenu du droit coutumier.

A. Découverte des compilations de Justinien

Les circonstances dans lesquelles ont été retrouvées les compilations de Justinien restent obscures. Postérieures à l'établissement en Gaule des royaumes barbares et à la composition des recueils de lois romaines des Burgondes et des Wisigoths, elles n'étaient pourtant pas inconnues en Occident : l'empereur avait promulgué le *Digeste* et le Code en Italie (13 août 554), en partie reconquise par les Byzantins, et quelques actes pontificaux, dont une lettre du pape Grégoire le Grand de 603, contiennent des références au *Digeste*. Les *Novelles*, traduites en latin, étaient partiellement connues grâce à deux recueils, l'*Authenticum* et l'*Epitome Juliani*, dont le second fut utilisé en Gaule. La découverte des compilations de Justinien doit donc s'entendre moins au sens matériel qu'au sens intellectuel : elle n'a pas consisté à mettre au jour des ouvrages jusque-là inconnus ou inaccessibles, mais à considérer avec un intérêt nouveau des écrits auparavant délaissés.

De fait, elle entretient d'étroites relations avec le grand essor des activités intellectuelles qui s'est dessiné dès le XIe siècle pour atteindre sa plénitude aux XIIe-XIIIe siècles, et qui a permis de renouer non seulement avec le droit mais avec la littérature et la philosophie antiques, peut-être aussi avec l'effort de recherche et de réflexion déployé dans le cadre de la réforme grégorienne. En Italie, le *Digeste* a été utilisé dès le milieu du XIe siècle. Peu après, on a commencé à commenter et à enseigner les textes de Justinien, au moins à titre privé : la tradition a gardé le souvenir d'un maître nommé Pepo qui, vers 1070, « se mit à faire des lectures sur les lois de sa propre autorité ». À la fin du XIe siècle et au tout début du XIIe est apparu à Bologne un enseignement régulier qui devait donner naissance à la première université de droit. Jusqu'au XIIIe siècle, Bologne est demeurée la capitale de l'enseignement juridique, fréquentée par des étudiants de toute l'Europe. À partir de l'Italie, l'étude du droit romain s'est diffusée, au cours du XIIe siècle, en Provence, en Languedoc et en Catalogne : des écoles plus ou moins éphémères, connues par les manuscrits qu'elles ont laissés, ont existé à Arles, Avignon, Valence, Montpellier, Narbonne, Béziers, et des docteurs italiens, Rogerius à Arles, Placentin à Montpellier, y ont professé. Dans la seconde moitié du siècle, elle est également attestée plus au nord : à Paris vers 1160-1170, en Normandie et en Angleterre à la même époque. Au XIIIe siècle, de véritables universités naissent en France, à Toulouse en 1229, à Montpellier, fondée officiellement en 1289, et surtout à Orléans. L'enseignement du droit romain, interdit à Paris par une décrétale du pape Honorius III de 1219, non en raison de l'hostilité du roi à son égard mais pour protéger les études de théologie dont Paris était le grand centre européen, se transporta à Orléans, autre ville du domaine royal. Autorisé par le pape en 1235, il y connut un essor rapide consacré, en 1309, par la constitution officielle d'une université qui devait rester jusqu'au XVIIe siècle la première de France pour l'étude du droit et jouir d'une renommée internationale. Aux XIVe-XVe siècles furent fondées de nouvelles facultés de droit en Italie (Pavie, Padoue), en France (Avignon, Angers, Caen, Poitiers, Cahors, Bordeaux, Bourges, Nantes), en Espagne, puis dans l'Europe du Nord et de l'Est.

À la renaissance du droit romain est liée celle de la doctrine. Dans les compilations de Justinien, ce ne furent pas les recueils de lois, Code ou *Novelles*, qui retinrent le plus l'attention, mais le *Digeste*, condensé de la doctrine romaine classique qui, même à Byzance, n'avait guère suscité d'intérêt. L'étude du *Digeste*, reconstitué dans toutes ses parties et mieux connu grâce à un manuscrit découvert à Pise et transféré plus tard à Florence (d'où les noms de *Littera*

Pisana et de *Florentine* qu'il a successivement portés), qui donnait une version plus fidèle au texte originaire, permit de renouer avec la tradition doctrinale du droit romain classique et de considérer à nouveau le droit d'un point de vue théorique et scientifique. Dès la fin du XIe siècle a commencé à se constituer un premier grand courant doctrinal, celui des glossateurs, dont le précurseur fut le Bolonais Irnerius, qui enseigna entre 1088 et 1125 et eut pour disciples les quatre grands docteurs qui, au milieu du XIIe siècle, dominaient l'enseignement à Bologne et apparaissent comme les véritables fondateurs de l'École : Bulgarus, Martinus Gosia, Hugo et Jacobus. L'influence des glossateurs s'est prolongée dans la première moitié du XIIIe siècle, où l'on rencontre leurs plus illustres représentants : Azon, Pillius, Odofredus et Accurse.

La méthode des glossateurs traduit l'intense vénération vouée aux lois du *Digeste*, qui apparaissaient comme un don de Dieu, « des préceptes divins exprimés par la bouche des princes ». Mais ces textes étaient devenus obscurs : leur vocabulaire avait vieilli, ils faisaient référence à des situations nées dans un contexte bien différent, et des commentaires postérieurs en avaient altéré le sens. Aussi les glossateurs mirent en œuvre une méthode fondée sur l'exégèse, sur la lecture et l'examen approfondis des lois romaines, qu'ils disséquaient soigneusement et dont ils donnaient, d'abord en interligne puis en marge des manuscrits, de brefs commentaires littéraux, ou *gloses*, pour définir les termes importants ou obscurs et en exposer succinctement la signification.

Peu à peu, à mesure que le sens des textes s'éclaircissait, leur méthode a évolué : elle a commencé à s'attacher moins à la lettre et davantage à l'esprit, et cherché, au-delà de leur signification littérale, à comprendre les fragments en les mettant en relation les uns avec les autres, à en tirer des règles générales exprimées sous forme de *brocards*. Les gloses, plus étoffées, se sont muées en petits commentaires et ont proposé des interprétations plus libres. Certains représentants de l'école, comme Martinus Gosia et ses disciples, ont fait un large appel à l'équité contre un attachement trop strict à la lettre. Investis, parallèlement à leurs tâches universitaires, de fonctions publiques au service de l'empereur ou des villes, consultants dans les procès, les glossateurs ont su prendre conscience des besoins de la pratique et adapter à l'occasion les solutions romaines : à la suite du commentaire exégétique, ils ont ajouté des séries de questions, sortes de procès fictifs ou d'hypothèses d'école qui donnaient lieu à un échange d'arguments contradictoires, *pro* et *contra*, et dont la résolution permettait de préciser la portée de la loi et de mieux dégager ses implications pratiques.

Au début du XIIIe siècle, les écrits des glossateurs bolonais formaient déjà une masse considérable et passablement hétérogène, qui appelait un travail de classement et de synthèse. Il fut réalisé par François Accurse : la *Grande Glose* d'Accurse devint le texte de référence de la science juridique médiévale et, jusqu'au XVIe siècle, elle a accompagné toutes les éditions du *Corpus juris civilis*, témoignant de l'influence durable des glossateurs (voir *François Accurse*, p. 337).

Leur méthode devait pourtant être dépassée. Dans la seconde moitié du XIIIe siècle, de nouveaux procédés d'analyse inspirés de la dialectique d'Aristote furent expérimentés à Orléans, où enseignaient de grands juristes : Jacques de Révigny, Pierre de Belleperche. Les post-glossateurs orléanais ont été les premiers à abandonner la glose au profit de commentaires plus développés et moins littéraux. Ils ont su aussi sortir du cadre trop strict du droit romain pour s'ouvrir à d'autres sources, canoniques et coutumières. Les enseignements de la doctrine orléanaise ont été repris et développés au XIVe siècle par les jurisconsultes italiens : d'abord Cynus de Pistoie (vers 1270-

1336), qui avait étudié le droit à Orléans, et surtout Bartole (1314-1357), qui, avec son disciple Balde (1327-1400), exerça une très forte influence et passe pour le fondateur d'un courant doctrinal nouveau, celui des bartolistes ou commentateurs, qui devait dominer la science juridique européenne jusqu'au milieu du XVIe siècle.

La méthode des bartolistes n'a pas radicalement rompu avec celle des prédécesseurs. Elle a continué de prendre pour base les textes romains et a même accentué la rigueur des procédés exégétiques, fondés sur l'étymologie, la grammaire, la signification et la force attachées à chaque mot. Elle a développé, dans le prolongement de l'analyse textuelle, la pratique de la *declaratio legis*, qui visait à déterminer la portée de la loi au moyen d'une série d'extensions, de limitations et d'exceptions, et a amplifié l'usage des questions, qui donnaient souvent lieu à de longues discussions où étaient citées et pesées toutes les autorités, toutes les opinions émises sur le sujet. Mais l'exégèse, tout en demeurant un préalable indispensable, est devenue secondaire par rapport aux développements dialectiques qui se greffaient sur elle et par lesquels l'auteur exposait et imposait ses propres vues (voir *Bartole*, p. 339).

Les bartolistes ont considérablement accru le rôle de la doctrine au détriment de l'attachement au texte des lois. Par l'ampleur de leurs ouvrages, recueils de consultations, commentaires étendus et même véritables traités sur une matière déterminée, ils ont créé un droit d'origine doctrinale où les lois romaines restaient invoquées à titre d'arguments mais où les solutions apparaissaient surtout comme des créations des docteurs. Du fait de cette grande liberté à l'égard des textes, derrière une méthode en apparence contraignante, ils ont joué un rôle décisif dans l'adaptation du droit romain aux besoins de la société de leur temps. La renaissance du droit romain n'a pas consisté à remettre en vigueur des solutions dont certaines étaient devenues inapplicables, mais à construire un droit nouveau à partir de l'adaptation et de la réinterprétation des lois romaines par la doctrine.

B. Le droit canonique

Dès l'origine, et surtout depuis la reconnaissance officielle du christianisme par les empereurs romains du IVe siècle, l'Église a développé son propre droit, le droit canonique, fait d'emprunts aux Pères des premiers siècles, de canons des anciens conciles, de décisions pontificales, de tarifs de pénitence. Très tôt ces sources de provenance variée ont été réunies en « collections », compilations privées dont les premières remontent au IVe siècle et qui se sont multipliées jusqu'au XIIe siècle : les plus remarquables, composées au cours du XIe siècle, le *Décret* de Burchard de Worms, la *Panormie* d'Ives de Chartres, plus riches et mieux ordonnées, témoignent déjà des progrès du droit canonique. Toutefois son essor, sous l'influence du renouveau du droit romain, se situe aux XIIe et XIIIe siècles, avec la composition du *Décret* de Gratien puis celle des grands recueils de *Décrétales* pontificales.

1. *Le* Décret *de Gratien*

Œuvre présumée du moine bolonais Gratien, personnage lui-même mystérieux, le *Décret* fut composé dans des circonstances encore mal connues. Sa rédaction s'est faite par étapes, et les travaux les plus récents font état de deux versions successives : l'une composée vers 1130, sans doute par Gratien lui-même ; l'autre, vers 1150, par un ou plusieurs de ses disciples, avec des ajouts et des remaniements importants. Comme les recueils précédents, il s'agit d'une collection qui rassemble des textes d'origines diverses, puisés pour la plupart dans les collections antérieures : décisions conciliaires et pontificales, fragments patristiques, mais aussi nombreux emprunts au droit romain, ajoutés plus tardivement.

Ce qui fait son originalité et explique son influence considérable, c'est sa volonté de dépasser le simple travail d'accumulation des textes auquel s'étaient limités les recueils précédents, pour tenter de les classer en fonction des opinions qu'ils donnaient sur chaque question, et surtout de les concilier, de les accorder en résolvant leurs contradictions apparentes par des distinctions, méthode qu'annonce son véritable titre : « Concordance des canons discordants » (*Concordia discordantium canonum*). Le *Décret* de Gratien proposait pour la première fois une vision aussi homogène et cohérente que possible du droit canonique. Son succès fut immense et, dès les années 1150-1160, il était connu en France, en Angleterre, dans la région rhénane. Il a fait l'objet de nombreux commentaires de la part de spécialistes, les *décrétistes*, qui s'inspirèrent des méthodes des glossateurs.

2. *Les décrétales pontificales*

À l'opposé du *Décret* de Gratien, qui compilait les sources anciennes, les collections de décrétales ont rassemblé les sources nouvelles du droit canonique, les lois pontificales dont la multiplication était liée au développement de l'autorité du pape à partir de la réforme grégorienne. La papauté a abondamment légiféré aux XIIe-XIIIe siècles, et il devint rapidement nécessaire de réunir ces textes en recueils.

Les premières collections de décrétales, dans la seconde moitié du XIIe siècle et le premier tiers du XIIIe, avaient un caractère privé. À partir de 1234 apparurent des collections officielles, ordonnées et promulguées par les papes, dont certains, comme Alexandre III et Innocent IV, furent de grands canonistes. La première fut celle des *Décrétales* de Grégoire IX, compilée par le dominicain espagnol Raymond de Peñafort, qui rassemblait en cinq livres, classées par matières, les dispositions des lois pontificales depuis le milieu du XIe siècle. En 1298, le pape Boniface VIII promulgua un deuxième recueil, le *Sexte*, rassemblant les décrétales postérieures à 1234 suivant un plan identique à celui des *Décrétales* de Grégoire IX, dont elles formaient le complément. En 1317 fut publiée la collection des *Clémentines*, du nom du pape Clément V qui en avait ordonné la composition, contenant les canons du concile de Vienne (1311-1312). Enfin un certain nombre de décrétales promulguées depuis le règne de Boniface VIII, qui n'avaient pas été intégrées dans les recueils précédents, d'où leur nom d'*Extravagantes*, furent tardivement réunies, en 1500, par les soins du canoniste Jean Chappuis, dans des compilations privées qui furent néanmoins publiées avec les collections officielles.

Les décrétales, comme le *Décret*, eurent leurs spécialistes, les *décrétalistes*, qui en firent de nombreux commentaires. L'ensemble, *Décret* de Gratien et recueils de décrétales, rassemblés au XVe siècle sous le titre de *Corpus juris canonici*, faisait pendant au *Corpus juris civilis* des romanistes.

3. *L'influence du droit canonique*

Le droit canonique médiéval a fortement influencé le droit public et privé. Reconnu comme droit savant au même titre que le droit romain, il était enseigné avec lui dans les universités. Sa connaissance était, autant que celle de la théologie, indispensable aux clercs qui aspiraient aux bénéfices ecclésiastiques majeurs, et au

XIVe siècle, dans certaines régions, il attirait davantage d'étudiants que le droit romain. L'importance du rôle de l'Église dans la société médiévale a contribué à lui assurer une fonction éminente. Dotée d'une organisation politique propre, distincte de celle des États, et de ses propres tribunaux (juridictions pontificales et officialités épiscopales), l'Église a imposé son droit à tous les domaines où s'étendait sa compétence : aux affaires ecclésiastiques (discipline des membres du clergé et des fidèles, bénéfices) mais aussi aux actes considérés comme sacrements (spécialement le mariage et ses effets personnels, les relations entre époux et, par extension, la filiation, la condition des enfants légitimes et naturels), à ceux dont elle était bénéficiaire (testaments et donations pieuses), et même aux contrats dans le cas, fréquent à l'époque, où ils étaient renforcés par un serment. Dans ces matières, les canonistes, tout en s'inspirant du droit romain, ont su trouver des solutions originales, faire prévaloir la morale et assouplir la rigueur excessive des règles romaines.

L'apport du droit canon au droit public fut capital. La conception du pouvoir pontifical, des rapports entre le pape souverain, la hiérarchie ecclésiastique et l'ensemble des chrétiens, transposée aux puissances laïques, a hâté l'émergence de la souveraineté et de l'État moderne (voir *infra*, p. 156-157, 181-182). Les usages développés dans le gouvernement et l'administration de l'Église ont servi de modèles aux institutions étatiques. Ceux de la chancellerie pontificale ont influencé les chancelleries royales pour la forme des actes, la distinction entre actes de propre mouvement et actes sur requête, les clauses affirmant la pleine puissance du souverain ou réservant les droits des tiers. Le régime des bénéfices ecclésiastiques a contribué à l'édification du droit de la fonction publique et des offices. Les techniques de délibération et de vote expérimentées dans les chapitres canoniaux et conventuels ont inspiré celles des assemblées politiques, et la théorie canonique du mandat est à la base de la notion de représentation politique.

Le droit canonique a créé la conception moderne du mariage, que le droit romain tardif n'avait fait qu'entrevoir et qui subsiste encore sous une forme sécularisée. Il a imposé l'idée qu'il se formait, comme les contrats, par le seul consentement initial des époux, qu'il n'exigeait pas une volonté permanente tout au long de l'union comme en droit romain, et pas davantage la consommation, à laquelle les droits vulgaires accordaient au contraire un rôle déterminant. Contre les pratiques séculières, il a refusé de rendre le consentement des parents nécessaire à sa validité, même pour les mineurs. Mais le mariage étant, plus encore qu'un contrat, un sacrement que se donnent mutuellement les époux, le droit canon a fait prévaloir aussi son indissolubilité et exclu le divorce, tout en admettant assez largement la nullité, prononcée au terme d'une procédure judiciaire, et en créant, en cas de mésentente grave, la séparation de corps qui mettait fin à la vie commune mais laissait subsister le lien matrimonial.

En matière contractuelle, à la différence des romanistes qui reprenaient à leur compte les distinctions entre contrats formalistes, contrats réels et contrats consensuels, sans parvenir à surmonter les contradictions du droit romain, tiraillé entre le formalisme des origines et une évolution inachevée vers le consensualisme, les canonistes, par souci de morale et d'équité, sont allés à l'essentiel et ont fait prévaloir sur toute autre considération la nécessité de tenir ses promesses, et *a fortiori* ses serments, qui suffisaient à purger les vices de forme. Ils ont fait accomplir un progrès décisif au consensualisme, à l'idée que seule importe la volonté, l'intention des parties, et que tout engagement dont l'objet est honnête doit être respecté (*Solus consensus obligat.* cf. Code civil, art. 1131). Sur tous ces points, le droit moderne leur doit beaucoup.

C. Droits savants, droits locaux et pratiques juridiques

La diffusion des droits savants ne s'est pas limitée à la doctrine et à l'enseignement universitaire : elle s'est étendue à la pratique, de concert avec la professionnalisation des activités juridiques. Ce phénomène de pénétration des droits savants dans des pays qui les avaient auparavant ignorés ou oubliés soulève la question de leur influence réelle sur les droits locaux. Elle a conduit aussi la doctrine à ordonner de manière cohérente le pluralisme juridique.

1. *La pénétration des droits savants dans la pratique*

L'influence des droits savants sur la pratique a été la conséquence directe de leur enseignement : les juges des officialités, formés à l'étude du droit canon, les magistrats laïcs, les avocats, imbus de droit romain, ont appliqué dans leurs activités les connaissances acquises au cours de leurs études, au détriment des droits locaux qui ne faisaient l'objet d'aucun enseignement universitaire et apparaissaient techniquement inférieurs. Les notaires, bien qu'ils n'eussent pas tous fréquenté les universités, ont également pris part à cette expansion en répandant des formulaires romanisés. La diffusion s'est faite dès le XIIe siècle à partir de l'Italie, et d'abord dans les régions proches de celle-ci : Languedoc, Provence, Dauphiné, Savoie. Le droit romain a progressé, en même temps que le notariat public, le long des grandes voies commerciales, du sud au nord et d'est en ouest, par les vallées du Rhône et de la Garonne. Après 1150, on trouve des traces éparses de son application dans le Sud-Ouest, en Normandie et dans les pays de Loire. Au XIIIe siècle, sa présence est partout attestée dans les actes de la pratique, y compris dans les régions plus septentrionales. Plus précoce dans le Midi, la pénétration du droit romain y fut aussi plus profonde : dans le courant du XIIIe siècle s'est imposée l'idée, exprimée dans les actes royaux, que les provinces méridionales étaient régies à titre principal par les lois romaines, et s'est ébauchée la séparation entre pays de droit écrit, censés suivre le droit romain, et pays de coutumes, de part et d'autre d'une ligne, ou plutôt d'une zone de transition toujours mouvante, joignant Genève à La Rochelle.

2. *L'influence réelle du droit romain*

La présence, même fréquente, de références au droit romain n'implique pas une influence effective sur le fond du droit et il faut distinguer une pénétration superficielle, limitée au vocabulaire, d'une pénétration substantielle, entraînant la modification du contenu du droit par l'adoption de solutions romaines.

Dans beaucoup d'actes, cette présence n'apparaît qu'en négatif à travers les clauses de renonciation, devenues rapidement de style, qui excluaient d'avance tout recours à des actions ou exceptions d'origine romaine, et que l'on a interprétées comme une manifestation de rejet, de la part des populations, d'un droit qui bouleversait leurs usages et dont la complexité semblait génératrice de conflits : conclusion excessive car l'introduction de ces renonciations était bien davantage due à l'initiative des praticiens qu'à celle des particuliers, et elle traduisait le souci d'assurer la stabilité des actes et de prévenir d'éventuelles sources de litiges plus qu'une hostilité foncière au droit romain. Une semblable méfiance, mais inspirée d'autres motifs, existait dans l'entourage du roi, par crainte que l'application d'un droit présenté comme celui des empereurs romains et de leurs successeurs ne fût interprétée comme une marque de subordination au Saint Empire : au XIIIe siècle et au début du XIVe, les actes royaux ont souligné qu'en France le droit romain ne jouissait d'aucune autorité officielle, ne pouvait être invoqué contre des dispositions coutumières certaines (« Coutumes passent droit »), et qu'en pays de droit écrit, il n'était reçu et observé qu'à titre de coutume.

En fait, l'influence du droit romain a été inégale non seulement selon les régions mais aussi selon les matières. Dans les domaines où les coutumes ne proposaient que des solutions rudimentaires ou archaïques, il s'est imposé rapidement et complètement, aussi bien en pays coutumiers qu'en pays de droit écrit, et les règles coutumières ont disparu par désuétude. Ainsi pour la procédure : les usages des cours féodales et des juridictions seigneuriales, qui recouraient à des modes de preuve magiques, ordalies ou duels judiciaires, et qui concevaient l'appel comme une prise à partie du juge conduisant au duel entre lui et l'appelant, ont été très tôt supplantés par les règles et les preuves plus rationnelles de la procédure romano-canonique, avec l'appui de la royauté qui y trouvait un moyen efficace de contrôler l'ensemble de la justice. Dès les XIIIe-XIVe siècles, à côté de la procédure accusatoire coutumière, calquée sur la marche des procès civils, a commencé à se mettre en place une procédure criminelle inquisitoire qui a laissé des traces profondes jusqu'à nos jours. Le droit pénal coutumier a lui aussi presque entièrement disparu avant le XVIe siècle. En matière de contrats, le droit coutumier, inadapté aux besoins nouveaux du commerce, s'est vite effacé devant des techniques romaines bien supérieures. Au contraire, dans le droit familial, par nature conservateur et enraciné dans les traditions populaires, les solutions coutumières ont mieux résisté. Dans la plupart des pays de coutumes, ni les règles des régimes matrimoniaux, ni celles des successions, ni les principes relatifs à l'autorité parentale n'ont été radicalement modifiés. Et même dans les pays de droit écrit, où s'est instauré le régime dotal, les actes de la pratique notariale révèlent que l'élément romain n'a souvent constitué qu'un placage superficiel, limité à la terminologie, sur des réalités demeurées fondamentalement coutumières.

La principale conséquence du renouveau du droit romain a été de favoriser l'amalgame de solutions romaines et de solutions coutumières : à partir de la fin du XIIIe siècle, on ne constate nulle part, même en pays de droit écrit, où subsistent des coutumes et des pratiques originales, une réception en profondeur du droit romain, mais nulle part aussi la survivance d'un droit purement coutumier. L'arrivée du droit savant a contribué à transformer les coutumes, à hâter leur formulation et leur rationalisation, parfois même à modifier plus ou moins leur contenu. Le droit des biens offre l'exemple d'une telle osmose. La notion coutumière de saisine a disparu pour laisser place aux concepts romains retrouvés, propriété, possession, droits réels sur la chose d'autrui, mais ces concepts ont été appliqués aux réalités de l'époque, aux fiefs, aux tenures roturières, aux droits d'usage, inconnus du droit romain classique et qui créaient une propriété divisée et limitée, juxtaposition qui a donné naissance à une féodalité juridiquement mieux structurée. Ainsi, à partir de la distinction romaine entre action directe et action utile, déjà appliquée sous l'Empire tardif à l'emphytéose, la doctrine et la pratique ont créé, pour les tenures, la notion de *double domaine* en reconnaissant au seigneur concédant le domaine direct, et au vassal le domaine utile, donc modelé les notions juridiques romaines sur les structures féodales et coutumières. Utilisé avec souplesse, le droit romain est venu compléter le droit antérieur, mais souvent sans le modifier en profondeur.

3. *Le* jus commune *et l'harmonisation doctrinale du pluralisme juridique*

À l'exception des premiers glossateurs, indifférents ou hostiles à l'égard des coutumes et convaincus de la primauté absolue et universelle du droit romain, les romanistes n'ont nullement méconnu l'existence des droits coutumiers ou statutaires. Leur coexistence avec les droits savants imposait toutefois de résoudre d'inévitables conflits entre normes concurrentes. Elle invitait la doctrine à organiser la diversité en un système juridique cohérent, à intégrer l'ensemble des droits en vigueur dans le cadre d'une construction unitaire. Dans ce but fut édifiée la théorie du *jus commune*, dont les prémisses, présentes chez les post-glossateurs du XIIIe siècle, ont été développées au XIVe siècle par Bartole et ses disciples.

Les premiers éléments venaient des textes romains qui distinguaient, mais sans donner à cette opposition une grande portée technique, un droit commun d'application générale (*jus commune*) et des droits locaux ou particuliers (*jus singulare*). Les romanistes ont repris cette dichotomie en assimilant le droit romain et, au moins chez certains, le droit canonique au *jus commune*, et les statuts et coutumes au *jus singulare*, double assimilation qui permettait de hiérarchiser les différentes normes, de légitimer l'existence des droits locaux par l'autorité du droit romain lui-même tout en garantissant la supériorité de celui-ci, dogme incontesté que Bartole fondait sur la suprématie politique du Saint Empire.

De cette hiérarchisation des droits, les bartolistes ont déduit la solution des conflits qui naissaient entre eux. Dotés d'une autonomie de plus en plus large du fait du déclin de l'autorité impériale aux XIVe-XVe siècles, les droits locaux, malgré leur subordination de principe, pouvaient édicter des solutions différentes et même divergentes de celles du droit romain en vertu de la faculté, pour les dispositions spéciales, de déroger aux générales. Autonomie qui n'allait cependant pas jusqu'à l'indépendance complète, car ils demeuraient enserrés dans le cadre d'un ordre juridique entièrement pensé et construit en fonction des normes romaines, et n'étaient reconnus qu'en tant qu'exceptions imposées par la nécessité d'adapter les règles générales aux situations particulières. Les dispositions qu'ils introduisaient, pour valables qu'elles fussent, devaient rester limitées : conformes au droit romain, prises pour le compléter ou le préciser, elles étaient jugées favorables, pouvaient être étendues et même intégrées au droit commun, dont elles constituaient la mise en œuvre ; contraires, qualifiées d'odieuses ou de haineuses, elles étaient promises à une interprétation restrictive qui en limitait la portée à leur sens littéral (*Odiosa sunt restringenda*). En l'absence de dispositions du droit local, la loi romaine s'appliquait directement en sa qualité de *jus commune*, sans qu'il y eût lieu de faire appel, à titre supplétoire, à d'autres normes.

La théorie bartoliste du *jus commune* passe pour être restée étrangère à la France. C'est méconnaître l'influence exercée par la doctrine italienne sur les juristes français des XIVe-XVe siècles et même d'une partie du XVIe. Certes, dans les coutumiers et dans les arrêts du Parlement du XIIIe siècle, l'expression « droit commun » semble faire référence à une coutume générale du royaume plutôt qu'au *jus commune* des romanistes, dont la doctrine restait d'ailleurs incomplètement formulée à cette époque. Mais dans les ouvrages doctrinaux postérieurs, y compris ceux des juristes coutumiers, elle renvoie sans ambiguïté au droit romain et les coutumes contraires font toujours l'objet d'interprétations restrictives. La doctrine de Bartole fut seulement amputée des fondements politiques que son auteur prétendait trouver dans l'autorité universelle de l'empereur, incompatibles avec la pleine souveraineté du roi de France. Elle s'imposa sur la seule considération de la supériorité intrinsèque, unanimement et universellement admise, du droit romain, qualifié de « raison écrite » (*ratio scripta*), sur les autres sources du droit. Selon Balde, les Français observaient les lois romaines non par obligation, parce qu'elles venaient des empereurs, mais spontanément, en considération de leur valeur propre, pour la raison qui était en elles : « non en raison de l'Empire mais sous l'empire de la raison » (*non ratione imperii sed imperio rationis*), comme l'écrira au XVIIe siècle le juriste anglais Arthur Duck. À ce titre, le droit romain, même s'il n'a jamais été officiellement le droit de la France, a pu contribuer à la formation du droit français.

DEUXIÈME PARTIE

LA FORMATION DES SYSTÈMES JURIDIQUES MODERNES

La comparaison a souvent été faite entre l'évolution du droit et celle de la langue. Elle s'impose ici. De même que les langues romanes, le français, l'italien, l'espagnol, se sont progressivement détachées du latin pour former des idiomes distincts, à caractère national, tout en conservant les traces de leur souche commune, de même les systèmes juridiques romanistes, tous issus du droit romain, se sont peu à peu différenciés pour acquérir une existence propre dans un cadre national, suivre une évolution spécifique et donner naissance à des institutions nouvelles, inconnues ou seulement entrevues dans le monde antique ou médiéval, mais sans perdre pour autant les marques de leur origine. Cette métamorphose qui a conduit du droit commun aux droits nationaux, et en particulier au droit français, s'est accomplie lentement : entamée dans les derniers siècles du Moyen Âge, elle s'est accélérée aux XVIe-XVIIe siècles et achevée à la fin du XVIIIe et au début du XIXe siècle, avec la mise en place définitive des structures étatiques et des grandes codifications.

En droit public, le fait majeur réside dans la formation de l'État moderne, assis sur des bases nationales et à bien des égards fort différent des États antiques et médiévaux, mais qui n'en a pas moins largement puisé dans l'arsenal juridique romain, surtout de l'époque impériale (chapitre I : Genèse de l'État moderne). L'action des États nationaux a favorisé la transformation du droit privé, l'éclosion de droits eux aussi nationaux, mais constitués de la même manière sur une forte assise romaniste (chapitre II : Formation des droits privés nationaux). Déjà largement formés entre le XVIe et le XVIIIe siècle, ces droits ont acquis la physionomie que nous leur connaissons aujourd'hui à partir de la fin du XVIIIe siècle, lorsque les transformations politiques ont accéléré leur rationalisation et conduit à leur codification (chapitre III : Rationalisation et codification du droit).

Chapitre I

GENÈSE DE L'ÉTAT MODERNE

La formation de l'État moderne a commencé au XIIIe siècle. Alors que déclinaient les formes anciennes de la domination politique – supra-nationales comme le Saint Empire et, au moins quant à son influence temporelle, la papauté, ou à l'inverse infra-nationales comme les principautés territoriales issues de la féodalité – se sont progressivement constituées des institutions étatiques reposant sur des bases territoriales et ethniques homogènes, dont les progrès sont allés de pair avec ceux du sentiment national : d'abord en France, en Angleterre et dans les royaumes d'Espagne, où le mouvement a été particulièrement précoce ; puis du XVIe au XVIIIe siècle, aux Pays-Bas, en Pologne, en Russie et même, malgré l'obstacle que représentaient les vestiges de l'Empire, en Allemagne avec la montée de l'État prussien. Dans ces nouvelles entités politiques se reconnaissent les premiers caractères de l'État moderne. Modernité qui ne tient pas à la forme de leurs régimes – à l'exception de quelques petites républiques, comme les Pays-Bas à partir du XVIIe siècle, il s'agit en majorité de monarchies qualifiées d'absolutistes –, mais d'abord à leur assise nationale et aussi au fait qu'ils se sont dotés déjà des deux éléments caractéristiques de l'organisation étatique contemporaine : la souveraineté, qui assurait leur indépendance et leur supériorité (section I), et une Constitution, qui réglait les conditions d'accession au pouvoir et, dans une moindre mesure, celles de son exercice (section II).

Section I

La souveraineté de l'État

Objet de définitions multiples et parfois contradictoires, la souveraineté n'en constitue pas moins l'élément fondamental de l'État moderne, le premier critère de celui-ci, et, d'un point de vue historique, elle a joué un rôle capital dans son émergence. Elle a fondé son indépendance à l'égard de toute autre autorité, sa faculté de décider en dernier ressort : est souverain celui qui, en toutes circonstances, a le dernier mot, dont les décisions ne peuvent être cassées ou réformées par une autorité supérieure, de même que le langage judiciaire qualifie de souveraine une juridiction dont les jugements ne sont pas susceptibles d'appel (avec ce sens, l'expression est apparue dès le XIIIe siècle chez Pierre de Fontaines, *Conseil à un ami*, § 21-22). Elle a justifié aussi l'exercice exclusif, à ce degré supérieur, de droits de puissance publique, de prérogatives qui, par nature, ne peuvent appartenir qu'au seul souverain.

Sous-section 1

Origine et développement du concept de souveraineté

La formation de la notion de souveraineté est la conséquence directe de la renaissance du droit romain, qui, s'il ne l'avait pas clairement dégagée, en contenait déjà en germe les éléments. En les rassemblant, à partir des XIIe-XIIIe siècles, la doctrine a construit puis systématisé la théorie de la souveraineté, avant de la renforcer par le recours au droit divin.

A. Les fondements romano-canoniques de la souveraineté

La souveraineté a été édifiée avec les matériaux fournis par les droits savants. Les glossateurs ont été les premiers à relever dans le *Digeste* et à commenter les affirmations favorables à la pleine puissance de l'empereur et les termes juridiques qui exprimaient sa supériorité et la plénitude de ses pouvoirs : *auctoritas*, *majestas*, *plenitudo potestatis*, *summum imperium*. Ils ont repris aussi les formules qui, sous une forme lapidaire et d'autant plus expressive, énonçaient ses principales attributions, le présentaient comme la loi vivante (*lex animata*), donnaient à sa volonté force de loi (*Quod principi placuit legis habet vigorem*), le déclaraient délié des lois existantes (*Princeps legibus solutus est*) ; celles aussi qui faisaient de lui le maître de tous les biens (*Omnia esse principis*). Formules qu'ont reproduites, sans peut-être en apprécier toute la portée, les coutumiers français du XIIIe siècle : le *Livres de jostice et de plet*, le *Conseil à un ami* de Pierre de Fontaines et les *Coutumes de Beauvaisis* de Philippe de Beaumanoir affirment que « ce qui plaît au prince a force de loi ».

De manière ambiguë, en combinant sens relatif et sens absolu, Beaumanoir a été aussi le premier à donner, en français, une signification politique au terme souverain, appliqué tantôt aux barons, seigneurs exerçant des droits de puissance publique, tantôt au roi, « souverain par-dessus tous » (*Coutumes de Beauvaisis*, § 1043).

Liés au Saint Empire, les glossateurs italiens réservaient exclusivement à l'empereur la souveraineté, assimilée à l'*auctoritas* romaine, et fondaient sur elle la supériorité universelle à laquelle il prétendait. Aux rois qu'ils lui subordonnaient, ils ne reconnaissaient que la puissance publique, la *potestas*. Mais dès la seconde moitié du XIIe siècle apparut un courant favorable à une plus large attribution de la souveraineté. Ses précurseurs furent les canonistes, hostiles à la toute-puissance impériale et plus conscients des réalités politiques du temps : pour Étienne de Tournai et Huguccio de Pise, étaient souverains non seulement l'empereur, mais aussi les princes placés à la tête de royaumes indépendants comme la France, l'Angleterre, la Castille, doctrine que consacra, en 1202, le pape Innocent III dans la décrétale *Per venerabilem*, en affirmant incidemment, dans une simple affaire de légitimation de bâtards, que le roi de France ne reconnaissait aucun supérieur dans le domaine temporel.

La doctrine française s'est fondée sur ce texte pour attribuer au roi non seulement une indépendance complète à l'égard du Saint Empire, mais aussi, dans les limites de son royaume, l'exercice légitime de tous les pouvoirs que le droit romain donnait à l'empereur. Selon une formule dont l'inventeur paraît être le légiste bourguignon Jean de Blanot dans son commentaire du titre *Des actions* des *Institutes* de Justinien, composé en 1256, et reprise un peu plus tard par le canoniste Guillaume Durand : « Le roi est *princeps* en son royaume. » Au XIVe siècle, on dira : « Le roi est empereur en son royaume. » Sur cette base le roi de France, sans jamais reconnaître l'autorité du droit romain, a pu en tirer parti. Il s'est entouré de légistes, spécialistes des lois romaines formés dans les universités, qui se sont mis à son service tant dans l'administration centrale, à la Cour, au Parlement, que dans celle des provinces, dans les fonctions de baillis ou de sénéchaux. Souvent décrits comme plus royalistes que le roi, les légistes royaux, dont l'influence s'est renforcée à partir du règne de Philippe le Bel, ont œuvré avec constance en faveur de l'affirmation théorique et de la reconstitution effective du pouvoir du roi aux dépens des seigneurs, de l'Église et des villes.

La souveraineté donnait à l'autorité royale un fondement bien plus solide que la suzeraineté qu'elle tirait du droit féodal, même si le glissement de l'une à l'autre, favorisé par l'ambiguïté du terme latin *superanus*, signifiant à la fois suzerain et souverain, s'est fait progressivement et non sans confusions. Placé au sommet du réseau que formaient les relations féodo-vassaliques, le roi apparaissait déjà de ce point de vue comme supérieur, comme suzerain. Néanmoins il ne pouvait revendiquer en cette qualité qu'une supériorité relative, qui trouvait des limites dans le caractère contractuel des relations entre seigneurs et vassaux et dans le fait qu'entre lui, les arrière-vassaux et la masse de la population, s'interposait le pouvoir seigneurial. Si la royauté a su utiliser avec pragmatisme les techniques du droit féodal chaque fois qu'elle y avait intérêt, elle a trouvé plus d'avantages dans la souveraineté, qui lui procurait une supériorité plus forte car absolue, comme l'ont bien compris les légistes et en premier lieu Jean de Blanot.

À la question classique de savoir s'il existait un lien de droit entre le roi et ses arrière-vassaux, et si, lorsqu'un seigneur prenait les armes contre son roi, ses vassaux devaient combattre à ses côtés comme les y obligeait le devoir d'aide militaire, Blanot apportait une réponse fondée non sur le droit féodal, qu'il n'exposait que pour l'écarter, mais exclusivement sur le droit romain : le roi, bien qu'il ne fût uni par aucun lien vassalique aux arrière-vassaux, exerçait sur eux, comme sur tous les habitants de son royaume, une autorité plus forte, tirée de l'*imperium* dont il disposait en qualité de représentant du bien public, et avait droit à une obéissance sans réserve qui l'emportait sur les obligations féodales ; en cas de conflit avec un baron, les vassaux de ce dernier ne pouvaient prendre les armes contre leur patrie et leur prince, sous peine de commettre le crime de lèse-majesté. La soumission au *princeps* souverain ne relève pas du droit féodal et ne peut interférer avec lui : elle est d'une autre nature et implique une priorité absolue. Face au souverain, il n'existe ni vassaux ni manants, mais uniformément des sujets : transformation politique et juridique profonde, qui rejetait les relations féodo-vassaliques dans le domaine du privé et ouvrait la voie à l'État moderne.

Le principe et les conséquences de la souveraineté n'ont pas été unanimement acceptés aux XIVe et XVe siècles. Dans les faits, ils se sont heurtés à la persistance de structures féodales, revivifiées par les concessions d'apanages au sein même de la famille royale : à partir du XIIIe siècle, les fils puînés du roi ont reçu en apanage des provinces entières, pratique qui a joué un rôle utile en facilitant l'assimilation politique de certains territoires mais a donné naissance à des principautés qui pouvaient être dangereuses pour l'intégrité du royaume, comme la Bourgogne au XVe siècle. Dans les idées, à la souveraineté absolue du roi que les légistes fondaient sur le droit romain, s'est opposée la résurgence de la théorie aristotélicienne du régime mixte, combinant à la monarchie des éléments aristocratiques et démocratiques dans le cadre du « constitutionnalisme médiéval », gage d'un gouvernement tempéré. Elle a trouvé des partisans chez les théologiens et philosophes des XIVe-XVe siècles, et même chez les juristes, comme Évrart de Trémaugon, auteur d'un traité politique composé sous le règne de Charles V, le *Songe du vergier*. Pendant la guerre de Cent Ans puis dans les périodes de minorité où la royauté se trouvait affaiblie, les États généraux, malgré leurs fonctions purement consultatives, ont tenté de la mettre en pratique pour contrôler, voire pour partager le pouvoir du roi.

La thèse du régime mixte est restée en faveur pendant une partie du XVIe siècle. D'abord sous une forme édulcorée avec des auteurs comme Claude de Seyssel et Charles Du Moulin, partisans d'un gouvernement à dominante monarchique mais avec des « assaisonnements » d'aristocratie et de démocratie constitués par la présence, auprès du roi, de conseillers issus de la noblesse et par l'association à certaines fonctions politiques du Parlement ou même des États généraux. Puis de manière beaucoup plus radicale après 1560, lorsque les guerres de Religion ont engendré de nouvelles contestations de la souveraineté royale. Conflit d'abord religieux, mais aussi politique, elles ont conduit, dans les deux camps, des publicistes hostiles à la toute-puissance du roi, les monarchomaques, à réclamer un véritable partage du pouvoir avec des organes aristocratiques et démocratiques : en 1573, au lendemain de la Saint-Barthélemy, le jurisconsulte calviniste François Hotman a soutenu dans sa *Franco-Gallia*, sur la base d'une argumentation pseudo-historique, l'existence d'une longue tradition, née chez les Gaulois et les Francs, de participation au gouvernement d'assemblées populaires ; dans les années 1580, ce sont les catholiques ligueurs qui ont prôné, à partir d'arguments empruntés à la tradition scolastique, une conception « démocratique » et limitée du pouvoir. Restées vaines du fait du ressaisissement de l'autorité royale, ces thèses radicales ont eu pour principal effet de compromettre pour longtemps l'idée même d'un régime mixte et, en réaction, de renforcer la souveraineté.

B. Systématisation de la souveraineté

Contre les monarchomaques, les défenseurs de l'autorité royale, catholiques modérés issus en majorité du milieu des avocats et des officiers de justice, ont formé un tiers parti des « Politiques », opposé aux ultras des deux camps. Dans ce contexte, le jurisconsulte Jean Bodin a joué un rôle décisif dans la formation du concept moderne de souveraineté, au point de passer à tort pour son inventeur, avec son principal ouvrage, les *Six livres de la République* (1576) [1].

L'originalité de Bodin, au lieu de procéder par affirmations tirées du droit romain comme le faisaient les légistes, dont il s'est par ailleurs inspiré, a été de proposer la première définition générale de la souveraineté, d'en montrer la fonction sociale et d'en dégager les caractères essentiels. La souveraineté est inséparable de l'État, de la république, terme qui désigne chez lui toute forme de société organisée selon les volontés de Dieu et les principes de la nature, par opposition à l'anarchie, aux troupes de voleurs et de pirates : « République est un droit gouvernement de plusieurs ménages, et de ce qui leur est commun, avec puissance souveraine » (I, 1). Une république est une fédération de corps, une union de ménages, de familles, et la souveraineté réside dans la puissance supérieure qui impose à tous ces corps le respect de l'intérêt commun et les maintient dans l'unité, fonction fédératrice sans laquelle aucune organisation de la société ne serait viable : « La République sans puis-

1. Éd. Ch. Frémont, M.-D. Couzinet et H. Rochais, 6 vol., Paris, Fayard, Corpus des œuvres philosophiques en langue française.

sance souveraine, qui unit tous les membres et parties d'icelle et tous les ménages et collèges en un corps, n'est plus République » (I, 2).

Les caractères que Bodin attribue à la souveraineté découlent de cette fonction et constituent les conditions de son efficacité : « La souveraineté est la puissance absolue et perpétuelle d'une République » (I, 8). Perpétuelle, parce que ne peut être souverain, si importants que soient ses pouvoirs, celui dont l'autorité n'est que temporaire, qui est nommé pour une durée limitée comme le dictateur à Rome, ou qu'une autre autorité, nécessairement supérieure, pourrait à tout moment révoquer. Absolue, parce que la souveraineté exclut par nature toute limitation provenant d'une puissance supérieure : s'il en existait une, c'est elle qui serait souveraine, et la souveraineté, c'est d'abord l'indépendance à l'égard de toute autre autorité.

De cette nature absolue découle un troisième caractère : l'indivisibilité. La souveraineté ne se partage pas, ne peut être scindée entre deux ou plusieurs organes égaux sans s'en trouver détruite, sans devenir incapable d'atteindre ses fins. Bodin condamne sans appel la thèse aristotélicienne du régime mixte, pure illusion quelle que soit la forme de l'État, car il existe toujours une autorité supérieure aux autres et, de ce fait, souveraine. La souveraineté peut être confiée à un monarque, à une élite ou au peuple, mais sa nature reste la même : elle est tout autant indivisible et absolue dans une démocratie que dans une monarchie, même si cette dernière, parce qu'elle réunit tous les pouvoirs en la personne d'un seul, apparaît la mieux adaptée au bon exercice d'une souveraineté impartageable. La monarchie royale, où un seul commande, mais dans le respect des lois de Dieu et de la nature, est pour Bodin la meilleure forme de gouvernement.

L'indivisibilité de la souveraineté n'implique pas l'administration de l'État par un organe unique : la méthode historique et comparatiste de Bodin lui enseignait au contraire que, dans la plupart des régimes politiques, plusieurs personnes, ou plusieurs corps, concouraient à l'exécution des tâches gouvernementales. Aussi a-t-il introduit une distinction originale entre État souverain et gouvernement. À ce dernier peuvent participer conjointement un roi, des ministres, des magistrats, des conseils aristocratiques, des assemblées populaires, sans que la souveraineté soit pour autant remise en cause dès lors que, parmi eux, il y en ait un, et un seul, qui soit supérieur aux autres et ait la faculté de toujours statuer en dernier ressort. C'est en fonction de cet organe souverain que l'on doit déterminer la véritable nature du régime. Il ne suffit pas qu'il y ait un roi pour que le régime soit monarchique, ou participation d'une élite pour qu'il soit aristocratique : si le roi ou l'élite est soumis à une assemblée populaire, si cette dernière peut leur imposer ses décisions, le régime est démocratique. La République romaine, modèle de régime mixte aux yeux de Polybe, était en fait pour Bodin un État populaire car les comices, selon lui, détenaient le pouvoir suprême et les autres organes, magistrats et Sénat, leur étaient subordonnés. Inversement, une monarchie souveraine peut s'accommoder de l'existence d'organes aristocratiques ou d'assemblées représentant le peuple, comme les États généraux, dès lors qu'il revient toujours au roi de décider irrévocablement (II, 1).

La doctrine de Bodin a eu un retentissement considérable. Bien qu'elle offrît une théorie de la souveraineté valable pour tous les régimes, c'est avant tout au profit de l'autorité royale qu'elle fut utilisée au cours des guerres de Religion et reprise ensuite par les publicistes du XVIIe siècle, qui se contentèrent d'affirmer de manière péremptoire le caractère absolu, indivisible et impartageable de l'autorité du roi. Guy Coquille et Charles Loyseau n'ont fait que paraphraser Bodin en soutenant, le premier que « Le Roi n'a point de compagnon en sa majesté royale », le second que « la Souveraineté est du tout inséparable de l'Estat, duquel si elle était ostée, ce ne serait plus un Estat [...] », thème repris sous Louis XIII par Cardin Le Bret : « Le Roi est seul souverain en son royaume et la souveraineté n'est non plus divisible que le point en géométrie. »

C. Souveraineté et droit divin

À côté du droit romain, les arguments empruntés au droit divin ont contribué à l'édification de la souveraineté. Ils ont été utilisés en parallèle : invoqués très tôt, dès le XIIe siècle, par les juristes au service de l'Empire, combattus par les théologiens scolastiques des XIVe et XVe siècles, ils ont été érigés en système aux XVIe et XVIIe siècles malgré les réserves persistantes de l'Église.

La tradition chrétienne, dès l'origine, a fondé sur Dieu la légitimité du pouvoir politique. Le Christ, tout en distinguant Dieu et César, l'autorité spirituelle et l'autorité temporelle, avait proclamé devant Pilate que tout pouvoir, y compris celui de César, venait d'en haut. Saint Paul, plus nettement encore, avait soutenu l'origine divine du pouvoir politique (*Omnis potestas a Deo*) et, en conséquence, la nécessaire obéissance aux autorités, même païennes, doctrine paulinienne que les Pères de l'Église et les théologiens ont diversement justifiée. Saint Augustin fondait le caractère providentiel de la puissance publique sur la nature pécheresse de l'homme : les contraintes, les sanctions qu'elle infligeait, étaient le fruit du péché et, par la crainte qu'elles inspiraient, elles dissuadaient de faire le mal. Saint Jean Chrysostome au IVe siècle, puis saint Thomas d'Aquin et les théologiens scolastiques du XIIIe siècle, sous l'influence d'Aristote, ont vu dans le pouvoir temporel le garant du bien commun, de la vie des hommes en société conforme à leur nature politique, et de ce fait l'exécuteur providentiel des desseins du Créateur. Deux fondements qui correspondaient à deux visions différentes de l'obéissance aux autorités. La conception augustinienne, fondée sur le péché, prônait la soumission absolue et inconditionnelle tant que le souverain ne commandait rien de contraire à la morale chrétienne. La conception scolastique impliquait un devoir d'obéissance moins strict, qui cessait lorsque les détenteurs de l'autorité publique en faisaient mauvais usage, à l'encontre du bien commun et des fins naturelles de l'homme sociable. Elle conduisait à ménager des intermédiaires entre Dieu et les hommes, à reconnaître à l'Église et au pape un pouvoir de contrôle sur les détenteurs de la puissance publique, et même un pouvoir de sanction lorsqu'ils s'écartaient de leur devoir. Elle laissait aussi au peuple, dans l'intérêt duquel s'exerçait le pouvoir, un rôle dans son établissement, le choix des personnes à qui il était confié et même de la forme du régime (*Omnis potestas a Deo per populum*). Dans les cas extrêmes, elle légitimait la révolte, la déposition des mauvais princes, voire le tyrannicide.

Avant le XVIe siècle a prévalu la conception scolastique, en accord avec la préférence intellectuelle pour le régime mixte et l'autorité que conservait la papauté sur une chrétienté encore unie. En France, elle se conciliait toutefois avec une sorte de droit divin spécial, une sacralisation personnelle et dynastique fondée sur l'onction du sacre et le pouvoir miraculeux de guérir les écrouelles, qui désignaient le roi, selon ses légistes, comme investi personnellement par Dieu. Les XVIe et XVIIe siècles ont marqué un profond changement en raison de l'acuité bien plus forte qu'a revêtue la question. Les juristes, en transposant l'argumentation des canonistes en faveur de la puissance pontificale, ont sacralisé le pouvoir politique et forgé la thèse d'un droit divin des rois qui, de manière générale et indépendamment du sacre, faisait de ceux-ci, et même de tous les gouvernants, des élus de Dieu à l'autorité inviolable.

En sa faveur ont œuvré les transformations religieuses et intellectuelles de la période : l'humanisme érasmien et la Réforme protestante ont amoindri l'autorité spirituelle de l'Église, accru en proportion celle des laïcs et permis l'essor d'une théologie séculière où l'interprétation des Écritures saintes cessait d'être le monopole du clergé pour s'ouvrir à tous les chrétiens dans la mesure de leurs dons. Parmi les nouveaux théologiens laïcs, nombreux furent les juristes, pour qui les Livres saints, surtout l'Ancien Testament, constituaient la source privilégiée et immédiate des principes juridiques. L'humanisme et la Réforme ont également entraîné le déclin de la scolastique aristotélicienne et la résurgence de l'augustinisme, influent chez les protestants mais aussi chez certains catholiques. Avant même les guerres de Religion s'est répandue l'idée d'une royauté profondément sacralisée à l'image de celle d'Israël, d'un régime d'inspiration théocratique où le prince, ministre de Dieu, avait pour principale fonction de faire respecter et appliquer scrupuleusement les commandements divins.

La crise politique de la seconde moitié du XVIe siècle a accéléré la diffusion et radicalisé les traits de la monarchie de droit divin. Les sanctions dont les scolastiques menaçaient les mauvais rois, la faculté pour le pape de les déposer ou de délier leurs sujets de l'obligation d'obéissance, et même le tyrannicide, jusque-là théoriques, sont devenus bien concrets avec l'avènement de princes protestants, l'excommunication d'Henri de Navarre, héritier calviniste de la Couronne de France, la révolte de la Ligue, qui s'en réclamait ouvertement, puis le double assassinat d'Henri III et d'Henri IV.

En réaction, les « Politiques » pendant les guerres de Religion, puis les publicistes du XVIIe siècle, en même temps qu'ils soutenaient le caractère absolu et indivisible de la souveraineté, s'évertuèrent à placer le roi au-dessus de toute autorité civile ou ecclésiastique, à supprimer tout pouvoir intermédiaire entre lui et Dieu. Opinion que soutinrent les premiers deux professeurs de la faculté de droit lorraine de Pont-à-Mousson, Pierre Grégoire et Guillaume Barclay, et que l'on retrouve au XVIIe siècle chez des juristes comme Jean Savaron ou Cardin Le Bret, et des théologiens comme Bossuet. La royauté est présentée non plus comme un régime choisi, parmi d'autres possibles, par le corps social, mais comme une institution providentielle voulue par Dieu ; et le roi lui-même, non comme le délégué de ses peuples mais comme celui que Dieu a élu en personne. Entre la fonction divine et la fonction royale n'existe aucune différence de nature : le pouvoir du prince, reflet du pouvoir de Dieu, exige, sous réserve de se conformer aux lois divines, une obéissance aussi forte. Pour Barclay, pour Savaron, le roi est « l'image de Dieu sur terre », un « dieu terrestre ». Pour Bossuet : « Le trône royal n'est pas le trône d'un homme mais le trône de Dieu même. »

En conséquence, le roi jouit d'une complète indépendance : exerçant un pouvoir tenu directement de Dieu, il n'a à rendre compte de son gouvernement à aucune autorité terrestre, pas même à l'Église, et les peines spirituelles fulminées contre lui restent dépourvues d'effets temporels. Aux États généraux de 1614, les députés du Tiers demandèrent au roi de proclamer loi fondamentale du royaume : « Que comme [le roi] est reconnu souverain en son Estat, ne tenant sa Couronne que de Dieu seul, il n'y a Puissance en terre, quelle qu'elle soit, Spirituelle ou Temporelle, qui ait aucun droict sur son Royaume, pour en priver les personnes sacrées de nos Rois, ny dispenser ou absoudre leurs subjets de la fidélité et obeïssance qu'ils luy doivent, pour quelque cause ou prétexte que ce soit. »

La théorie du droit divin a complété et achevé la construction de la souveraineté, mais sans exercer une influence aussi durable. Soucieuse de ménager l'Église, dont les théologiens défendaient les positions traditionnelles, la royauté ne lui a donné qu'une consécration tardive et éphémère. En 1614, la proposition du tiers état fut rejetée devant l'opposition du clergé. C'est seulement en 1682 que Louis XIV, en conflit avec la papauté, fit rédiger par Bossuet la Déclaration des quatre articles, dont le premier proclamait l'indépendance absolue du roi à son égard, simple argument de circonstance qu'il abandonna quelques années plus tard. Le droit divin des rois a cependant joué un rôle dans l'émergence de l'État moderne : en le rendant indépendant de l'autorité spirituelle, il a contribué à accroître sa puissance, et surtout, malgré ses origines teintées de théocratie, à accélérer sa laïcisation en faisant du politique un domaine autonome, entièrement soustrait au contrôle de l'Église.

Sous-section 2

Les attributs de la souveraineté

À la souveraineté se rattachent les droits de puissance publique que le roi exerçait de par sa fonction. Jusqu'au XVIe siècle, leur lien avec elle est resté obscurci par les incertitudes qui persistaient, dans la doctrine des romanistes, sur la nature du droit des magistrats sur leurs charges, que beaucoup assimilaient à la propriété ou au fief, et par le pragmatisme des publicistes français qui se bornaient, comme d'Ableiges au XIVe siècle, Ferrault, Chasseneuz ou Grassaille encore au début du XVIe, à énumérer les droits régaliens sans chercher à synthétiser et à leur découvrir un fondement commun. Les progrès de l'analyse de la souveraineté ont permis d'en faire dépendre l'ensemble de ces droits et d'y voir des attributs exclusifs du souverain : pour Du Moulin, Bodin, Loyseau, le roi seul en possédait le titre et nul autre ne pouvait en avoir l'exercice, si ce n'est par délégation ou communication de lui.

La concentration des prérogatives de puissance publique entre les mains du souverain, opposée à la séparation des pouvoirs, elle-même dérivée de la vieille théorie du régime mixte, a accrédité l'idée que la royauté avait constitué, en France, un régime absolutiste. En fait, l'absolutisme est un concept forgé *a posteriori* (le terme n'est apparu qu'en 1797, sous la plume de Chateaubriand), dont le sens reste équivoque (on y voit parfois une forme d'autocratie, de pouvoir dictatorial) et qui provient d'une vision déformée du droit et de la pratique monarchiques. D'une part, les pouvoirs royaux, si étendus qu'ils fussent, n'étaient pas sans limites juridiques et éthiques : le respect du droit divin et de la morale chrétienne, du droit naturel et des lois fondamentales du royaume, s'imposait à eux. D'autre part, si le roi, en qualité de seul et unique souverain, était bien celui qui devait décider en dernier ressort, il n'en résultait pas pour autant un exercice solitaire et arbitraire du pouvoir : en dehors de circonstances exceptionnelles, il usait d'une puissance réglée, encadrée par les lois et les usages. Les décisions, si elles émanaient juridiquement de lui, étaient prises collectivement, au terme d'une procédure complexe qui faisait intervenir des organes divers, et parfois sans qu'il y participât en personne[1]. Aucune mesure importante n'était arrêtée

1. Ainsi pour certains arrêts rendus par le Conseil du roi. Si les arrêts en commandement, reconnaissables à la formule introductive : « Le Roy étant en son Conseil », ou « Le Roy en son Conseil, Sa Majesté y étant », étaient toujours pris en présence du roi, les arrêts simples, pourtant rendus en son nom (« Le Roy en son Conseil »), l'étaient en son absence et sans même qu'il en eût connaissance.

sans avoir été délibérée avec les ministres et les conseillers. Dès le XIIe siècle s'est formé auprès du roi un Conseil au sens organique, institution stable chargée de l'examen des questions politiques, administratives et contentieuses, qui est devenu à l'époque moderne un rouage essentiel du gouvernement et de l'administration monarchiques et a servi de modèle à l'actuel Conseil d'État. Un monarque réputé aussi absolu que Louis XIV suivait presque toujours l'avis de la majorité de ses conseillers. Le roi, au titre du conseil, consultait également, mais de manière plus occasionnelle, les représentants des populations : États généraux (auxquels il n'avait recours que dans les périodes de crise et qui se sont toujours révélés décevants), assemblées de notables, États provinciaux, assemblées d'ordres (comme les Assemblées du clergé de France). Dans la plupart de ses décisions se trouvaient aussi impliquées les cours de justice, dont l'esprit d'indépendance constituait un frein, voire un obstacle à son pouvoir.

Par conséquent, plutôt que de monarchie absolue, mieux vaudrait parler de monarchie souveraine, sans perdre de vue que la souveraineté de droit ne se traduisait pas par l'omnipotence de fait et qu'elle s'est toujours heurtée à des forces contraires qui en limitaient l'exercice. La mise en œuvre des deux principales prérogatives de la souveraineté monarchique, la justice et la législation, illustre à la fois la complexité, la force et les limites de l'autorité du roi.

A. La justice

À l'encontre des conceptions modernes qui font de la justice, au nom de la séparation des pouvoirs, une autorité distincte et théoriquement indépendante, le droit monarchique, comme le sentiment populaire, voyait en elle la prérogative royale par excellence, le premier attribut de la souveraineté, celui qui, plus que les autres, rapprochait le roi de Dieu : juger était une fonction d'essence divine, confiée au roi et qu'à son tour il communiquait à ses magistrats. Le jour de son sacre, il recevait, avec le sceptre qui symbolisait sa dignité et sa pleine puissance, la main de justice, emblème de sa fonction judiciaire. Pour ses sujets, il était le juge suprême, dont le premier devoir consistait à dispenser l'équité et la paix, à l'image de Saint Louis jugeant en personne sous un chêne de Vincennes. Si l'exercice direct de cette fonction n'a jamais été qu'une exception de plus en plus rare, et si les vicissitudes de l'histoire ont fait que la justice s'est trouvée, de toutes les prérogatives de la puissance publique, la plus durablement morcelée, l'idée s'est néanmoins imposée qu'elle émanait tout entière du roi, que celui-ci était « fontaine de justice », « source de toute justice », et elle est à la base de l'organisation judiciaire de l'ancienne France : les juridictions y étaient nombreuses, d'origines variées, mais toutes, à un titre ou à un autre, se rattachaient au roi et dépendaient de lui. Situation dont rend compte la distinction, due aux historiens modernes, entre justice concédée, justice déléguée et justice retenue.

1. *La justice concédée*

À la justice concédée se rattachent les juridictions où les jugements n'étaient pas rendus au nom du roi ni par ses représentants, mais par des autorités seigneuriales, municipales ou ecclésiastiques qui jugeaient en vertu d'un pouvoir propre. L'idée a cependant prévalu que la faculté de juger exercée dans ces juridictions ne pouvait venir que d'une concession originaire du roi, et qu'à ce titre, il conservait sur elles un droit de supériorité.

À l'époque féodale, la justice, comme les autres prérogatives de puissance publique, était tombée aux mains des seigneurs. Malgré la restauration de son autorité, le roi n'a pu la ressaisir pleinement et jamais elle n'est redevenue, à l'inverse d'autres droits régaliens, un monopole royal. Les justices seigneuriales ont subsisté, mais ont été assimilées à des fiefs incorporels concédés, comme les fiefs fonciers, aux vassaux royaux, qui en avaient la propriété et faisaient rendre les jugements en leur nom ; cependant, ils le faisaient toujours sous l'autorité du roi, titulaire du domaine éminent et fondé à contrôler ces justices par l'intermédiaire de ses propres agents, à les réglementer par sa législation et surtout à connaître par voie d'appel des décisions rendues par elles. Introduit au cours du XIIIe siècle à partir des précédents romano-canoniques, l'appel a fourni l'instrument privilégié d'affirmation de la souveraineté dans le domaine judiciaire : il a permis de réformer les jugements des tribunaux seigneuriaux, d'interpréter et parfois d'infléchir les règles coutumières, mais aussi, sur un plan plus politique, d'imposer l'autorité de la Couronne sur les grands fiefs.

Parallèlement, le roi est parvenu à restreindre les compétences des juges seigneuriaux en invoquant les théories des *cas royaux* et de la *prévention* forgées par ses légistes. La réserve des cas royaux était utilisée dans les affaires où l'intérêt du roi était directement concerné : lèse-majesté, violences contre ses officiers ou les personnes placées sous sa protection, contrefaçon de son sceau ou de ses monnaies, infractions à ses ordonnances, troubles à l'ordre public et procès possessoires, liste nullement limitative qui pouvait être indéfiniment allongée. Comme les causes du roi ne pouvaient être jugées par des inférieurs et ne relevaient que de lui-même, ces procès se trouvaient soustraits à la compétence des juges seigneuriaux et portés devant les juridictions royales. La prévention permettait aux juges royaux, pour la défense de l'ordre public, de se saisir d'affaires criminelles que les juges seigneuriaux compétents négligeaient de poursuivre : simplement relative dans les cas les plus fréquents, elle ne faisait pas obstacle au renvoi du procès devant la juridiction seigneuriale à la demande de celle-ci, mais elle devenait absolue dans les cas les plus graves et entraînait alors son dessaisissement définitif. Ainsi subordonnées et rigoureusement encadrées, les justices seigneuriales ont traversé les siècles jusqu'à la Révolution.

À l'égard des justices d'Église, aux origines bien plus anciennes et qui formaient un ordre de juridiction propre, relevant directement de l'autorité pontificale, l'idée d'une concession royale apparaissait historiquement infondée : à partir du XIVe siècle, les mêmes techniques ont pourtant été utilisées pour réduire progressivement leurs compétences. Elles ont été progressivement amputées de toutes les affaires, qualifiées de mixtes, qui ne présentaient pas un caractère spirituel marqué et mettaient en jeu des intérêts temporels (contrats conclus sous serment, testaments, effets patrimoniaux du mariage, possessoire des bénéfices ecclésiastiques). Le *privilège du for* (ou de clergie), qui permettait aux ecclésiastiques de ne comparaître comme défendeurs que devant les juges d'Église, a été restreint par l'application de la théorie des cas privilégiés, calquée sur les cas royaux : il était exclu dans toutes les affaires touchant à l'ordre public et aux intérêts du roi. Enfin, à partir du XVe siècle, l'apparition d'une nouvelle voie de recours, l'*appel comme d'abus*, fondée sur la qualité de chef de l'Église gallicane que revendiquait le roi, a permis de déférer aux parlements toutes les décisions gracieuses ou contentieuses des autorités ecclésiastiques. Qu'il relève des tribunaux seigneuriaux ou des justices ecclésiastiques, aucun procès n'échappait ainsi à la juridiction souveraine du roi.

2. *La justice déléguée*

Tout en étendant son contrôle sur les justices concédées, le roi a instauré ses propres tribunaux, où les jugements étaient rendus en son nom par des officiers qu'il nommait et à qui il confiait l'exercice de son pouvoir judiciaire. L'expression justice déléguée est moderne : les magistrats des cours souveraines, au lieu de délégation, parlaient de communication du pouvoir de juger, qui les faisait apparaître moins comme des subordonnés que comme des représentants du roi dans sa fonction de juge et soulignait leur indépendance.

Si la mise en place des juridictions déléguées s'est faite de manière empirique, leur organisation s'est néanmoins inspirée des institutions judiciaires romaines et canoniques, notamment quant à leur structure hiérarchisée. À la base, les prévôtés ou vicomtés, compétentes, à partir de l'édit de Crémieu de juin 1536, pour les seules affaires civiles et pénales de peu d'importance : en déclin, beaucoup disparurent avant le XVIIIe siècle. Au-dessus d'elles, les bailliages et sénéchaussées constituaient, à partir du XVIe siècle, les tribunaux de droit commun, compétents en première instance pour toutes les affaires qui n'étaient pas attribuées expressément à d'autres juridictions, et en appel pour juger les décisions des prévôts et des juges seigneuriaux. En 1552, certains furent érigés, sous le nom de bailliages présidiaux, en juridictions supérieures chargées de statuer en appel et en dernier ressort sur les procès de moindre importance. Au sommet de la hiérarchie, les parlements, qui connaissaient en première et dernière instance des causes de certains privilégiés, et surtout des appels des jugements des juridictions inférieures. Unique à l'origine, le Parlement de Paris a vu son ressort réduit par la création, à partir du XVe siècle, de parlements provinciaux : Toulouse (1444), Grenoble (1457), Bordeaux (1462), Dijon (1477), Aix-en-Provence (1501), Rouen (1515), Bretagne (1554), Pau

(1623), Metz (1633), Besançon (1676), Douai (1713), Nancy (1775). Dans les petites provinces rattachées tardivement au royaume (Artois, Alsace, Roussillon, Corse) existaient des conseils souverains qui jouaient un rôle équivalent. À ces tribunaux de droit commun s'ajoutaient de nombreuses juridictions spécialisées, dotées de compétences d'attribution (Chambres des comptes, des aides, Cours des monnaies, juridictions des eaux et forêts, tribunaux d'amirauté, juridictions consulaires, ancêtres des actuels tribunaux de commerce).

Dans ces juridictions (à l'exception des tribunaux consulaires où siégeaient, comme aujourd'hui, des marchands élus par leurs pairs), la justice était rendue au nom du roi par des magistrats titulaires d'une fonction permanente, un *office*, et nommés par lettres de la chancellerie royale. À l'origine librement révocables, les magistrats ont acquis progressivement une grande indépendance. Un édit de 1467 leur a accordé de solides garanties d'inamovibilité : ils n'encouraient la révocation que pour crime de forfaiture constaté par une juridiction royale, c'est-à-dire par leurs collègues, dont l'esprit de corps constituait une protection efficace. Au XVIe siècle, le développement de la vénalité des offices les a rendus propriétaires de leurs charges, devenues quasi héréditaires en 1604. L'autorité royale ne pouvait agir contre eux que par des procédures disciplinaires strictement réglementées. Jamais la magistrature n'a été plus indépendante que sous l'Ancien Régime, d'où la tentation, sinon la nécessité, de recourir à la justice retenue.

3. *La justice retenue*

Source de toute justice, le roi, par une manifestation de son pouvoir souverain, pouvait modifier le cours de celle-ci, intervenir dans les procès en instance de jugement, dessaisir les tribunaux compétents au profit d'autres juridictions, voire juger lui-même ou réformer les arrêts déjà rendus. Ce sont ces interventions royales, opposées au dogme moderne de la séparation des pouvoirs, que l'on rassemble sous le terme de justice retenue. Loin de constituer un abus de « l'absolutisme », elles étaient pour la plupart sollicitées par les plaideurs eux-mêmes, pour qui le roi restait l'ultime recours. Dès les XIIIe-XIVe siècles, l'habitude s'est prise de lui adresser des suppliques ou requêtes en matière judiciaire, et l'exemple des droits savants, qui connaissaient de tels usages, a fourni à la justice retenue ses premières techniques. Progressivement, elle a donné aussi naissance à des procédures nouvelles, dont l'une, la cassation, a pris et conservé une importance considérable.

Les lettres de chancellerie, empruntées au droit romain impérial et aux usages pontificaux, constituaient la forme la plus simple de la justice retenue. Sollicitées par un plaideur, elles visaient à modifier le cours de l'instance (*lettres de justice*), ou à l'interrompre (*lettres de grâce*). Très utilisées à la fin du Moyen Âge, les lettres de justice ont permis d'étendre le bénéfice d'institutions romaines pas encore entrées dans l'usage des pays coutumiers et de ce fait inapplicables de plein droit, comme la rescision pour lésion, la *restitutio in integrum* des mineurs de vingt-cinq ans, l'acceptation des successions sous bénéfice d'inventaire, la révocation des donations pour ingratitude ou pour survenance d'enfant, l'octroi de délais de paiement ou du bénéfice de la cession de biens aux débiteurs insolvables. La réception progressive de ces techniques, passées pour la plupart en droit positif et dont beaucoup restent en vigueur aujourd'hui, a rendu moins utiles les lettres de justice à partir du XVIe siècle. Les lettres de grâce, fondées sur la pure bienveillance, concédaient, sans référence à une règle de droit précise, des avantages en matière civile (anoblissement, naturalisation d'étrangers, légitimation d'enfants naturels) ou en matière pénale (pardon d'un crime ou d'un délit, réhabilitation d'un condamné, commutation d'une peine ou dispense de son exécution), pratiques dont les actuelles lois d'amnistie et le droit de grâce exercé par le président de la République constituent les vestiges. Distinctes des lettres de chancellerie, les *lettres de cachet*, expédiées directement par un secrétaire d'État, relevaient aussi de la justice retenue lorsqu'elles ordonnaient l'enfermement d'un sujet dont la mauvaise conduite ou le comportement troublait l'ordre public : contrairement à la légende, forgée à partir de cas célèbres mais exceptionnels, elles étaient peu utilisées dans les affaires politiques mais servaient surtout à résoudre discrètement des conflits familiaux ou à interner des aliénés dangereux.

La justice retenue se manifestait également par l'évocation des procès, qui permettait au roi de retirer la connaissance d'une affaire aux juges normalement compétents pour la remettre à des commissaires spécialement désignés : pratique souvent dénoncée comme arbitraire, d'autant qu'elle était utilisée dans les procès politiques, comme ceux d'Enguerrand de Marigny au XIVe siècle, de Jacques Cœur au XVe, de Semblançay et du chancelier Poyet sous François Ier, du maréchal de Marillac et de Cinq-Mars sous Louis XIII, de Fouquet sous Louis XIV, ou dans la répression des crimes d'hérésie et de sorcellerie (comme le célèbre procès d'Urbain Grandier). De ces juges choisis spécialement, le roi escomptait une plus grande compétence, ou une plus grande docilité, espérance parfois déçue comme le montre l'issue du procès Fouquet. Au XVIIIe siècle, la pratique du jugement par commissaires a pris un sens différent : elle a cessé d'être utilisée dans les procès politiques mais a permis de confier le jugement d'affaires techniques, à caractère surtout administratif ou fiscal, à des commissions permanentes formées de spécialistes et qui constituaient des juridictions stables en marge du Conseil : elle relevait alors davantage de la justice déléguée que de la justice retenue.

En dehors des procès politiques, qui ne représentaient qu'une infime minorité, et de l'évocation d'affaires qui mettaient en jeu les intérêts supérieurs de l'État, le recours à la justice retenue était le fait des parties elles-mêmes, qui en espéraient des jugements meilleurs et plus rapides, mais permettait aussi de contrôler et de réguler le cours de la justice dans l'intérêt général. Les causes que ne pouvaient trancher les juges ordinaires en raison de leur nature ou des difficultés qu'elles présentaient, ou que l'on estimait avoir été mal jugées, venaient devant le Conseil du roi. Placé en permanence auprès du roi, dont il était juridiquement inséparable (simple organe consultatif, il n'avait d'autre autorité que celle du roi et aucun pouvoir de décision propre), le Conseil est devenu l'instrument principal de la justice retenue : à côté des formations politiques où étaient débattues les affaires de gouvernement, et dont les interventions dans le domaine juridictionnel demeuraient rares, existaient en son sein, comme dans l'actuel Conseil d'État, des séances contentieuses spécialisées dans le jugement des procès, auxquelles le roi n'assistait pas.

Le Conseil était censé connaître en premier lieu du contentieux administratif et fiscal, des procès entre des particuliers ou des corps et l'administration, mais au XVIIIe siècle, du fait de l'importance de plus en plus grande prise par le pouvoir ministériel, la plupart de ces affaires étaient réglées directement par les bureaux du contrôleur général des finances ou les directions financières, et seulement revêtues, pour leur donner valeur juridique, de la forme, en l'occurrence fictive, d'arrêts du Conseil. Il en allait tout autrement pour le contentieux privé, les procès entre particuliers, qui relevaient d'une autre formation, le Conseil des parties ou Conseil d'État privé, demeurée toujours fort active et qui, au moins par ses attributions, apparaît comme l'ancêtre de la Cour de cassation. Le Conseil des parties connaissait en effet des pourvois formés contre des arrêts rendus en dernière instance par les cours souveraines, et donc non susceptibles d'appel.

Voie de droit originale, la *cassation* s'est constituée progressivement à partir de procédures plus anciennes, la proposition d'erreur et la requête civile, qui permettaient de contester avec la permission du roi, mais devant la juridiction qui l'avait rendu, un arrêt entaché d'une erreur de fait ou de droit : au cours du XVIe siècle, la distinction s'établit entre les recours fondés sur l'erreur de fait, qui continuaient d'être exercés devant la cour d'où émanait l'arrêt, et les recours fondés sur l'erreur de droit, portés dorénavant devant le Conseil.

Longtemps fluctuante, la procédure de cassation a été réorganisée et fixée en 1738 par le chancelier d'Aguesseau, qui lui a donné la physionomie qu'elle conserve toujours pour l'essentiel. Les requêtes devaient être présentées dans un délai de six mois après la signification de l'arrêt attaqué, signées de trois avocats au Conseil pour faire barrage aux recours abusifs ou dilatoires, et accompagnées de la consignation d'une somme d'argent couvrant le montant de l'amende encourue en cas de pourvoi infondé. Elles étaient examinées par une commission spécialisée, le Bureau des cassations, qui rédigeait un rapport, puis le Conseil privé, sous la présidence du chancelier, jugeait l'affaire et rendait un arrêt, soit de rejet, soit de cassation. Les causes d'ouverture étaient la violation des formes de procéder, l'incompétence, l'excès de pouvoir, la contrariété d'arrêts et surtout la violation de la loi *lato sensu*, c'est-à-dire d'une ordonnance royale, d'une coutume rédigée ou, dans le Midi, du droit romain. Bien qu'elle intervînt sur des procès entre particuliers, et sur requête de l'une des parties, la cassation était considérée comme une affaire d'intérêt public, comme le moyen d'imposer le respect de la loi aux cours souveraines, qui ne cessaient de protester contre son existence. Après cassation, le Conseil renvoyait le plus souvent la cause devant une autre juridiction, comme il est de règle aujourd'hui, mais il lui arrivait aussi de la trancher directement au fond en l'évoquant dans son ensemble, ou encore de se contenter d'élaguer l'arrêt de sa partie viciée sans l'anéantir totalement. C'est de la justice retenue, manifestation de la souveraineté dans sa forme la plus haute, qu'est née ainsi l'une des plus importantes voies de recours de la procédure moderne.

B. Le pouvoir de légiférer

Au même titre que la justice, le pouvoir de légiférer, d'édicter des règles présentant un certain caractère de permanence et de généralité, apparaît comme l'une des grandes composantes de la souveraineté, et ses progrès fournissent l'un des critères les plus sûrs de l'affirmation de l'État. Entre justice et législation ont longtemps existé des liens étroits et, jusqu'au XVIe siècle au moins, la seconde a été présentée comme une dépendance de la *jurisdictio* au sens large, avant de s'en séparer et de la supplanter comme marque la plus caractéristique du pouvoir souverain.

1. *Formation du pouvoir royal de légiférer*

Entre le Xe siècle et le milieu du XIIe, la royauté, affaiblie par la féodalité, avait cessé d'exercer une véritable fonction normative : elle ne promulguait, sous forme de diplômes, que des décisions particulières, actes individuels, concessions ou confirmations de chartes collectives, et seuls quelques grands princes territoriaux, comme le duc de Normandie, continuaient d'édicter en petit nombre des mesures de portée générale. Les premiers actes royaux où l'on voit poindre avec plus ou moins de netteté les caractères essentiels de la loi sont deux ordonnances de Louis VII, datées de 1144 et 1155. Au XIIIe siècle, les actes législatifs du roi sont devenus plus nombreux et leur généralité s'est mieux affirmée : leur autorité s'est étendue à l'ensemble du royaume, y compris aux grands fiefs tenus par les vassaux, sans que l'accord de ceux-ci fût nécessaire. C'est au cours de cette période, entre les règnes de Philippe Auguste (1180-1223) et de Philippe le Bel (1285-1314), que s'est formée une véritable législation royale touchant à des domaines variés : organisation administrative, fiscalité, justice, procédure, parfois même droit privé.

La renaissance de la fonction législative doit beaucoup à l'influence des droits savants, qui en ont fourni les fondements théoriques. L'assimilation du roi à l'empereur, aux XIIIe-XIVe siècles, a eu pour principale fin de justifier son droit d'établir des lois générales à l'image des constitutions impériales, et c'est dans le même but qu'étaient invoqués les principes romains *Quod principi placuit legis habet vigorem* et *Princeps legibus solutus est*, qui concernaient au premier chef le pouvoir de légiférer. Les légistes ont fait du roi, à l'égal de l'empereur, la « loi vivante » et ont également transposé en sa faveur les arguments des canonistes sur la toute-puissance législative du pape. La doctrine française des XIVe-XVe siècles a soutenu sa faculté d'user de la puissance réglée, dans la limite des droits existants, mais aussi de la puissance absolue lui permettant de déroger aux normes législatives et coutumières en vigueur, ou même de les abroger. Dès lors qu'il déclarait agir « de notre certaine science (*ex certa scientia*), pleine puissance et autorité royale », clause empruntée à la chancellerie pontificale et présente dans les actes royaux à partir du règne de Philippe le Bel, le roi disposait de la toute-puissance législative, avec pour seul frein, d'ordre purement moral, le souci du bien commun du royaume, du « commun profit » qu'évoquait Beaumanoir, et le respect des exigences de la raison. L'identification de la loi à la volonté royale est demeurée l'un des fondements de la monarchie, réaffirmée à la fin du XVIe siècle par le jurisconsulte Antoine Loisel[1] : « Qui veut le roi, si veut la loi », et confirmée officiellement par la clause finale des actes royaux, devenue de style également au XVIe siècle : « Car tel est notre plaisir[2] », calquée sur la formule latine *Quod principi placuit*... La loi est l'expression de ce qui plaît au roi au sens premier du terme, c'est-à-dire de ce qu'il estime bon pour son royaume et ses sujets.

Le renouveau de la législation n'est pas un phénomène spécifiquement français : dans l'Empire, il avait commencé dès le XIe siècle, et il s'est produit en même temps qu'en France dans une bonne partie de l'Europe occidentale, dans les grandes principautés, la Bretagne, les États bourguignons, comme dans les royaumes voisins d'Aragon et de Castille. S'il est difficile à quantifier faute d'études précises, il semble toutefois avoir été encore limité et ses applications pratiques sont demeurées en deçà des principes théoriques affirmés par les légistes. Les actes royaux sont restés assez peu nombreux et, parmi eux, ceux qui présentaient un véritable caractère législatif étaient minoritaires et se distinguaient encore mal des autres. Ainsi la législation royale, relativement abondante jusque vers 1250 en droit privé, s'en est ensuite, et pour plusieurs siècles, détournée (voir *infra*, p. 253-258). La

1. *Institutes coutumières*, Paris, 1846, t. I, p. 26.

2. Et non « Car tel est notre *bon* plaisir », formule erronée où l'on a voulu voir l'expression de l'arbitraire monarchique. Il n'est jamais question du « bon plaisir » dans les lois royales et on ne rencontre cette expression que dans les actes sollicitant du roi une faveur ou une grâce, ou s'en remettant à sa libre appréciation.

conception statique du droit qui prévalait à l'époque et privilégiait l'immutabilité de l'ordre juridique traditionnel, donc la coutume, se prêtait mal à la multiplication de lois nouvelles.

La législation royale a pris plus d'importance à partir du XVIe siècle. L'affirmation de l'État, son évolution vers une pratique moins judiciaire, plus politique et administrative du pouvoir, ont conduit à légiférer davantage et dans des domaines plus étendus. Les juristes ont accompagné l'évolution en répandant une conception volontariste et positiviste du droit, qui tendait à en faire le produit de la volonté du prince, mettait l'accent sur la promulgation des lois plus que sur leur réception et conduisait à revaloriser les sources issues de l'autorité royale au détriment de celles qui reposaient sur la tradition. Bodin (*République*, I, 10) en a tiré la conséquence en affranchissant le pouvoir de légiférer de la fonction de juger et en proposant de voir dans la faculté de donner et de casser les lois la première marque distinctive de la souveraineté.

L'activité législative royale s'est manifestée avec un éclat particulier par l'édiction d'ordonnances de réformation qui visaient, au sens premier du terme, à rétablir les institutions dans leur ordre ancien, dont elles se seraient écartées, mais introduisaient aussi des nouveautés. La première est due à Saint Louis, soucieux de restaurer le royaume à son retour de croisade en 1254. La tradition a été poursuivie aux XIVe et XVe siècles, avec la collaboration, ou sous la pression, des États généraux. Elle s'est épanouie au XVIe et au début du XVIIe siècle, où les ordonnances de réformation ont été nombreuses et fort étendues, comme celles de Villers-Cotterêts (1539), d'Orléans (1561), rendue sur les doléances des États généraux tenus dans cette ville, de Moulins (1566), de Paris (mai 1579), appelée plus couramment ordonnance de Blois car promulguée en réponse aux cahiers des États généraux de

1576, enfin celle de 1629, dite *Code Michau* du nom de son auteur, le chancelier Michel de Marillac, qui faisait suite à l'Assemblée des notables de 1627 mais est restée inappliquée.

Remarquables par leur ampleur (192 articles pour l'ordonnance de Villers-Cotterêts, 363 pour celle de Blois, 461 pour le *Code Michau*), elles traitaient sans ordre apparent de sujets divers : police générale du royaume, domaine royal, affaires ecclésiastiques, hôpitaux, universités, organisation de la justice, parfois même condition des personnes et droit privé. L'ordonnance de Villers-Cotterêts est restée célèbre pour avoir, entre autres, imposé l'usage de la langue française pour la rédaction des actes juridiques, posé les premières bases de l'état civil et réformé la procédure criminelle dans un sens particulièrement rigoureux. Au cours du XVIIe siècle, avec le déclin des institutions représentatives et l'instauration de procédés de gouvernement plus administratifs, elles ont disparu pour laisser place à de grandes ordonnances spécialisées, établies unilatéralement (voir *infra*, p. 258-263).

2. *L'élaboration des lois royales*

Prérogative souveraine par excellence, l'élaboration des lois n'était pourtant pas une activité que le roi exerçait seul et en dehors de toutes règles. Elle obéissait à des usages précis, faisait intervenir des organes qui collaboraient avec lui et, jusqu'à un certain point, limitaient son pouvoir. Si le roi, dans l'exercice de sa fonction législative, n'était pas contraint de respecter des règles déterminées, il observait généralement celles de la chancellerie et présentait la plupart de ses lois en forme de lettres patentes, c'est-à-dire ouvertes, rédigées, scellées et expédiées par les services du chancelier, par opposition aux lettres fermées, lettres closes ou lettres de cachet, expédiées directement par les secrétaires d'État et utilisées pour des mesures individuelles ou à caractère administratif.

L'initiative des lois pouvait venir du roi lui-même, agissant de son propre mouvement, mais aussi de sujets, individus ou corps, qui le priaient, par une requête ou un placet, de prendre une mesure jugée utile. Le texte du projet était préparé par un ministre, le chancelier ou, de plus en plus souvent à partir du règne de Louis XIV, le contrôleur général des finances, et si les lois avaient toujours juridiquement pour auteur le roi, certaines étaient directement inspirées, avec son accord, par ses collaborateurs les plus influents. Toute autre personne compétente pouvait aussi être consultée ou associée à leur élaboration, individuellement ou dans le cadre de commissions spécialisées : magistrats pour celles qui touchaient à la justice, au droit privé ou à la procédure, officiers de finances pour les questions fiscales, voire simples particuliers réputés pour leur connaissance ou leur expérience de la question. Les projets étaient ensuite délibérés au sein du Conseil, au moins pour les plus importants.

Une fois la décision arrêtée, le roi commandait aux notaires-secrétaires de la chancellerie de dresser l'acte définitif en forme de lettres patentes, sur lesquelles il apposait sa signature pour certifier que la teneur était bien conforme à ce qu'il avait ordonné. À partir du XVIe siècle, à une époque où la signature royale était souvent imitée par un secrétaire de la main, les lettres patentes étaient contresignées par un secrétaire d'État, qui attestait de leur authenticité, formalité du contreseing ministériel qui s'est conservée jusqu'à nos jours mais a revêtu, en régime parlementaire, une signification différente en engageant la responsabilité politique du ministre.

Puis le chancelier faisait sceller l'acte au cours d'une séance solennelle, l'audience du sceau, qui répondait également à un souci de contrôle et d'authentification. Les usages de la chancellerie voulaient que les lois à caractère général et permanent (ordonnances, édits) fussent établies en forme de grandes lettres patentes, datées du mois et de l'année et revêtues du grand sceau de cire verte, alors que les lois de portée limitée ou temporaires, ou qui venaient compléter une ordonnance ou un édit antérieur (déclarations), étaient datées aussi du jour et revêtues du sceau de cire jaune. Signées et scellées, les lettres patentes étaient expédiées par le chancelier à ceux qui devaient les faire connaître et appliquer, administrateurs et juges royaux dans les provinces, qui les enregistraient, les recopiaient sur les registres de leurs juridictions pour en conserver la trace.

Ni l'apposition du sceau ni l'enregistrement des lettres patentes ne constituaient de simples formalités : les collaborateurs du roi, qui intervenaient aux divers stades de leur élaboration, étaient tenus d'un devoir de conseil en vertu duquel ils devaient refuser les actes qui leur paraissaient entachés d'irrégularité. À la demande même du roi, soucieux de faire barrage aux décisions qu'il avait pu prendre par faiblesse ou par ignorance, ils procédaient à la vérification de la forme et du fond, selon un usage qui a commencé à s'établir au XIVe siècle. L'audience du sceau donnait lieu à un premier contrôle. Comme l'indique son nom, elle constituait un véritable jugement des lettres patentes par le chancelier, qui refusait de sceller et d'expédier celles dont il estimait le contenu contraire à la justice et à la raison, et informait le roi des motifs de son refus. Souvent le roi acceptait les modifications suggérées, mais en cas de désaccord persistant, sa volonté souveraine prévalait. Sur son ordre, le chancelier apposait le sceau mais dégageait sa responsabilité en portant sur les lettres patentes la mention : « Scellées de l'exprès commandement du Roi ». S'il persistait dans son refus, le roi ne pouvait le renvoyer (grand officier de la Couronne, le chancelier bénéficiait depuis le XVIe siècle d'un statut d'inamovibilité) et n'avait d'autre solution que de lui retirer les sceaux pour les confier à un garde des sceaux présumé plus docile, ou pour faire sceller lui-même les actes.

L'enregistrement opposait à la volonté royale des obstacles plus difficilement surmontables. Depuis le XIVe siècle, les cours souveraines procédaient, avant d'enregistrer les lettres patentes, à leur lecture et à leur vérification, contrôle qui renforçait celui du chancelier. Lorsqu'elles les jugeaient contraires à la raison ou au bien commun, elles en suspendaient l'enregistrement et adressaient au roi des remontrances, ou elles les enregistraient après en avoir modifié le contenu de leur propre initiative, sous réserve de ratification par le roi. Lorsque celui-ci n'acceptait pas les remontrances ou les amendements proposés, et maintenait sa décision, il ordonnait, au moyen de *lettres de jussion*, de procéder sans attendre à l'enregistrement et à la publication, manifestation de sa souveraineté à laquelle les magistrats devaient obtempérer.

En fait, à partir du XVIe siècle, les parlements ont multiplié les procédures d'obstruction en refusant de céder aux lettres de jussion et en réitérant leurs remontrances. Ils ont interprété la vérification et l'enregistrement des lois comme une participation au pouvoir de légiférer, de concert avec le roi, et soutenu l'absence de force exécutoire des actes non approuvés par eux. La royauté s'est opposée à ces prétentions en développant la pratique des lits de justice, séances solennelles au cours desquelles le roi en personne, ou son représentant dans la province, venait ordonner l'enregistrement forcé. Aux XVIe et XVIIe siècles, elle a cherché à limiter la portée des interventions des parlements, qui gênaient l'action gouvernementale, en les cantonnant aux lettres patentes sur requête et en en exceptant les actes de propre mouvement à caractère législatif, évolution qui a permis de mieux dégager la notion de loi au sein de la catégorie purement diplomatique des lettres patentes.

Plusieurs édits ont fait défense aux cours souveraines de connaître des affaires de l'État et de l'administration du royaume, à moins d'y être invités par le roi. Sous Louis XIII, l'ordonnance de réformation de 1629 (art. premier) a imposé l'enregistrement et l'entrée en vigueur immédiats des lois, y compris de celles qui faisaient l'objet de remontrances. Sous Louis XIV, après que l'ordonnance civile de 1667 (art. 2) eut réitéré ces prescriptions, la déclaration du 24 février 1673 supprima toutes remontrances préalables pour les actes législatifs et obligea les cours à les enregistrer avant de faire part au roi de leurs observations.

Après la mort de Louis XIV, le Régent rapporta cette mesure et rendit aux parlements la faculté de présenter des remontrances préalables, dont ils abusèrent tout au long du XVIIIe siècle en arguant à nouveau d'un droit à la libre vérification qui leur aurait attribué une part de la puissance législative. Malgré les réactions sporadiques de la royauté, en particulier la célèbre séance de la Flagellation du 3 mars 1766, au cours de laquelle Louis XV rappela le principe fondamental de l'indivisibilité de la souveraineté, qui « réside tout entière dans la personne du roi », l'attitude des cours souveraines a rendu impossibles les réformes de grande ampleur et répandu dans le royaume un climat d'agitation et de contestation.

Section II

La Constitution de l'État

Comme celui d'aujourd'hui, l'État royal était doté d'une Constitution, d'un corps de règles supérieures qui fixaient de manière immuable la transmission et les conditions d'exercice du pouvoir. Le terme français « constitution », avec ce sens précis, n'est entré dans l'usage qu'au début du XVIIIe siècle, mais le latin *constitutio* se rencontre dès le début du XIVe siècle et la notion était traduite surtout par d'autres expressions : Loi salique, lois de la Couronne, lois de l'État, et surtout, à partir de la seconde moitié du XVIe siècle, lois fondamentales du royaume.

Pour que l'idée de Constitution se dégageât, il fallait que la distinction fût clairement posée entre la fonction, appartenant à la communauté politique dans son ensemble, et celui à qui elle était confiée. Elle l'a été dès les derniers siècles du Moyen Âge, sous l'influence de l'Église et des droits savants : les théologiens qui séparaient, dans la personne du Christ, la nature divine et la nature humaine, les canonistes qui opposaient la charge permanente dont un ecclésiastique était investi, à son titulaire temporaire, ont montré la voie. La distinction a été rapidement étendue aux charges publiques : la fonction royale permanente, propriété de la communauté politique, s'est dissociée du roi, de celui qui l'exerçait pour la durée limitée de sa vie et n'en était que gardien et usufruitier. Elle s'est exprimée dans la métaphore des deux corps du roi : d'un côté le corps mystique ou politique, la dignité, personne morale impersonnelle et intemporelle ; de l'autre le corps physique, le roi mortel, qui n'était que l'organe, l'instrument charnel du corps mystique. En progressant dans l'abstraction, le corps mystique s'est identifié à la Couronne, symbole de la royauté, et, sous l'influence du droit romain, à la *respublica*, à la république. Au XVIe siècle, on a commencé à lui donner le nom d'État, entré dans l'usage vers 1560-1570.

La séparation entre la fonction et la personne du roi, générale dans les États européens, a été diversement interprétée. En Angleterre, elle est à l'origine d'une tradition « constitutionnaliste » qui faisait du corps mystique ou de la Couronne une entité complexe, composée à la fois du roi et du Parlement, appelés à collaborer pour le gouvernement de la chose publique. En Espagne, l'assemblée des *Cortes* a conservé un rôle actif, notamment en matière de succession au trône, qui en faisait aussi une composante de l'État. En France, malgré quelques tentatives en ce sens liées au thème du régime mixte, qui ont cherché à imposer la présence nécessaire auprès du roi tantôt des États généraux, tantôt du Parlement présenté comme « Sénat de la France », a prévalu l'idée contraire que seul le roi représentait l'État, mais sans qu'il y eût pour autant confusion entre eux. La fameuse phrase prêtée à Louis XIV, « L'État, c'est moi », est une invention du XIXe siècle et le Roi-Soleil a dit exactement l'inverse, distinguant tout au long de son règne sa propre personne de son État et déclarant à sa mort : « Je m'en vais mais l'État demeurera toujours. » Le roi n'était pas l'État, mais avait seul la charge de le gouverner avant de le laisser à son successeur, et il y avait place de ce fait pour une Constitution, chargée de définir les rapports juridiques entre l'État et lui.

Cette Constitution, à la différence de celles d'aujourd'hui, ne tenait pas dans un texte écrit, élaboré par un organe titulaire du pouvoir constituant et cherchant à régler d'avance dans sa totalité le fonctionnement des pouvoirs publics. Elle était de nature coutumière, comme l'est encore aujourd'hui la Constitution anglaise, ce qui n'excluait pas que certaines dispositions fussent déclarées ou précisées par écrit, au moyen de lois ordinaires. Elle n'était pas le produit d'une volonté mais de l'histoire, elle s'est dégagée progressivement, en fonction des circonstances, à partir de précédents, de solutions apportées à des problèmes nouveaux mais formulées dans le respect des usages anciens. Elle reposait sur la tradition, interprétée comme un accord tacite entre le roi et son peuple, d'où elle tirait sa force obligatoire pour l'un comme pour l'autre. Dans cette Constitution coutumière figuraient deux grandes catégories de normes dont l'apparition a jalonné les progrès de l'État : les unes organisaient la dévolution successorale de la Couronne ; les autres, par-delà la succession des rois placés à sa tête, assuraient la continuité et la primauté de l'État.

Sous-section 1

La dévolution de la Couronne de France

Toute Constitution doit d'abord régler la dévolution du pouvoir, soustraire celui-ci à une compétition génératrice d'anarchie. La France s'est dotée en ce domaine de principes bien plus rigoureux que ceux des autres États, et dont la nature constitutionnelle s'est aussi dégagée bien plus tôt. Les plus anciens sont apparus sous les premiers Capétiens, avec le rétablissement de l'hérédité. À la mort du roi, tout retour au partage du royaume étant exclu, l'usage s'est instauré, lorsqu'il y avait plusieurs fils, de reconnaître pour successeur l'aîné et de n'attribuer aux puînés que des dotations en terres, des *apanages* tenus en fief de leur père ou de leur frère. Les filles, en présence de fils (ce qui fut toujours le cas jusqu'au début du XIVe siècle), recevaient une dot mais se trouvaient exclues de la succession. Si importants qu'ils soient, ces premiers principes ne peuvent encore passer pour l'ébauche d'une véritable Constitution : identiques à ceux que la plupart des coutumes appliquaient à la même époque aux grands fiefs indivisibles, ou *honores*, ils ne formaient pas un statut propre à la Couronne.

Un tel statut, fait de règles spécifiques liées à la nature même de la fonction royale, a commencé à se constituer au XIVe siècle, lorsque la mort sans descendance masculine de tous les fils de Philippe le Bel a soulevé des difficultés nouvelles et donné naissance à des solutions originales : l'exclusion absolue des femmes et, un peu plus tard, celle des descendants par les femmes. Il s'est précisé un siècle plus tard, quand les circonstances ont conduit à affirmer la supériorité absolue de ces règles sur la volonté royale, à en faire des normes constitutionnelles au sens plein. Il a été complété au XVIe siècle, lorsque la crise religieuse a rendu nécessaire l'affirmation de la catholicité du roi.

A. L'exclusion des femmes et des descendants par les femmes

Avant le XIVe siècle, jamais la question de la succession d'une femme à la Couronne de France ne s'était posée, tous les Capétiens ayant eu au moins un fils pour leur succéder. Louis X, en 1316, fut le premier à mourir sans héritier mâle, en ne laissant qu'une fille, Jeanne, née d'un premier lit, et une veuve enceinte. Le gouvernement revint provisoirement au premier de ses frères, Philippe de Poitiers, avec le titre de lieutenant général du royaume. Philippe conclut un accord avec la veuve de Louis prévoyant que, si l'enfant à naître était un fils, celui-ci serait reconnu roi ; si c'était une fille, on attendrait la majorité de Jeanne, alors âgée de quatre ans, pour décider de l'attribution de la Couronne. Un fils naquit, mais sa mort au bout de quelques jours rendit l'accord caduc. Libre de ses engagements, Philippe, fort de l'avis favorable de l'Université de Paris et de l'assentiment des grands seigneurs laïcs et ecclésiastiques, se fit reconnaître roi et sacrer, en excluant sa nièce de la succession. Exclusion qui pouvait se justifier par les difficultés qu'aurait soulevées le sacre d'une femme, mais qui devait bien plus aux circonstances, aux craintes que suscitait la perspective d'une longue régence et à la position de force qu'occupait Philippe. Le précédent suffit néanmoins à fixer la coutume : lorsque, en 1322, Philippe V mourut à son tour en ne laissant que des filles, la Couronne fut dévolue sans contestation à son frère, le dernier des fils de Philippe le Bel, Charles IV.

À la mort de Charles IV, en 1328, la même situation se renouvela : le roi n'avait qu'une fille et sa veuve était enceinte. En attendant la naissance, la régence revint à un cousin germain, Philippe de Valois, fils d'un frère de Philippe le Bel, Charles de Valois. Après la naissance d'une fille posthume, qui laissait pendante la question de la succession, deux prétendants revendiquèrent le trône : le roi d'Angleterre Édouard III, neveu du défunt par sa mère, Isabelle de France, et Philippe de Valois, parent plus éloigné (quatrième degré) mais par les hommes. Comme Philippe V, Philippe de Valois tira parti de la situation : exerçant déjà le pouvoir, il se proclama roi avec l'accord de l'Université de Paris et d'une assemblée d'évêques, de nobles et de bourgeois, qui affirma pour la première fois que « femme, ni par conséquent son fils, ne peut, par coutume, succéder au royaume de France ». Édouard III, encore mineur, n'insista pas pour faire valoir les droits auxquels il prétendait.

L'exclusion des femmes et des parents mâles par les femmes avait un caractère plus politique que juridique. En l'absence de tout précédent, rien ne permettait de soutenir que les femmes étaient dans l'incapacité absolue d'accéder au trône : la plupart des coutumes les appelaient à succéder aux fiefs à défaut de fils, et dans d'autres royaumes, y compris ceux où régnaient des Capétiens, elles héritaient dans les mêmes conditions. Le fait qu'aucune femme n'eût jamais succédé auparavant à la Couronne de France tenait au « miracle capétien », qui avait permis aux membres de la dynastie d'avoir toujours des fils, non à une incapacité de principe. Quant à l'exclusion des parents mâles par les femmes, les partisans de Philippe de Valois firent valoir en sa faveur la règle que nul ne peut transmettre plus de droits qu'il n'en a, donc qu'Édouard III ne pouvait tenir de sa mère ce qu'elle-même n'avait pas ; or les rares coutumes qui excluaient totalement les femmes de la succession aux fiefs leur permettaient au contraire de « faire pont et planche » en faveur de leurs fils. La crainte de voir réunies sur une même tête les deux couronnes de France et d'Angleterre, accentuée par le sentiment national naissant, a sans doute pesé plus lourd que les arguments juridiques, au demeurant peu décisifs.

La formulation de ce principe aux origines incertaines représente pourtant la première étape de la formation d'une Constitution royale, en dotant la Couronne de France d'un statut propre, d'une coutume opposée au droit féodal qu'on lui appliquait jusque-là, originalité dont les contemporains étaient conscients. Elle a été aussi le point de départ de tous les raisonnements théoriques sur cette notion. Les événements de 1328 ont eu pour conséquence la guerre de Cent Ans : Édouard III, après avoir reconnu la légitimité de Philippe de Valois et fait hommage pour ses fiefs français, se proclama roi de France en 1340 (titre que les rois d'Angleterre ont porté jusqu'en 1802) et envahit le royaume. Les désastres militaires subis par les Valois poussèrent leurs partisans à fonder l'exclusion des femmes et de leurs descendants sur des arguments solides, à faire de la masculinité un principe théorique et même à élaborer un véritable mythe politico-juridique qui la rattachait au droit divin et à la légende des origines troyennes des Francs. De l'interprétation allégorique d'un passage de l'Évangile (Matthieu, VI, 28 : « Regardez les lys dans les champs, ils ne filent point »), ils tirèrent l'idée d'une incompatibilité radicale entre la royauté française, dont le lys est l'emblème, et la nature féminine, symbolisée par l'activité de filer, incompatibilité qu'exprimèrent les adages : « Les lys ne filent point en France » et « Le royaume de France ne tombe pas en quenouille ». Au droit romain, ils empruntèrent l'idée de faiblesse du sexe féminin (*imbecillitas sexus*) et l'exclusion consécutive des femmes des fonctions publiques. Mais l'argument le plus important fut tiré de la vieille loi des Francs saliens, exhumée en 1358 par un religieux de Saint-Denis, Richard Lescot : comme elle écartait les filles de la succession à la terre des ancêtres, on y vit la preuve que l'incapacité des femmes à hériter de la Couronne avait existé de toute ancienneté, en omettant que cette incapacité du droit franc, depuis longtemps tombée en désuétude, n'était que relative. Invoquée et commentée dans de nombreux ouvrages, dont le *Songe du vergier*, la Loi salique finit par s'identifier au principe de masculinité. Ancré au plus profond du passé national, celui-ci jouissait d'une autorité incontestée, dont les événements postérieurs ont permis de préciser la nature.

B. L'indisponibilité de la Couronne de France

Avec le principe d'indisponibilité de la Couronne de France, ou *théorie statutaire*, s'est affirmée la nature constitutionnelle (même si le terme est encore inusité) de la règle de masculinité, et plus généralement de toutes les règles de dévolution de la Couronne : il ne s'agissait pas seulement de solutions spécifiques, mais de principes dont l'autorité était supérieure à la volonté du roi, juridiquement incapable de les enfreindre.

Au début du XVe siècle, la démence du roi Charles VI avait engendré une grave crise politique. Dans l'entourage royal, deux clans rivaux se disputaient le pouvoir : les Bourguignons, menés par le duc Philippe de Bourgogne, oncle du roi, puis par son fils Jean sans Peur ; les Armagnacs, dirigés par le frère du roi, Louis d'Orléans. Après l'assassinat de ce dernier en 1407, la rivalité dégénéra en guerre civile. Les Anglais en profitèrent pour reprendre les hostilités, envahirent le royaume et l'occupèrent en partie. Jean sans Peur, soutenu par la reine Isabeau de Bavière et maître de Paris, s'empara du pouvoir. Mais en 1419, il fut assassiné à Montereau lors d'une entrevue avec le dauphin Charles, fils aîné du roi et héritier présomptif de la Couronne, qui s'était proclamé régent du fait de l'incapacité de son père. La reine et les Bourguignons, alliés aux Anglais, en prirent prétexte pour persuader le roi de déshériter son fils, soupçonné d'être l'instigateur du crime, au profit du roi d'Angleterre. Le « honteux traité de Troyes » du 21 mai 1420, conclu entre Charles VI et le roi d'Angleterre Henri V, déclara le Dauphin indigne de succéder et désigna pour héritier Henri, que Charles VI adoptait et à qui il donnait sa fille en mariage.

En droit, le traité de Troyes n'était valable que si le roi n'était pas lié par les règles de dévolution de la Couronne et pouvait en écarter l'application par une disposition de sa volonté. Avant même qu'il eût été signé, la question avait été posée par les partisans du Dauphin pour défendre son droit d'exercer la régence, et les arguments avancés à cette occasion purent être transposés contre le traité. Dès 1419, un légiste nîmois, Jean de Terrevermeille, avait affirmé le caractère indisponible de la Couronne dans son *Traité du droit du successeur légitime aux héritages royaux*. Fondée sur le droit romain, sa démonstration mettait en relief la nature propre de la Couronne, et par conséquent des règles qui la régissaient : fonction instituée pour le gouvernement de la *res publica* et la réalisation du bien commun, elle n'était pas un bien susceptible d'appropriation privée, mais un bien public appartenant à la communauté politique et dont le titulaire n'avait que l'usufruit viager. En aucune manière, et spécialement quant à sa dévolution, elle ne relevait du droit privé, mais exclusivement du droit public. Si les successions privées laissaient place à la volonté du défunt, aux dispositions testamentaires ou à l'exhérédation d'un héritier indigne, la dévolution d'un bien public l'excluait absolument : simple succession *in locum*, même lorsque le fils succédait à son père, elle n'impliquait aucune transmission d'un droit de l'un à l'autre, qui ne pouvait exister que pour les biens patrimoniaux. Son droit à régner, le successeur ne le tenait pas du roi précédent mais uniquement du statut, de la coutume spécifique qui réglait l'ordre de dévolution du trône, et aucune décision contraire ne pouvait l'en priver : la Couronne était totalement indisponible et la volonté du roi trouvait une limite infranchissable dans le respect du statut dont lui-même tenait son pouvoir.

Pour qu'une opinion doctrinale, fût-elle bien argumentée, devînt loi fondamentale, il lui fallait recevoir la consécration des faits : il fallait que le traité de Troyes ne fût pas appliqué, ou que les conséquences en fussent effacées. En 1422, après la mort, à deux mois d'intervalle, d'Henri V et de Charles VI, les Anglais et les Bourguignons, qui tenaient Paris, le nord et le sud-ouest de la France, reconnurent pour roi le tout jeune fils d'Henri V, Henri VI. Les Armagnacs proclamèrent roi le dauphin Charles (Charles VII), qui contrôlait seulement les régions du Centre, entre Loire et Dordogne, et le Languedoc. En 1429, avec l'aide de Jeanne d'Arc, Charles VII prit l'offensive : son sacre à Reims lui permit d'asseoir sa légitimité, et ses victoires militaires de reconquérir toutes les parties du royaume occupées par les Anglais, notamment Paris en 1436. Lorsque la guerre de Cent Ans prit fin en 1453, le roi d'Angleterre avait perdu toutes ses possessions françaises à l'exception de Calais. Victoire qui était aussi celle du principe d'indisponibilité de la Couronne : le traité de Troyes était définitivement écarté, tenu pour nul et non avenu, et le précédent nécessaire à la formation de la coutume existait. La doctrine de Jean de Terrevermeille fut reprise par les juristes du XVe siècle, comme le conseiller de Charles VII, Jean Juvénal des

Ursins, et par ceux du XVIe siècle. L'indisponibilité, entendue de la manière la plus rigoureuse, impliquait l'impossibilité totale de modifier l'ordre de dévolution fixé par la coutume, juridiquement supérieure à la volonté royale.

De ce fait, le roi ne pouvait abdiquer. Désigné pour régner jusqu'à sa mort, il aurait violé l'ordre coutumier en renonçant à ce qui était pour lui un devoir plus encore qu'un droit. Lorsque François Ier, prisonnier de Charles Quint à Madrid en 1525, envisagea de laisser le trône à son fils aîné, le Parlement de Paris lui objecta l'incompatibilité du projet avec la théorie statutaire.

Les princes du sang, membres de la famille royale que la coutume plaçait parmi les successeurs présomptifs, ne pouvaient pas davantage refuser la Couronne. La question fut soulevée en 1713 par la renonciation au trône de France du petit-fils de Louis XIV, Philippe d'Anjou. Choisi par le testament de son grand-oncle Charles II, Philippe était devenu roi d'Espagne en 1700, et la perspective d'une union des deux royaumes, qui aurait modifié l'équilibre européen, avait été le prétexte d'une coalition contre la France. Au terme de la longue guerre de Succession d'Espagne, le traité d'Utrecht reconnut Philippe pour roi d'Espagne contre l'exigence de sa renonciation expresse au trône de France. Renonciation que Louis XIV et son petit-fils dénoncèrent comme viciée par la violence, mais dont la validité paraît aussi fort douteuse au regard du principe d'indisponibilité de la Couronne.

A fortiori, le roi ne pouvait modifier la liste des successibles en y incluant des personnes autres que celles appelées par la coutume. À la fin de son règne, après le décès de la plupart de ses descendants légitimes, dont le seul survivant, outre Philippe d'Espagne, était son arrière-petit-fils, le futur Louis XV, un enfant de quatre ans de santé fragile, Louis XIV décida d'inclure parmi les successibles les deux fils nés de sa relation adultère avec la marquise de Montespan, le duc du Maine et le comte de Toulouse, par l'édit de Marly de juillet 1714. Après sa mort, cette décision, prise en violation de la coutume qui n'appelait à succéder que les parents légitimes, fut rapportée par un édit de juillet 1717, qui déclarait les descendants illégitimes inaptes à régner et affirmait « l'heureuse impuissance » du roi à modifier les lois fondamentales de son royaume, qui formaient, comme le dit une déclaration du 26 avril 1723 relative à la même affaire, « la constitution de la monarchie ». Si la dynastie venait à s'éteindre, il appartiendrait à la nation, représentée par les États généraux, d'en élire une autre.

C. Le principe de catholicité

Seul un prince catholique pouvait accéder au trône de France. Exprimé tardivement, à la fin du XVIe siècle, le principe s'ancre pourtant au plus profond de la tradition monarchique : sacré, doté du pouvoir thaumaturge de toucher les écrouelles, qualifié de « Roi par la grâce de Dieu » dans les actes officiels, le roi de France ne pouvait appartenir à une autre confession. Mais pendant tout le Moyen Âge, le maintien de l'unité religieuse avait dispensé d'envisager, autrement que comme hypothèse d'école, l'existence d'un monarque hérétique.

Pour que la question se posât concrètement, il fallut la Réforme protestante, la diffusion du calvinisme dans une partie de la population, particulièrement dans la haute noblesse, la formation d'un parti protestant minoritaire mais influent, avec à sa tête la reine de Navarre Jeanne d'Albret et son mari Antoine de Bourbon, enfin, après la mort d'Henri II en 1559, le déclenchement des guerres de Religion qui déchirèrent la France jusqu'en 1596. Il fallut surtout qu'une crise dynastique se greffât sur le conflit religieux à partir de 1584 : des quatre fils d'Henri II, trois étaient morts sans descendance et le survivant, le roi régnant Henri III, semblait lui aussi devoir décéder sans héritier ; le plus proche parent par les mâles, à qui la Loi salique destinait la Couronne, était Henri de Navarre, parent au vingt et unième degré, fils d'Antoine de Bourbon et de Jeanne d'Albret, chef du parti protestant, hérétique relaps et excommunié. Situation d'autant plus grave qu'en un temps qui ignorait la liberté de conscience, le souverain était en droit d'imposer sa religion aux sujets, comme l'avaient fait les rois d'Angleterre et les princes allemands passés à la Réforme. En grande majorité catholiques, les Français ne pouvaient accepter un roi protestant, fût-il appelé par les lois fondamentales. Religieuse, puis dynastique, la crise devenait constitutionnelle : elle conduisait à remettre en cause l'autorité du principe de masculinité dont se prévalait Henri de Navarre.

Le principe de catholicité s'est dégagé dans ce contexte troublé. La majorité catholique, organisée depuis 1576 dans le parti de la Sainte Ligue, sous l'autorité d'Henri de Guise, s'efforça d'anéantir les droits qu'Henri de Navarre tenait de la masculinité en lui opposant la catholicité, érigée en condition indispensable pour accéder au trône. Chassé de Paris par une émeute ligueuse (12 mai 1588), Henri III tenta de reprendre le contrôle de la situation en se ralliant, au moins en apparence, à ce point de vue : l'édit d'Union du 19 juillet 1588, ratifié comme loi fondamentale du royaume par les États généraux réunis à Blois en octobre 1588, déclarait tout prince hérétique exclu de plein droit de la succession au trône. Sa validité était néanmoins douteuse : l'indisponibilité de la Couronne s'opposait à ce que le roi établît de sa propre autorité des conditions successorales autres que celles exigées par la coutume, et le fait que les États généraux l'eussent proclamé loi fondamentale de l'État n'était pas plus déterminant, car ils n'avaient pas davantage le pouvoir de créer de telles lois, bien que le contraire eût été soutenu au XVIe siècle. On pouvait faire valoir en sa faveur que le principe de catholicité existait déjà de manière implicite, qu'il s'accordait à la tradition issue du baptême de Clovis et du sacre, mais Henri III lui-même paraît bien avoir considéré l'édit d'Union comme une mesure de circonstance. Ayant fait exécuter le duc de Guise et rétabli son autorité, il se rapprocha d'Henri de Navarre et le reconnut officiellement pour successeur légitime, avant d'être assassiné par un moine ligueur (2 août 1589).

Après la mort d'Henri III, les protestants et les catholiques modérés se rallièrent à Henri de Navarre en vertu de la masculinité. Les Ligueurs, au nom de la catholicité, proclamèrent roi l'oncle d'Henri, le vieux cardinal de Bourbon, sous le nom de Charles X, puis, après sa mort, envisagèrent d'appeler au trône une fille du roi d'Espagne, petite-fille d'Henri II par sa mère. Les États généraux, réunis en janvier 1593 pour en débattre, rejetèrent par fidélité aux traditions du royaume cette éventualité, dont les succès militaires d'Henri de Navarre auraient rendu la réalisation difficile. La solution vint d'une transaction entre les deux principes : le Parlement de Paris, sur proposition de son premier président Jean Lemaistre, rendit un arrêt solennel (28 juin 1593) qui réaffirmait l'autorité du principe de masculinité et déclarait par avance « nul et de nul effet tout ce qui serait fait au préjudice de la Loi salique et autres lois fondamentales du royaume », mais remontra à Henri de Navarre, dont il reconnaissait les droits, qu'il ne pourrait se faire accepter de ses sujets catholiques sans renoncer au protestantisme. Le 25 juillet 1593, Henri abjura la religion réformée et, après la levée de son excommunication, fut sacré à Chartres.

L'abjuration d'Henri IV fournissait le précédent capable d'asseoir définitivement la loi de catholicité.

Si l'édit d'Union, à lui seul, n'avait pas le pouvoir de l'imposer, le fait que le roi désigné par la Loi salique eût été contraint de se faire catholique pour régner lui apportait une confirmation indiscutable. La masculinité et la catholicité étaient reconnues également comme lois fondamentales, et le successeur devait réunir les deux conditions. Désormais complètes, les règles de dévolution de la Couronne seront mises par écrit dans la Constitution du 3 septembre 1791, consécration implicite, en pleine Révolution, de leur valeur constitutionnelle.

Sous-section 2

La continuité de l'État

Autant que la dévolution du pouvoir, une Constitution assure le fonctionnement et la permanence de l'État. Les lois fondamentales y ont pourvu : dans le souci d'affirmer la pérennité de la personne morale et sa supériorité sur la personne physique, elles ont posé les principes de continuité de la fonction royale, de continuité des actes royaux et d'inaliénabilité du domaine de la Couronne.

A. Continuité de la fonction royale

Charge publique, la royauté ne pouvait disparaître avec son titulaire, et les progrès de l'idée d'État se reflètent dans ceux de la continuité de la fonction. Longtemps entravée par l'importance traditionnellement reconnue au sacre, celle-ci s'est définitivement établie lorsque deux ordonnances de 1403 et 1407 ont posé le principe d'instantanéité de la succession.

Dans la tradition du haut Moyen Âge, le sacre jouait un rôle essentiel : il faisait le roi, lui conférait la légitimité sans laquelle il ne pouvait régner et, à sa mort, son successeur n'était reconnu qu'après avoir été sacré. Jusqu'en 1223, tant que les Capétiens ont gardé l'usage, inauguré par Hugues Capet pour asseoir une hérédité encore mal assurée, d'associer de leur vivant leur fils aîné au trône et de le faire sacrer par anticipation, aucun inconvénient n'en résultait. Mais, après l'abandon de cette pratique par Philippe Auguste, un interrègne, période où le royaume demeurait sans roi, survenait entre la mort et l'avènement du successeur.

Il était bref, voire inexistant, lorsque ce dernier était majeur : on a très vite admis que le nouveau roi exerçait ses prérogatives dès la mort du précédent et, en 1270, la chancellerie a commencé à dater du jour du décès le début du nouveau règne. En revanche, lorsque le successeur était mineur, et inapte à régner avant d'avoir atteint l'âge de la majorité, du reste mal fixé, cet interrègne se prolongeait et, pour exercer le gouvernement, on désignait un régent selon des règles également mal définies : tantôt, comme en droit féodal, l'héritier présomptif du trône en cas de décès du mineur ; tantôt la mère de celui-ci, comme Blanche de Castille, nommée régente par le testament de son mari, car les femmes, même après avoir été exclues de la succession à la Couronne, ne l'ont jamais été de la régence. Le régent ne représentait pas le mineur mais gouvernait en son propre nom, ce qui soulignait bien l'absence de roi jusqu'à la majorité. Période d'interrègne, la minorité et la régence étaient aussi un temps d'affaiblissement de l'autorité, fréquemment troublé par des révoltes.

Pour y remédier et éviter une trop longue vacance du trône, l'âge de la majorité royale a été de plus en plus abaissé : avant le XIIIe siècle, il était identique à celui de la majorité féodale (vingt ou vingt et un ans) ; en 1270, Philippe III, qui venait de succéder à Louis IX, décida que son fils serait majeur à quatorze ans, et en 1374 un édit de Charles V fixa, sous l'influence du droit romain, la majorité royale à treize ans révolus. Dès qu'il entrait dans sa quatorzième année, le roi, à partir du XVIe siècle, était solennellement déclaré majeur au cours d'un lit de justice tenu au Parlement.

L'avancement de l'âge de la majorité abrégeait l'interrègne mais ne le supprimait pas. Les ordonnances de Charles VI de 1403 et de 1407 l'ont au contraire fait disparaître en instaurant l'instantanéité de la succession : à la mort du roi, son successeur, majeur ou mineur, le remplaçait immédiatement, de sorte qu'aucune solution de continuité n'existait plus dans l'exercice de la fonction. Probablement inspirée de la saisine héréditaire coutumière, qui transmettait immédiatement la succession à l'héritier (« Le mort saisit le vif, son hoir le plus proche »), elle s'accordait à la nature propre de la charge royale, permanente, immortelle, que n'atteignaient pas les vicissitudes, mort ou minorité, subies par la personne du prince : « La dignité ne meurt pas » (*Dignitas non moritur*), « Royaume n'est jamais sans roi », « Le Roi ne meurt pas en France ». Le protocole voulait qu'au décès d'un roi, ni son successeur ni le chancelier de France – les deux personnes qui symbolisaient au plus haut point l'autorité de l'État – ne prissent le deuil. Et, au début du XVIe siècle, à l'exemple du rituel suivi pour les obsèques du roi d'Angleterre Henri V en 1422, s'introduisit un nouveau cérémonial des funérailles royales : après avoir été inclinés devant la tombe du roi défunt, les insignes royaux étaient aussitôt relevés tandis qu'un héraut d'armes criait « Le roi est mort, vive le roi », l'enchaînement des deux propositions illustrant l'instantanéité de la succession et la continuité de l'État.

En conséquence, le sacre perdait une bonne partie de sa fonction : dénué d'effet constitutif, il ne transmettait plus la royauté mais se bornait à la déclarer, à la reconnaître, bien que la mentalité populaire soit restée attachée à son rôle traditionnel, comme Jeanne d'Arc qui appela toujours Charles VII « gentil Dauphin », et non roi, tant qu'il ne fut pas sacré. Autre conséquence de l'instantanéité de la succession : la disparition de la régence. Le successeur mineur, au même titre que le majeur, devenait immédiatement roi et tout interrègne, tout gouvernement intérimaire était exclu : les légistes proclamèrent que « le Roi de France est toujours majeur », qu'« en France il n'y a pas de régence ». Il jouissait de la pleine autorité royale, qui, après une longue période d'incertitude, lui fut expressément reconnue sous l'influence du chancelier de L'Hospital, lors de la minorité de Charles IX. Certes, l'absence de régence relève pour une part de la fiction, car le jeune roi, tant qu'il était mineur de quatorze ans, ne gouvernait pas en personne. Il y avait toujours un régent, ou une régente, pour exercer le gouvernement à sa place, mais il le faisait au nom du roi mineur et non plus en son propre nom : les actes qu'il promulguait étaient censés avoir juridiquement pour auteur le roi lui-même, qui, devenu majeur, ne pouvait les contester, solution révélatrice de la force prise par le principe de continuité de l'État, sur lequel la mort du roi reste juridiquement sans influence.

B. Continuité des actes royaux

La continuité des actes royaux prolonge celle de l'État. Émanés de la personne physique du roi, ces actes pouvaient être considérés comme abrogés instantanément à la mort de leur auteur. Mais pris dans le cadre de sa fonction, au nom de l'État et pour ses besoins propres, ils ont vu leur efficacité prolongée au-delà de sa vie, ils sont devenus de plein droit permanents.

L'évolution vers la permanence a été précoce pour les actes normatifs. Les lois, du fait de leur caractère général, ont été maintenues en vigueur sans qu'aucune confirmation expresse fût nécessaire, ce qui évitait un vide juridique complet à chaque changement de règne, sans préjudice toutefois du droit du nouveau roi, pleinement souverain, de les abroger. De même, la continuité des traités internationaux a été admise rapidement, pour ceux qui étaient conclus sans limitation de durée, approuvés par les États généraux et enregistrés au Parlement. Les privilèges, lois particulières (*leges privatae*) d'application plus restreinte et dont beaucoup avaient leur origine dans une grâce royale, ont soulevé davantage d'hésitations et l'usage est resté de les faire confirmer à chaque nouveau règne, moyennant le paiement d'un droit de *joyeux avènement*, supprimé tardivement par Louis XVI. Au XVIIIe siècle, la continuité des privilèges, au même titre que des lois générales, ne faisait plus aucun doute.

Les dettes du roi ont été longtemps considérées comme propres à celui qui les avait contractées, et le fait que la succession royale était distinguée des successions de droit privé jouait en ce sens. En charger le nouveau roi eût limité son indépendance et sa souveraineté, mais cette solution, pour logique qu'elle fût, nuisait au crédit de l'État, qui, au XVIe siècle encore, ne pouvait emprunter que sous la forme de rentes garanties par les principales villes du royaume. Aux XVIIe-XVIIIe siècles s'est imposée l'idée contraire : contractées non à titre personnel mais pour les besoins de l'État, personne morale permanente qui en apparaissait comme la véritable débitrice, les dettes du roi obligeaient son successeur. À la mort de Louis XIV, en dépit d'une situation financière gravement obérée, le Régent sauva le crédit public en honorant les dettes du règne précédent.

Les charges des officiers ont suivi une évolution identique. D'abord liés par une sorte de contrat *intuitu personae* au roi qui les avait nommés, les officiers cessaient leurs fonctions à la mort de celui-ci, et si le successeur acceptait souvent de les reprendre à son service, surtout dans les tâches judiciaires ou financières qui exigeaient compétences techniques et expérience, rien ne l'y obligeait : à son avènement, Louis XI révoqua la plupart des grands officiers qui avaient servi son père. Sous son règne pourtant, l'inamovibilité commença à s'établir pour les officiers de judicature. Au XVIe siècle, tous les offices royaux étaient devenus perpétuels, et la confirmation par le nouveau roi, juridiquement inutile, n'a subsisté que pour justifier la perception du droit de joyeux avènement. La règle s'est même étendue aux commissions, par nature instables et révocables. Officiers et commissaires sont ainsi passés peu à peu du statut d'agents du roi à celui d'agents de l'État.

C. Inaliénabilité du domaine de la Couronne

Avec la Couronne, le roi recevait un patrimoine, un ensemble de biens de toute nature qui composaient son domaine : immeubles (seigneuries, châteaux, terres, forêts), meubles (argent, bijoux, mobilier royal), biens incorporels (droits féodaux et fiscaux, droits régaliens comme la justice, le monnayage, les droits d'aubaine, d'épave ou de déshérence, créances). À l'époque moderne, avec l'extension de la souveraineté à l'ensemble du territoire, le domaine a perdu la fonction politique qu'il avait eue sous la féodalité. Il offrait surtout un intérêt économique, source de prérogatives et de revenus, de plus en plus insuffisants cependant pour satisfaire aux besoins de l'État. Paradoxalement, il a pris alors une importance croissante sur le plan juridique : de propriété du roi, il est devenu propriété de la Couronne, et en conséquence la plupart des biens qui le composaient ont été frappés d'inaliénabilité et d'imprescriptibilité.

Jusqu'au XIVe siècle, le roi a gardé la pleine propriété et la libre disposition de son domaine. Il en usait fréquemment, sous forme de dons à ses proches, aux églises ou aux laïcs dont il désirait s'attacher la fidélité ou récompenser les services. Les premiers Capétiens, qui avaient peu de moyens, s'étaient montrés économes, mais les Valois, dont le pouvoir reposait sur des bases plus fragiles, firent preuve de prodigalité. En réaction, et à mesure qu'émergeait la notion de Couronne, sont apparues les premières manifestations de l'inaliénabilité. Les droits savants, une fois de plus, ont servi d'exemple : les légistes français se sont inspirés des romanistes, qui, à partir du concept de *fiscus*, concevaient le domaine comme une sorte de personne morale distincte du prince et dotée d'un statut spécial fondé sur l'affectation à la chose publique ; également des canonistes, qui interprétaient dans le sens d'une inaliénabilité au moins relative les textes du *Décret* de Gratien et des décrétales pontificales limitant ou prohibant la cession des biens ecclésiastiques. Les principes du droit féodal, qui empêchaient tout seigneur d'aliéner les domaines concédés en fiefs à ses vassaux, et donc de contraindre ceux-ci à entrer contre leur gré sous la dépendance d'un autre, ont joué aussi en sa faveur. Enfin, le sentiment populaire est intervenu à plusieurs titres : pour affirmer, contre les projets de cession d'une province ou d'un pays à une puissance étrangère, l'attachement indéfectible de la population au roi et à la nation française ; de manière plus terre à terre, pour critiquer les aliénations trop importantes qui, indirectement, entraînaient l'accroissement de la fiscalité.

Clairement dégagé dès les XIVe-XVe siècles, le principe d'inaliénabilité a commencé d'être mis en œuvre à la même époque. Philippe V, Charles IV ou Philippe VI de Valois l'ont régulièrement invoqué pour justifier la révocation générale des donations de biens domaniaux et restreindre par avance les aliénations futures. Ils ont prescrit à la Chambre des comptes, compétente en matière domaniale, de vérifier avec soin les lettres de don, de relever les erreurs et les irrégularités, et de signaler à l'attention du roi celles qu'elle jugeait excessives ou inopportunes. Charles V est allé plus loin en faisant inclure dans le serment que prononçait le roi le jour de son sacre une clause par laquelle il s'engageait à ne pas aliéner « les droits et noblesses de la Couronne de France » : son ordonnance du 3 mars 1356, prise à la demande du Parlement et des États généraux alors qu'il n'était encore que lieutenant général du royaume, fut la première à affirmer clairement la nature publique du domaine, défini comme « le propre héritage du royaume et de la Couronne de France ». Un tel engagement n'avait pourtant qu'une portée morale, insuffisante pour mettre fin à la pratique des aliénations, qui s'est poursuivie tout au long du XVe siècle et de la première moitié du XVIe, tempérée par des mesures ponctuelles de révocation qui rappelaient le caractère inaliénable et imprescriptible du domaine.

Dégagée dès les derniers siècles du Moyen Âge, et déjà considérée comme loi fondamentale, l'inaliénabilité, comme le montre l'alternance d'aliénations, de révocations et de réaffirmations de la règle, demeurait mal respectée et, pour des raisons pratiques, ne pouvait l'être absolument : les nécessités d'une bonne gestion, l'obligation de trouver des ressources dans les périodes de crise financière, l'existence d'usages contraires bien établis s'y opposaient, et des exceptions avaient toujours été admises. Il fallait clarifier la règle : dans ce but, le chancelier de L'Hospital fit promulguer l'édit de Moulins de février 1566, qui, sans apporter des solutions neuves, a réaffirmé le principe et précisé les modalités de son application.

L'édit de Moulins, sans y parvenir pleinement, a d'abord cherché à fixer la composition du domaine, encore incertaine. Si les biens qui en avaient fait partie au cours du règne précédent y entraient indubitablement pour former le domaine ancien ou fixe, des doutes subsistaient pour ceux qu'avait acquis le roi régnant, et plus encore pour ceux qu'il possédait avant son avènement : ni la pratique, ni la doctrine, très divisée, n'apportaient de réponse claire, et il existait un fort courant, chez les officiers royaux, en faveur de l'incorporation immédiate au domaine fixe de tous les biens du roi. L'édit de Moulins a maintenu au contraire la distinction entre domaine ancien et biens acquis au cours du règne, ou domaine casuel, et limité l'inaliénabilité au premier : il prévoyait toutefois la faculté d'unir les biens du domaine casuel au domaine fixe par décision expresse du roi, ou de plein droit après qu'ils eurent été administrés pendant dix ans par des agents royaux.

Par contre, l'édit ne réglait pas le sort des biens possédés en propre par le roi avant d'accéder au trône, question qui se posa à l'avènement d'Henri IV : celui-ci, dont la situation politique restait fragile, s'efforça longtemps de conserver à titre personnel son patrimoine, et en particulier son royaume de Navarre, avant de se résoudre à l'incorporer au domaine par un édit de 1607, sur la demande insistante du Parlement de Paris. Cette solution, qui dépouillait le roi de ses biens personnels au profit du domaine, fut justifiée par la métaphore du mariage mystique que le roi contractait avec la Couronne, union de la personne physique et de la personne morale qui justifiait que le patrimoine du roi se confondît avec celui de la république, mais fondait aussi l'inaliénabilité en assimilant le domaine à la dot de la femme mariée, confiée à l'administration du mari et indisponible entre ses mains.

Limitée au domaine fixe, l'inaliénabilité supportait deux exceptions : les *apanages* et les *engagements*. Les apanages reposaient sur une tradition ancienne, et l'édit de Moulins, en reprenant diverses précautions introduites depuis le début du XIVe siècle, acheva de les vider de tout contenu politique : les filles n'étaient pas apanagées en terres mais en argent pour éviter que, par leur mariage, les biens ne passent aux mains de familles étrangères ; au décès de l'apanagiste ou de son dernier héritier mâle, s'il n'y avait pour héritiers que des filles, l'apanage revenait à la Couronne (ce qui s'était produit pour la Bourgogne en 1477) ; enfin, les principaux droits régaliens (frappe des monnaies, levée des impôts, justice supérieure) n'étaient plus concédés avec la terre, mais continuaient d'être exercés au nom du roi par ses officiers. Sous cette forme, les apanages ne consistaient plus qu'en droits honorifiques et économiques, indivisibles et incessibles, appelés tôt ou tard à faire retour au domaine.

Les engagements formaient une seconde exception, inspirée aussi de pratiques plus anciennes. Ils permettaient à l'État de tirer parti de son domaine en gageant sur lui ses emprunts. En cas de guerre ou de nécessité absolue, le roi pouvait concéder des biens domaniaux en gage à des particuliers, contre un prêt d'argent dont le montant était mis aux enchères et payé comptant. Le prêteur exploitait pour son compte les biens engagés et en percevait les revenus, représentant les intérêts du prêt. Juridiquement, il ne s'agissait pas d'une véritable aliénation : seule était concédée la jouissance du fonds, non sa propriété qui demeurait à la Couronne, et avec faculté de rachat perpétuel. En fait, les prêts étaient rarement remboursés et les engagements se prolongeaient sur des générations : l'administration royale n'usait de la faculté de rachat que pour obtenir un supplément de prix en remettant périodiquement les biens aux enchères.

Ainsi fixée, la règle d'inaliénabilité du domaine a été bien respectée jusqu'à la fin de l'Ancien Régime. Elle est passée en droit moderne, mais en perdant sous la Révolution sa nature constitutionnelle et sa signification politique. Plus que par sa portée pratique, c'est en effet par sa valeur symbolique qu'elle retient l'intérêt : en expropriant le roi de son patrimoine, en réalisant l'absorption de ses biens personnels dans le domaine de la Couronne et en limitant ses prérogatives à un simple usufruit, elle traduit la vraie nature du régime, une monarchie où, au terme d'un triple processus de « dépatrimonialisation », de « dépersonnalisation » et de « constitutionnalisation » du pouvoir [1], la personne morale, l'État, a pris le pas sur la personne physique du prince, vouée tout entière à son service et dont la volonté trouvait une limite infranchissable dans les lois constitutionnelles du royaume.

Chapitre II

NAISSANCE DES DROITS PRIVÉS NATIONAUX

L'évolution du droit privé a suivi celle des structures politiques : à la formation des États a répondu, avec plus ou moins de retard, celle de droits nationaux fortement individualisés. Avant le XVIe siècle, aucune

1. Albert Rigaudière, « Pratique politique et droit public dans la France des XIVe et XVe siècles », *Archives de philosophie du droit*, 1997, p. 83-114.

concordance nécessaire n'existait entre les cadres juridiques et ceux, encore en voie de constitution, des États ou des nations : en Europe continentale s'appliquaient, à des titres divers, des droits qui transcendaient les frontières politiques, droit canonique et droit romain à vocation ou à prétention universelle, au-dessus de droits limités à des ressorts étroits et que l'on peut qualifier d'infra-nationaux, coutumes provinciales ou statuts municipaux. À partir du XVIe siècle, une double tendance est venue modifier cette situation : le déclin des droits supra-nationaux (section I) ; simultanément, l'affirmation des droits locaux, de plus en plus émancipés de la prééminence, sinon de l'influence, des droits romain et canonique, et l'amorce de leur unification dans un cadre national (section II). Mutation capitale que la France, pour avoir été l'un des premiers pays d'Europe continentale à se constituer en État, fut aussi l'un des premiers à accomplir.

Section I

Déclin des droits supra-nationaux

La prééminence et même l'existence de droits universels, qu'elles soient fondées sur des raisons d'ordre politique ou sur leur supériorité intrinsèque, ont été de plus en plus contestées à partir du XVIe siècle. Le recul le plus précoce, et aussi le plus profond, a touché le droit canonique. Celui du droit romain, plus tardif, a été aussi plus limité : s'il n'a pas mis fin à l'influence romaniste, il a contribué à en transformer radicalement les fondements et les modalités d'exercice.

Sous-section 1

Régression du droit canonique

L'autorité du droit canonique était trop liée à celle de l'Église pour ne pas subir les conséquences des bouleversements religieux et politiques du XVIe siècle. La Réforme protestante, en brisant l'unité de l'Europe chrétienne, a permis la formation d'Églises nationales assujetties aux souverains laïcs. En 1539, le roi d'Angleterre Henri VIII, tout en conservant un dogme et une organisation ecclésiastique encore proches du catholicisme, a rompu tout lien de subordination entre son royaume et la papauté et s'est proclamé chef de l'Église anglicane, que ses successeurs ont fait évoluer vers le protestantisme. Une partie des principautés allemandes et des cantons suisses, les Pays-Bas septentrionaux, l'Écosse et les pays scandinaves, dont les souverains se sont convertis au luthéranisme ou au calvinisme et l'ont imposé à leurs sujets, se sont pareillement affranchis de l'Église romaine.

Sur le plan juridique, la principale conséquence fut, dans ces États, l'abrogation d'une grande partie du droit canonique, dont ne furent conservés que les éléments les plus anciens, et son remplacement par une législation séculière d'esprit souvent opposé : le mariage, dont la Réforme niait la valeur sacramentelle, fut laïcisé, et le divorce légalisé sous certaines conditions ; le prêt à intérêt, dont l'Église avait restreint la pratique au nom de la charité, fut libéralisé ; et même les questions touchant directement à la discipline religieuse, comme l'organisation du culte et l'administration des sacrements, passèrent sous la compétence de l'État.

Si les pays catholiques ont suivi une évolution plus lente et moins prononcée, le recul de l'Église et de son droit y fut néanmoins incontestable devant la montée en puissance des autorités politiques et des sentiments nationaux. En France, le gallicanisme, né dans les derniers siècles du Moyen Âge et constitué en doctrine à partir du XVIe siècle, sous l'influence des parlements et de jurisconsultes comme Charles Du Moulin, François Grimaudet, Guy Coquille et surtout Pierre Pithou, dont les *Libertés de l'Église gallicane* (1594) ont connu une très forte diffusion, a joué un rôle déterminant.

Tout en se voulant fidèles à la religion catholique et à l'autorité pontificale dans le domaine spirituel, les gallicans soutenaient à la fois l'indépendance de l'Église de France à l'égard du pape et de l'Église universelle dans les affaires temporelles, et son assujettissement au roi, que son pouvoir fortement sacralisé qualifiait pour en exercer la direction : en conséquence, tout ce qui touchait à la discipline extérieure du clergé et des fidèles relevait de la législation et des juridictions royales. Comme les réformés, les gallicans traitaient le droit canonique en système juridique étranger, à l'exception de ses éléments les plus anciens, ceux qui composaient le *Corpus juris canonici*, depuis longtemps reçus et intégrés au droit français : la législation pontificale plus récente, devenue la source la plus importante du droit canon, et même les décisions conciliaires étaient censées dépourvues de valeur obligatoire en France, à moins d'y avoir été expressément reçues par décision du roi. Les canons disciplinaires du concile de Trente, achevé en 1563, auxquels protestants et gallicans se montraient hostiles, restèrent de ce fait inappliqués dans le royaume : seules furent officiellement observées les dispositions reprises, et pour certaines modifiées, par les ordonnances royales.

Conjugué au jansénisme, très répandu chez les juristes et les magistrats à partir de la seconde moitié du XVIIe siècle, le gallicanisme a accéléré la formation d'un droit ecclésiastique national, construit sur la base des lois du roi, de la jurisprudence des parlements et de la doctrine, qui tendait à supplanter le droit de l'Église universelle et que l'on trouve exposé dans des ouvrages comme *Les Lois ecclésiastiques de la France* de Louis de Héricourt (1719), le *Recueil de jurisprudence canonique et bénéficiale* de Guy Du Rousseaud de La Combe, et surtout le *Dictionnaire de droit canonique* de Durand de Maillane (1761). L'intérêt pour l'enseignement du droit canon a faibli en même temps : il apparaît délaissé à partir du XVIe siècle, au bénéfice du droit romain et plus tard du droit français. Encore ne portait-il plus sur le droit canonique dans son ensemble mais sur « les anciens canons qui servent de fondement aux libertés de l'église gallicane », selon les prescriptions de l'édit de Saint-Germain-en-Laye d'avril 1679 (art. 4).

L'évolution du droit du mariage offre un bon exemple de la perte d'influence de la législation canonique en France. Le monopole acquis par l'Église, à partir du XIIe siècle, sur les questions relatives à la validité et aux effets personnels du lien matrimonial a été de plus en plus entamé par les autorités civiles, sans aller toutefois jusqu'à la sécularisation complète. Dès le milieu du XVIe siècle, sans attendre les décisions du concile de Trente, la législation royale a entrepris de lutter contre les unions clandestines que favorisait l'absence de conditions de forme obligatoires dans le droit canonique classique. Un édit de février 1557, le premier en ce domaine, a imposé le consentement des parents au mariage des fils de moins de trente ans et des filles de moins de vingt-cinq ans, mais sans édicter comme sanction la nullité, qui, du fait du caractère sacramentel du mariage, relevait encore de la compétence exclusive de l'Église : l'édit permettait seulement aux parents d'exhéréder les enfants mineurs mariés contre leur volonté. L'ordonnance de Blois de 1579 (art. 40) a repris les dispositions du concile de Trente qui avaient fait du mariage un acte formaliste, en imposant, sous peine de nullité, la présence du curé de la paroisse d'un des époux et de deux témoins (décret *Tametsi* de 1563), mais en accentuant leur sévérité (publication des bans exigée sans possibilité de dispense, présence de quatre témoins au lieu de deux). La même ordonnance (art. 41-42) a renforcé les sanctions indirectes contre les mariages conclus sans consentement parental, que le concile avait refusé de déclarer nuls, en confirmant la faculté d'exhérédation et en ajoutant des sanctions pénales fondées sur l'assimilation du mariage clandestin d'un mineur à un rapt punissable de mort. Ainsi, dès le XVIe siècle, le mariage était régi en partie par le droit royal, même si celui-ci prenait soin de ne pas heurter de front les principes canoniques.

À partir du XVIIe siècle, des atteintes plus graves ont été apportées par les parlements. Saisis par voie d'appel comme d'abus de recours intentés par les parents contre le mariage de leurs enfants mineurs, ils n'ont pas hésité à prononcer directement la nullité du lien en se fondant sur la séparation, proposée par les gallicans, entre deux éléments, le contrat et le sacrement, au sein du mariage : le consentement de l'époux mineur était jugé vicié par la séduction exercée par le conjoint, rapt de séduction auquel la jurisprudence des parlements attachait les mêmes effets qu'au rapt avec violence. La nullité n'était certes prononcée qu'à l'encontre du contrat, ce qui sauvegardait en apparence la compétence de l'Église sur le sacrement, mais le contrat étant réputé antérieur au sacrement et lui servir de support, c'était en fait l'ensemble du lien matrimonial qui se trouvait anéanti par décision des juridictions laïques. Au XVIIIe siècle, les parlements ont étendu leur compétence aux séparations entre époux et développé en cette matière une jurisprudence qui prenait des libertés avec le principe canonique d'indissolubilité du mariage et préfigurait sur certains points l'instauration prochaine du divorce.

Parallèlement, sous le régime de l'édit de Nantes, un mariage sans caractère sacramentel, conclu devant un pasteur, avait été admis pour les protestants. Frappé de nullité après la révocation de l'édit en 1685, le mariage protestant, à caractère purement civil, fut cependant validé par la jurisprudence de la seconde moitié du XVIIIe siècle et officiellement légalisé par l'édit de tolérance du 17 novembre 1787. À la veille de la Révolution existaient donc deux mariages bien distincts : un mariage catholique, sacramentel et indissoluble, relevant traditionnellement du droit canonique mais en fait largement réglementé par la législation royale et soumis au contrôle des juridictions civiles, et un mariage purement civil à l'usage des non-catholiques, conclu devant un juge royal ou un curé exerçant en qualité d'officier d'état civil, qui dépendait exclusivement des autorités laïques.

Une évolution semblable a touché les autres pays catholiques. En Espagne s'est mis en place un régime de cogestion qui permettait le contrôle de l'Église par les autorités étatiques tout en ménageant un droit de regard au pape et à ses légats. Au XVIIIe siècle, le « despotisme éclairé », qui se réclamait de l'esprit des « Lumières », a favorisé de nouvelles entreprises de l'État sur le domaine de l'Église, particulièrement en Europe centrale. Dans l'Empire des Habsbourg, le « joséphisme », décrété par l'empereur Joseph II, s'est traduit par une politique autoritaire de laïcisation et de subordination de l'Église : la législation impériale, tout en proclamant la liberté de conscience, a entrepris de réglementer avec rigueur l'exercice de la religion et l'ensemble des affaires temporelles, de supprimer des couvents, d'interdire les processions et les manifestations extérieures du culte, de fonctionnariser le clergé. Du fait des résistances auxquelles il s'est heurté, le « joséphisme » fut mal appliqué, mais, au même titre que le gallicanisme, il est révélateur de la tendance générale au déclin de l'influence de l'Église et du droit canonique au profit de l'État et des législations civiles.

Sous-section 2

Les métamorphoses du droit romain

À la différence du droit canonique, le droit romain n'a pas suivi une évolution linéaire. La fin du XVe siècle et le début du XVIe ont été pour lui le temps d'un nouvel essor : il a connu alors une seconde renaissance, après celle des XIIe-XIIIe siècles, et, dans une partie de l'Europe, son influence en est sortie renforcée. En France, au contraire, cette brève renaissance a préludé à de profondes transformations, dont l'autorité du droit romain s'est trouvée amoindrie. Dépourvu de force contraignante en pays coutumiers, il n'a subsisté qu'en tant que modèle, dont la doctrine et la législation se sont inspirées avec une grande liberté.

A. La seconde renaissance du droit romain

La seconde renaissance du droit romain a revêtu un double aspect. Sur le plan de son application pratique, elle a vu la reprise de la pénétration des règles romaines, mieux connues et plus largement diffusées grâce à l'imprimerie, qui répandait en grand nombre auprès des praticiens les ouvrages des docteurs italiens et les formulaires d'inspiration romaniste. Cette pénétration nouvelle a produit des effets plus radicaux que la première : elle a conduit, dans des pays que le droit romain n'avait jusque-là guère touchés, à une véritable réception de ses règles et à la transformation profonde du droit en vigueur. Sur le plan intellectuel, l'influence de l'humanisme a suscité un intérêt nouveau et permis l'émergence de méthodes différentes d'étude du droit romain, qui ont contribué aussi, dans un premier temps, à accroître son influence.

1. *La réception du droit romain*

La réception doit être distinguée de la pénétration. La pénétration du droit romain, telle qu'elle s'était produite aux XIIe-XIIIe siècles, avait permis la diffusion plus ou moins large de sa connaissance chez les juristes, répandu ses concepts et sa terminologie, mais souvent sans modifier beaucoup le fond des droits locaux. La réception a produit au contraire un phénomène d'acculturation qui a fait des lois romaines la source principale du droit, officiellement reconnue et rigoureusement appliquée par les autorités.

Ainsi dans la France des pays de droit écrit. Régies en principe par le droit romain au moins depuis le XIIIe siècle, les provinces du Midi n'en suivaient en fait que partiellement les solutions : les coutumes locales étaient restées vivaces et la pratique faisait preuve d'indépendance à son égard, de sorte que la notion même de pays de droit écrit relevait en partie du mythe. Entre le XVIe et le XVIIIe siècle, elle est devenue réalité : l'application scrupuleuse des solutions romaines a été imposée par les juridictions nouvellement créées, parlements et présidiaux, et les praticiens durent s'y soumettre. Les pratiques communautaires d'origine coutumière ont disparu peu à peu des contrats de mariage notariés au profit du régime dotal romain, à caractère séparatiste, et les règles de celui-ci, notamment l'inaliénabilité des immeubles dotaux, ont été mieux respectées. De même, dans les relations entre parents et enfants, la *patriapotestas* romaine, viagère et absolue, elle aussi tempérée jusque-là par les usages coutumiers, a été restaurée dans toute sa rigueur, alors qu'à l'inverse les pays coutumiers évoluaient vers une majorité émancipatrice, le plus souvent fixée à vingt-cinq ans, et vers la réduction à un simple pouvoir d'administration des droits du père sur les biens des enfants.

De ce fait, la distinction entre pays de droit écrit et pays de coutumes, bien qu'ancienne, ne s'est vraiment précisée qu'à partir du XVIe siècle. Les coutumes méridionales, qui avaient résisté à la première pénétration du droit romain, sont tombées pour la plupart en désuétude, victimes de l'hostilité des juges qui refusaient de les appliquer : à Toulouse, quelques articles seulement de la coutume rédigée en 1286 ont survécu. Les coutumes du Sud-Ouest, du Bordelais aux vallées pyrénéennes, ont été les seules à subsister, au moins en droit familial. Certaines d'entre elles ont fait l'objet d'une procédure de rédaction officielle, comme celles du Nord.

En Allemagne, le mouvement de réception a revêtu une ampleur encore plus grande. Jusqu'au milieu du XVe siècle, et bien qu'elle fût au cœur du Saint Empire romain, l'Allemagne n'avait guère été touchée par l'influence romaniste : au-dessus des coutumes et des statuts édictés par les nombreux princes et villes libres, qui constituaient les sources principales de son droit, le droit romain était reconnu tout au plus comme subsidiaire et restait peu appliqué. La seconde moitié du XVe siècle et la première moitié du XVIe ont vu au contraire sa réception massive sous l'influence conjointe des juristes qui, de plus en plus nombreux, allaient l'étudier à Orléans et dans les universités italiennes, des autorités publiques, à qui il fournissait des instruments de domination politique plus rationnels et efficaces que les droits coutumiers ou municipaux, et des bourgeois des villes marchandes.

Imposée par les juridictions locales et surtout par le tribunal d'Empire (*Reichskammergericht*) institué à la fin du XVe siècle, cette réception aboutit à substituer, dans de nombreux domaines, les solutions romaines à celles des droits locaux, à réformer toute la procédure des tribunaux et surtout à transformer profondément les conceptions juridiques en transposant, dans un monde régi par l'esprit coutumier, les modes de pensée des bartolistes, puis ceux des humanistes. Le droit romain s'est affirmé comme le droit commun de l'Empire (*gemeines Recht*) au-dessus des droits locaux, sur le modèle du *jus commune* bartoliste. Il a acquis et conservé une autorité bien plus forte qu'ailleurs : jusqu'aux codifications des XVIIIe-XIXe siècles, et même, dans certaines régions, jusqu'à l'entrée en vigueur du Code civil allemand en 1900, il devait demeurer la première source du droit.

La réception pratique a été suivie d'une réception théorique, œuvre de la doctrine. Aux XVIIe-XVIIIe siècles, les jurisconsultes germaniques et néerlandais, dont les plus importants furent Arnold Vinnen (1588-1657), Benedikt Carpzov (1595-1666), Georg Adam Struve (1619-1692), Johann Gottlieb Heineccius (1681-1741), ont développé, sur la base des compilations de Justinien considérées comme sources immédiates du droit positif, la doctrine de l'*Usus modernus Pandectarum*, influencée par l'École du droit naturel, d'esprit scientifique et systématique, qui trouvera un prolongement dans le Pandectisme du XIXe siècle et marquera durablement la science juridique allemande : beaucoup de constructions, reprises par le Code de 1900 et en usage aujourd'hui, ont été édifiées à partir de solutions romaines, transformées et généralisées par les juristes. Plus que le droit français, le droit allemand a revêtu et revêt toujours un aspect théorique et doctrinal, celui d'un droit de professeurs (*Professorenrecht*), porté vers les idées générales, la spéculation philosophique.

À l'exemple de l'Allemagne, mais avec moins d'intensité, les progrès du droit romain se sont étendus à toute l'Europe centrale et septentrionale, où il n'avait guère pénétré au Moyen Âge : Pays-Bas et États scandinaves, Écosse, Bohême, Autriche, Pologne, toujours à l'instigation des pouvoirs publics et des juridictions supérieures. C'est à compter des XVe-XVIe siècles, grâce à la seconde renaissance du droit romain, qu'a achevé de se constituer l'Europe des droits romanistes.

2. *Renouveau des études romanistes*

En même temps que s'accroissait sa diffusion, le droit romain connaissait une renaissance intellectuelle profonde, sans lien direct avec sa réception pratique mais qui a produit aussi des conséquences importantes. Renouveau intellectuel qui se rattache à l'humanisme, courant de pensée apparu dans l'Italie du XVe siècle et répandu dans toute l'Europe au cours du XVIe siècle.

L'humanisme se caractérisait par l'admiration de la culture antique, de l'art, de la littérature, de la philosophie de la Grèce et de Rome, et par un mépris non moins grand de ce que l'on commençait alors à nommer Moyen Âge. Cette redécouverte de l'Antiquité n'en était pas une, car l'héritage antique n'avait pas été oublié au cours des siècles précédents, mais elle exprimait une vision différente – la volonté de revenir aux sources et de retrouver les œuvres antiques dans leur pureté originaire, expurgées des ajouts et des déformations qu'elles avaient subis depuis un millénaire.

Le droit n'échappait pas à la curiosité des humanistes, et leur vénération de tout ce qui venait de l'Antiquité profitait au droit romain, paré d'un immense prestige. Parmi les initiateurs italiens du mouvement dans la seconde moitié du XVe siècle, comme parmi ses premiers adeptes français du début du XVIe, figuraient des juristes : Laurent Valla, professeur de droit à Pavie, Guillaume Budé (1467-1540), le Milanais André Alciat (1492-1550), qui enseigna à Avignon et à Bourges. Si l'humanisme juridique ne fut pas un phénomène spécifiquement français et eut des représentants dans les pays germaniques avec Ulrich Zasius, Grégoire Meltzer (Haloander), Johannes Apel, Boniface Amerbach, en Espagne et au Portugal avec Antoine Agustin, José-Luis Vives et Antoine Govéa, aux Pays-Bas avec Juste Lipse, c'est en France qu'il connut son plein essor à partir des années 1540, en particulier dans le cadre de l'université de Bourges, où enseignèrent, après Alciat, certains de ses plus illustres représentants : Jacques Cujas (1522-1590), François Le Douaren (1509-1559), François Hotman (1524-1590), Hugues Doneau (1527-1591). La méthode nouvelle d'étude du droit romain, identifiée aux procédés créés ou développés par les Français, prit rapidement le nom de *mos gallicus*, par opposition au *mos italicus* traditionnel des bartolistes.

Inspiré des méthodes appliquées à la philologie et à la littérature antiques, le *mos gallicus* ambitionnait de restaurer le droit romain dans son premier état, de retrouver non seulement celui des compilations de Justinien, auquel s'étaient surajoutés les interprétations et les commentaires des glossateurs et des bartolistes, mais aussi le droit antérieur, celui des périodes dites aujourd'hui ancienne et classique. Objectif qui impliquait une double rupture : avec la tradition des romanistes médiévaux, accusés d'avoir méconnu le véritable sens des textes, mais aussi avec celle des compilateurs byzantins. Plus encore qu'à Bartole et à ses émules, c'est à Justinien et à Tribonien que les humanistes faisaient grief d'avoir dénaturé le droit romain en mettant en pièces les ouvrages des auteurs classiques et en déformant, volontairement ou par ignorance, les fragments qu'ils en avaient retenus.

Dans ce but, les juristes du *mos gallicus* ont mis en œuvre des méthodes critiques novatrices en collationnant les manuscrits les plus sûrs pour rétablir la lettre authentique des textes, en les interpétant par comparaison avec les ouvrages littéraires ou philosophiques contemporains, au premier rang desquels ceux de Cicéron, et en cherchant à détecter les interpolations éventuelles. Cujas et ses disciples ont dégagé avec une grande érudition les critères susceptibles de signaler les altérations des compilateurs. Ils ont donné à l'interprétation du droit romain une profondeur historique auparavant inconnue : au lieu de l'étudier comme un bloc homogène et statique, de chercher à concilier ses contradictions en recourant à la casuistique ou à des arguments de pure logique comme le faisaient leurs devanciers, ils les ont expliquées par l'évolution, par les décalages chronologiques qui séparaient les textes divergents. Ils ont entrepris de retracer toute l'histoire du droit romain depuis ses origines, de reconstituer et de publier les textes antérieurs à Justinien, comme le Code théodosien, avec une prédilection pour les plus anciens : le *jus Papirianum*, la loi des Douze Tables.

L'apport intellectuel de l'humanisme a été considérable. Il a fondé la méthode historique et introduit l'histoire au cœur de la pensée juridique, non dans le seul but de satisfaire la curiosité scientifique mais aussi parce que la redécouverte du droit antérieur aux Byzantins, réputé meilleur, devait contribuer au perfectionnement moral et technique de toute la discipline. Ses conséquences se sont pourtant révélées ambiguës, et en fin de compte dommageables pour l'autorité du droit romain. Les humanistes ont trop idéalisé le droit d'avant Justinien et exagéré les transformations apportées par les compilateurs. La recherche systématique des interpolations, et les controverses auxquelles elle a donné lieu, ont introduit beaucoup d'incertitudes sur le sens et la portée des textes. La condamnation, au nom de la sauvegarde de la pureté originelle des lois romaines, de toutes les modifications et interprétations apportées postérieurement dans le but de les adapter aux conditions nouvelles, a eu pour effet de les rendre plus difficilement utilisables par la pratique moderne, et l'humanisme a amorcé le divorce entre théoriciens universitaires et praticiens du droit. Enfin, une interprétation trop exclusivement historique risquait de dévaloriser le droit romain, de lui faire perdre l'universalité qu'on lui avait antérieurement reconnue. Indirectement, et sans l'avoir voulu, l'humanisme juridique a ainsi contribué à son déclin.

B. Déclin du droit romain en France

À partir du XVIe siècle, le droit romain a subi en France un sort opposé à celui qu'il connaissait dans d'autres pays d'Europe, en particulier dans ceux où il avait fait l'objet d'une réception récente : il s'est vu refuser la qualité de droit positif, et par conséquent de droit commun, et ravaler au rang d'un simple modèle, dont l'autorité devait demeurer purement doctrinale.

1. *Rejet du droit romain comme droit commun*

Le refus de reconnaître au droit romain les qualités de droit positif et de droit commun pouvait se réclamer de la vieille tradition française de rejet de l'autorité impériale. Cette tradition n'avait pourtant pas empêché les juristes, jusqu'au milieu du XVIe siècle, de l'assimiler au *jus commune*, à l'exemple des bartolistes, et la France coutumière n'était pas à l'abri d'une réception massive, semblable à celle que connaissaient les pays de droit écrit et l'Allemagne. La doctrine italienne y était influente grâce à la large diffusion de ses ouvrages, à l'enseignement que dispensaient certains de ses maîtres dans les facultés de droit, et à la fréquentation encore habituelle des universités transalpines par les étudiants français. Le premier président du Parlement de Paris, Pierre Lizet, attaché à romaniser les coutumes dont il dirigeait la rédaction et qui, selon Guy Coquille, « tenait le droit civil romain pour notre droit commun, et y accommodait autant qu'il pouvait notre droit français, et réputait être de droit étroit et à restreindre ce qui est contraire audit droit romain », représente bien ce courant dont on ne saurait sous-estimer l'importance et auquel se rattachaient la plupart des grands jurisconsultes de l'époque : Chasseneuz, Tiraqueau, et même Du Moulin dans ses premiers écrits.

Les attaques contre le droit romain, très vives dans la seconde moitié du XVIe siècle, apparaissent comme une réaction contre cette menace de romanisation accrue, mais aussi comme une conséquence de l'infléchissement tardif de l'humanisme français dans un sens plus national et plus critique à l'égard de l'Antiquité. Elles ont été surtout le fait de jurisconsultes praticiens, avocats ou magistrats cultivés, acquis aux idées nouvelles mais qui en donnaient une interprétation différente de celle des universitaires, et dont l'argumentation, inspirée par leurs idées gallicanes et par un sentiment national très vif, a contribué à faire passer le droit romain, comme le droit canonique, pour étranger à la France.

À cette élite des praticiens, la vision historiciste que répandait l'humanisme a inculqué le sens aigu du relativisme : le droit apparaissait comme le produit du « naturel » de chaque peuple, étroitement déterminé par l'époque, le milieu, voire le climat où il s'était formé. Relativisme qui conduisait à nier l'existence du droit commun universel et du *jus gentium*, ou du moins à en réduire l'importance et à refuser d'en trouver l'expression dans le droit romain, comme l'avait fait la tradition médiévale. Entreprenant, vers 1560, de dresser un tableau du droit universel dans sa *Juris universi distributio*, Jean Bodin niait qu'il s'identifiât au seul droit de Rome et se proposait de le découvrir par la comparaison et la synthèse de tous les systèmes juridiques connus depuis l'Antiquité. Très hostile au droit romain, qu'il enseignait pourtant à Bourges, François Hotman, dans son *Antitribonian*, composé en 1567 mais demeuré inédit jusqu'en 1603, y trouvait l'expression non de l'équité et de la raison naturelle, mais des règles que les Romains avaient établies dans le seul but d'asseoir leur domination sur les peuples conquis.

Sans aller aussi loin, les réserves, nourries aussi du rejet du bartolisme et de l'anti-italianisme ambiant, ont été largement répandues. Pour de nombreux juristes français de la seconde moitié du XVIe siècle, le droit romain n'était que « le droit des Romains », le droit d'un peuple étranger et d'une époque révolue, à la rigueur encore celui des Italiens mais pas celui des Français, à la nature et aux traditions par trop différentes, et que Dieu, au dire de l'avocat et historien Étienne Pasquier, avait voulu séparer de leurs voisins « par un haut entrejet de montagnes ».

Contre l'autorité du droit romain en France a joué aussi la place croissante prise par le positivisme dans l'esprit des humanistes, dont beaucoup appartenaient aux milieux gouvernementaux ou parlementaires, soucieux d'exalter la souveraineté du roi dans la lignée des légistes médiévaux. Pour des auteurs comme Louis Le Caron et Étienne Pasquier, le droit tenait essentiellement dans la loi, dans la volonté et le commandement de l'autorité légitime, et sa force obligatoire ne pouvait venir que de sa promulgation par le souverain. Fondements dont le droit romain paraissait dépourvu : les lois promulguées par Justinien émanaient d'un empereur qui n'avait jamais régné en Gaule, et, selon une croyance répandue à l'époque, celles de ses prédécesseurs avaient été abrogées par la conquête franque. Tant sur le plan politique que sur le plan culturel, le droit romain faisait donc figure d'étranger. Quant aux pays de droit écrit, leur situation propre résultait, suivant une tradition née au XIIIe siècle, de l'existence d'une coutume conforme au droit romain, reçue par les populations et tacitement reconnue par le roi, non de l'application directe des lois de Justinien, qui n'y avaient pas plus de force positive que dans le reste de la France.

Le défaut de valeur positive du droit romain en France a fourni le principal argument pour lui refuser le rôle de droit commun, au sens où l'entendaient les bartolistes. Prenant le contre-pied de la doctrine antérieure, et d'idées qu'il avait lui-même partagées, Charles Du Moulin, dans la seconde édition de son *Commentaire de la coutume de Paris* en 1558, a été le premier à lui contester cette fonction, et, à l'exception de dissidents comme l'avocat parisien Charles Loyseau au début du XVIIe siècle, ou, au XVIIIe, le magistrat bourguignon Bouhier, il a été largement suivi. Pour Coquille, Le Caron, Pasquier, ou plus tard d'Aguesseau, il n'existait aucune obligation de recourir au droit romain, fût-ce à titre supplétoire. Et pas davantage de le prendre pour critère du caractère favorable ou odieux des dispositions coutumières : bien au contraire les coutumes, parce qu'elles avaient valeur positive, et parce qu'elles étaient censées exprimer les « mœurs et humeurs », les « goûts et sens de chaque peuple » (Coquille), devaient être réputées plus favorables que des règles romaines étrangères et dénuées de force obligatoire.

La doctrine française a rompu ainsi avec la conception universaliste du droit qu'avaient forgée les romanistes médiévaux et, en même temps, avec la construction du *jus commune* qui leur avait permis de penser le pluralisme juridique dans un cadre unitaire, au profit d'une vision « moderne », c'est-à-dire proprement nationale et positiviste : à la hiérarchie bartoliste des droits, justifiée avant tout par leur valeur intrinsèque, elle a substitué une juxtaposition de droits positifs nécessairement égaux car sans liens entre eux et fondés exclusivement sur la force obligatoire que leur conférait leur origine étatique.

2. *L'influence doctrinale du droit romain*

La France, malgré cette réaction, n'a pas quitté la famille des droits romanistes, et le refus de reconnaître toute autorité officielle au droit romain n'implique pas qu'il ait perdu toute influence. Les juristes français ont continué de recevoir une formation universitaire fondée sur l'étude des *Institutes*, du *Digeste* et du *Code*, et les jurisconsultes dans leurs ouvrages, les avocats dans leurs plaidoiries, n'ont cessé de s'y référer en abondance. De la fin du XVIe siècle à la veille de la Révolution ont paru de nombreuses *Conférences* ou *Alliances des lois romaines avec le droit français*, comme celles de Jean Duret (1600), de Bernard Automne (1610), d'Étienne Pasquier, de Jérôme Mercier (1688), de Pierre-Louis Gin (1782), qui comparaient systématiquement solutions françaises et solutions romaines. Dépourvues de force contraignante, ces dernières étaient utilisées « pour la raison », pour leur valeur morale ou technique, même si, dans un système orienté vers le positivisme, l'autorité qui leur était reconnue ne pouvait être que purement scientifique et doctrinale, celle de modèles dont on restait libre de se réclamer, sans autre force que celle attachée à de simples opinions. L'expression « raison écrite », depuis longtemps appliquée au droit romain, a pris à partir du XVIe siècle un sens édulcoré, qui, tout en justifiant que l'on eût toujours recours à lui, soulignait son absence d'autorité positive et la liberté totale dont on disposait à son égard.

Le droit romain a continué d'apparaître d'abord comme l'expression de la science juridique, comme un exemple de réflexion théorique, d'équité et de rationalité dont l'étude se révélait indispensable à la formation des juristes. L'intérêt scientifique qu'on lui vouait, encore vif au XVIe siècle, a cependant faibli assez vite. Au XVIIe et au XVIIIe siècle, son enseignement universitaire sombre dans la routine et la médiocrité, et les publications qui lui sont consacrées se signalent par leur grande pauvreté quantitative et qualitative. Beaucoup de juristes éminents, depuis Coquille à la fin du XVIe siècle jusqu'au chancelier d'Aguesseau [1] et à André Jean Boucher d'Argis [2] au XVIIIe, préconisaient de réduire son étude aux seules questions utiles à la pratique, indice d'une indifférence croissante à l'égard de la science romanistique.

L'intérêt des Français pour le droit romain s'est maintenu surtout d'un point de vue utilitaire. Dès la fin du XVIe siècle, beaucoup ne voyaient plus en lui qu'une réserve d'arguments et de solutions techniques où ils pouvaient puiser à volonté, en fonction des besoins du droit français, dès lors que ces emprunts n'allaient pas à l'encontre de l'esprit ou des règles de celui-ci mais contribuaient à le compléter et à l'enrichir. Dans cette optique, la littérature romaniste s'est réduite de plus en plus à des abrégés et à des recueils distinguant les lois encore utilisables, ou au contraire désuètes, tels l'*Enchiridion* de Jean Imbert et le *Traité des lois abrogées* de Philibert Bugnyon (1564). À l'opposé d'une réception massive du droit romain comme système juridique, son utilisation pour la raison ne consistait qu'à transposer un nombre limité de solutions précises, comme l'avaient fait les réformateurs de coutumes sous la conduite de Christofle de Thou, en intégrant quelques règles

1. *Instructions sur l'étude et les exercices qui peuvent préparer aux fonctions d'avocat du Roi* (1719), dans *Œuvres de M. le Chancelier d'Aguesseau*, I, Paris, 1787, p. 388 sq.

2. A. J. Boucher d'Argis, *Lettres d'un magistrat de Paris à un magistrat de province sur le droit romain et la manière dont on l'enseigne en France* (1782), éd. W. Wolodkiewicz, Naples, Jovene, 1984, p. 26 sq.

romaines dans le droit coutumier pour en combler les lacunes. Utilisation sélective qui impliquait aussi la faculté de faire subir à ces règles les interprétations, voire les déformations nécessaires à leur adaptation aux besoins propres des Français : pour Étienne Pasquier, le droit romain n'était qu'une étoffe que les juristes façonnaient à leur guise, en fonction de ce qu'ils souhaitaient obtenir.

De tels emprunts, sans être très nombreux, ont continué d'être faits aux XVIe et XVIIe siècles : ainsi, la prescription par dix et vingt ans et la représentation successorale, étendues aux coutumes qui les ignoraient encore ; l'hypothèque légale de la femme mariée, inscrite dans quelques coutumes réformées avant d'être généralisée par la jurisprudence ; la légitime, utilisée pour pallier les insuffisances de la réserve coutumière et qui a inspiré, bien plus que cette dernière, la réserve héréditaire du Code civil (art. 913 suiv.). Modifiées, adaptées et interprétées par la pratique, les solutions venues du droit romain finissaient par perdre leurs caractères d'origine et par être pleinement intégrées au droit français, « naturalisées » comme l'écrivait Pasquier, transplantations qui rendaient d'autant plus inutile le recours direct aux sources romaines.

C. Le droit romain et le jusnaturalisme

Le droit romain a servi de modèle aussi d'un autre point de vue : il a passé, non dans la forme que lui avaient donnée les compilations de Justinien mais dans celle que lui ont prêtée certains juristes humanistes et leurs successeurs, pour l'exemple type d'un droit systématique et rationnel, conforme aux enseignements de la nature. À ce titre, il a servi à l'édification d'un droit nouveau, présenté comme romain mais en réalité différent, dans la forme comme dans le fond, de ce qu'avait été le droit romain historique.

Le programme humaniste de reconstruction du droit romain a été interprété de plusieurs manières. À la méthode de Cujas, qui cherchait à retrouver le « vrai » droit romain dans le détail, fragment par fragment, en reconstituant les textes, d'autres ont préféré une reconstruction d'ensemble destinée à rétablir le caractère rationnel et ordonné qu'il aurait eu avant l'intervention des compilateurs. À ces derniers, ils reprochaient moins d'avoir modifié les textes que d'avoir détruit l'édifice harmonieux que le droit romain était censé constituer dans son premier état. Vision que l'on sait aujourd'hui fausse, mais qui prenait appui sur les rares tentatives de systématisation auxquelles s'étaient livrés les Romains, et dont l'importance était démesurément exagérée : le projet de Cicéron de traiter et de construire le droit comme un art, et surtout les *Institutes*, qui exposaient les règles juridiques sous une forme plus théorique, plus systématique et déductive que les commentaires et les traités.

Ce courant dogmatique, plus largement représenté que le *mos gallicus* cujacien, a trouvé des adeptes dans la doctrine allemande et italienne du XVIe siècle, mais s'est montré aussi fort actif en France, avec François Connan (1500-1551), François Le Douaren, Éguinaire Baron et Antoine Leconte, professeurs à Bourges, les Toulousains Jean de Coras et Pierre Grégoire, et surtout Hugues Doneau. Il a connu d'importants développements aux XVIIe-XVIIIe siècles, en Allemagne et aux Pays-Bas, avec l'École du droit de la nature et des gens et ses principaux représentants, Hugo Grotius (1583-1645), Samuel Pufendorf (1632-1694), Christian Wolff (1679-1754), le Genevois Jean-Jacques Burlamaqui (1694-1748). En France, après une longue éclipse au cours du XVIIe siècle, la doctrine systématique a bénéficié d'un regain de faveur avec Jean

Domat (1625-1696), dont les *Loix civiles dans leur ordre naturel* (1689) ont exercé une forte influence au XVIIIe siècle (voir *Jean Domat*, p. 349), et Robert Joseph Pothier (1699-1772), auteur d'une édition des *Pandectes* suivant un ordre systématique.

La construction du droit romain en système visait à la fois la forme et le fond, indissociables dans une perspective inspirée de l'esthétique platonicienne, qui liait valeur morale et qualités formelles. Elle se proposait de rendre le droit clair et compréhensible par tous, d'en donner un exposé cohérent et harmonieux en partant des grands principes, censés évidents et communs à tous les hommes, sur lesquels il se fondait. Ceux du droit divin, connus par la Révélation, et spécialement les préceptes moraux du Décalogue, dont les jurisconsultes des XVIe et XVIIe siècles étaient imprégnés. Ceux du droit naturel, non plus le droit naturel d'Aristote mais celui des stoïciens, transmis par les écrits de Sénèque et de Cicéron, c'est-à-dire les enseignements, eux aussi plus moraux que juridiques, dictés par les lumières de la raison présentes dans l'esprit de chacun. Également ceux du droit humain, en l'occurrence le droit romain, qui restait, pour les humanistes systématiques, la référence incontestée et la confirmation du droit naturel, mais un droit romain débarrassé de sa casuistique et de ses subtilités techniques, réduit à quelques règles essentielles rattachées aux trois préceptes, vraisemblablement aussi d'inspiration stoïcienne, par lesquels Ulpien définissait la justice et le droit : « Vivre honnêtement, ne léser personne, attribuer à chacun le sien » (*Dig.* 1, 1, 10, 1).

À partir de ces principes, un raisonnement purement logique et déductif, une méthode semblable à celle des mathématiciens (le *mos geometricus* cher à Domat, ami de Pascal), devait permettre de découvrir et d'énoncer les solutions à toutes les questions, qui ne consistaient qu'en l'adaptation des règles générales aux situations particulières. Cette méthode à prétentions scientifiques s'opposait à l'empirisme des glossateurs et des bartolistes, qui partaient des faits, non d'idées générales (*Jus ex facto oritur* : « Le droit naît du fait », affirmait Balde), et dont le raisonnement dialectique reposait sur l'échange d'arguments contradictoires, non sur la déduction pure. Mais elle s'opposait aussi à celle, bien plus pragmatique, des jurisconsultes romains, pour qui les règles de droit ne donnaient pas directement les solutions mais seulement des éléments permettant de s'en approcher.

Sous couvert de reconstituer le droit romain dans sa forme authentique, la doctrine systématique a créé en réalité un droit d'esprit différent, modelé par les idées philosophiques dominantes : au XVIe siècle, le nominalisme, le néo-stoïcisme, la néo-scolastique espagnole ; aux XVIIe et XVIIIe, la pensée de Descartes, de Hobbes, de Leibniz, de Locke, l'esprit des « Lumières ». De ce fait, si elle a méconnu les véritables caractères du droit romain, elle a fortement contribué à dégager ceux du droit moderne, rationaliste et individualiste.

Fort révélateur est le cas de Doneau, qui a pris pour ligne directrice de ses *Commentaires du droit civil* une notion inconnue des Romains et née bien plus tard sous l'influence du nominalisme et du néo-stoïcisme : le droit subjectif, qu'il a été le premier à placer au centre de son système juridique. Il a tenté de rattacher l'ensemble du droit privé romain à cette considération que tout homme, quel qu'il soit, est titulaire d'un certain nombre de droits inhérents à sa personne (*jura sua in persona*), droits à la vie, à la sécurité, à la liberté, à l'honneur, auxquels s'ajoutent éventuellement des droits sur les choses extérieures, propriété et droits réels, et des droits sur autrui nés de créances, tous analysés non comme des statuts objectifs mais comme des facultés individuelles et des attributs de la personne. C'est également sur les droits subjectifs, mais de manière encore plus systématique, que s'est fondée la doctrine de Grotius, influencé par Doneau : droits des États dans l'ordre international, droits des individus dans l'ordre interne, que le jurisconsulte néerlandais s'est attaché à justifier en faisant appel aux enseignements de la morale stoïcienne et de la seconde scolastique espagnole, au milieu d'emprunts, partiels et déformés, au droit romain. Ainsi a-t-il fait reposer le droit de propriété à la fois sur la prohibition du vol, précepte moral auquel il a conféré une portée juridique absolue, et sur l'*occupation*, technique romaine à l'origine limitée (le *Digeste* n'en faisait qu'un mode d'appropriation des *res nullius*, le gibier ou les îles qui se forment dans la mer), mais à laquelle il donné valeur de principe général.

Tous les droits de l'Europe continentale sont sortis transformés de l'humanisme systématique et du jusnaturalisme. Ils leur doivent leur physionomie actuelle, celle de droits codifiés et rationnellement ordonnés sous une forme axiomatique. L'ordonnancement des codes modernes, inspiré des *Institutes*, provient de la même influence. Ce sont les juristes systématiques qui ont fait le succès des *Institutes*, ouvrages mineurs à Rome et auxquels les romanistes médiévaux n'accordaient eux-mêmes que peu d'intérêt : ils en ont pour la plupart adopté le plan et la forme, en divisant leurs traités en trois parties consacrées respectivement aux personnes, aux choses et aux actions, et en reprenant aussi les subdivisions qui s'adaptaient à leur conception déductive du raisonnement juridique. C'est par leur intermédiaire, et par l'exemple de leurs publications, que ce plan tripartite, après quelques aménagements, est devenu celui du Code civil français.

L'influence a été tout aussi forte sur le fond du droit. La doctrine du droit naturel a répandu le goût des théories générales : Domat et Pothier ont construit celles des obligations, des contrats, de la propriété, des droits réels, que l'on retrouve dans le droit français actuel. Par sa volonté de poser d'abord des principes fondamentaux et par sa vision subjectiviste, elle a été à l'origine de nombreux concepts du droit moderne, qu'elle a créés de toutes pièces ou empruntés, mais en les dénaturant, au droit romain. En prétendant faire découler l'ensemble du droit des contrats du devoir moral qui enjoint de tenir ses promesses, elle a accentué l'évolution vers le consensualisme déjà engagée par les canonistes, mais en lui conférant un caractère général et absolu. Chez Grotius et ses successeurs, le consensualisme est devenu bien davantage qu'une règle technique exemptant les contrats de l'exigence de toute forme : un véritable principe philosophique qui tend à faire du contrat, expression de la volonté libre, la source de tous les liens juridiques, en droit privé comme en droit public (la théorie du contrat social de Rousseau en est l'héritière). Avec cette conséquence que la volonté était absolument souveraine, que les contrats librement conclus étaient justes et devaient être respectés en toutes circonstances, thème qu'ont repris, avec quelques réserves liées à leurs convictions jansénistes, Domat et Pothier, et qui, par leur intermédiaire, a inspiré le célèbre article 1134 alinéa 1 du Code civil : « Les conventions légalement formées tiennent lieu de loi à ceux qui les ont faites. »

Le rôle attribué à la volonté a conduit aussi à donner bien plus d'importance à l'analyse du consentement et à ce qui pouvait entraver son libre exercice : Pothier, dans son *Traité des obligations*, source des articles 1109 et suivants du Code civil, a édifié la théorie des vices du consentement en réunissant des solutions romaines dispersées, qui envisageaient distinctement, et de manière opposée, l'erreur, le dol et la violence.

C'est également à l'aide d'éléments romains issus des interprétations doctrinales de la loi *Aquilia*, mais transformés par la vision systématique et subjectiviste du droit, qu'a été construite la théorie moderne de la responsabilité civile, qui veut que chacun soit tenu de réparer les dommages commis par sa faute et qui en déduit l'existence d'un droit à réparation pour toute victime du fait d'autrui : principes exposés par Grotius puis par Domat, à qui les rédacteurs du Code civil ont emprunté leurs articles 1382-1386.

Il en va de même pour la propriété moderne : souvent présentée comme romaine, elle ne mérite ce qualificatif que pour avoir été construite à l'aide de techniques prises aux compilations de Justinien, mais interprétées dans un tout autre esprit. Sous l'influence conjuguée du nominalisme et de la néo-scolastique espagnole, le jusnaturalisme moderne a fait de la propriété un droit subjectif individuel et absolu, un pouvoir de l'homme conçu à l'image du pouvoir illimité de Dieu sur les choses, et de ce fait totalement opposé à la propriété divisée et limitée que connaissait le droit de l'époque. Doneau par ses commentaires intemporels et abstraits des textes romains relatifs à la propriété individuelle, qui en donnaient une vision entièrement dégagée de la pratique encore « féodale » de son temps, Grotius en séparant radicalement le « droit de propriété » des autres droits réels, Domat et Pothier en vulgarisant les idées de leurs prédécesseurs, ont contribué à cette construction qui devait aboutir au « droit de jouir et disposer des choses de la manière la plus absolue... » de l'article 544 du Code civil.

Ainsi, par des voies différentes et en visant d'autres buts, le courant systématique est parvenu à des résultats comparables à ceux des praticiens du droit français, aux méthodes bien plus pragmatiques : en transformant le droit romain, ou du moins les parties jugées dignes d'être conservées, il l'a préparé à s'intégrer et à se diluer dans les droits nationaux en gestation.

Section II

La naissance des droits nationaux

Le déclin des droits « universels » a favorisé la naissance et l'affirmation des droits nationaux. L'évolution a été plus ou moins rapide selon les pays, en fonction de l'état d'avancement de leur unification politique. Très précoce en Angleterre et en France, elle a été plus tardive en Allemagne et en Italie. Néanmoins, au XVIIIe siècle, l'existence d'un droit propre à chaque État ou à chaque nation apparaît presque partout acquise et commence à se concrétiser dans le mouvement de codification qui s'amorce à cette époque.

En Angleterre, l'émergence précoce d'un droit national, le *Common Law*, tient à des circonstances particulières. La conquête normande, dans la seconde moitié du XIe siècle, a transposé, au-dessus de multiples coutumes locales d'origine anglo-saxonne, une coutume unique, inspirée de celle de Normandie. Sur la base de cette coutume, les commandements du roi donnés sous la forme d'actes écrits (*writs*, comparables aux rescrits des empereurs romains), et la jurisprudence des cours royales ont assuré le développement continu du droit en imposant des interprétations et des constructions nouvelles, communes à l'ensemble du royaume et différentes de celles des droits continentaux. L'influence du droit romain ne fut pas absente mais est restée limitée à la terminologie et à quelques notions essentielles, et, à l'époque moderne, ni sa seconde renaissance, ni les doctrines systématiques construites à partir de lui n'ont touché suffisamment l'Angleterre pour modifier ses traditions, de sorte que le *Common Law* a conservé à peu près intacts ses caractères, son approche casuistique et pragmatique des questions, paradoxalement plus proches de l'esprit authentique de la « jurisprudence » romaine que ne le sont les droits romanistes systématisés par la doctrine moderne.

En France, la diversité coutumière et l'existence des pays de droit écrit s'opposaient à une unification aussi rapide, mais l'essor précoce de l'État-nation a permis l'émergence, plus tôt que dans le reste de l'Europe continentale, de l'idée de droit national et favorisé son unification partielle. L'expression « droit français », qui traduit la prise de conscience de l'existence de ce droit national et le besoin d'en harmoniser les solutions, a commencé d'être employée dès les années 1570-1580 avant d'être vulgarisée vers 1600 : elle a progressé de concert, sur le plan linguistique, avec la substitution du français au latin dans la composition des ouvrages juridiques. L'affirmation du droit français a été la conséquence du développement des sources encore diverses qui le composaient : les coutumes, transformées par leur rédaction et leur réformation officielles ; la législation royale, source encore secondaire mais de plus en plus importante du droit privé et objet d'un premier travail de codification ; enfin, la jurisprudence des tribunaux.

Sous-section 1

La promotion du droit coutumier

Jusqu'au XVIe siècle, le développement du droit coutumier français s'était heurté à un obstacle majeur : le caractère oral des coutumes, qui rendait difficile leur connaissance, hasardeuse l'issue des procès, et soulignait leur infériorité à l'égard des droits savants. Aussi la rédaction officielle, entreprise au XVe siècle mais réalisée surtout au cours du XVIe, a-t-elle été lourde de conséquences, en modifiant la nature et l'autorité du droit coutumier, et en créant les conditions de son élaboration doctrinale et savante.

A. La rédaction des coutumes

La rédaction officielle des coutumes, restées jusque-là, à l'exception de celles du Midi, orales ou rédigées seulement à titre privé, constitue un tournant dans l'histoire du droit. Commencée en France au milieu du XVe siècle, elle a touché aussi d'autres pays, comme les Pays-Bas, au cours du XVIe siècle. L'initiative en revient au roi Charles VII, dans le cadre d'une vaste politique de réforme entreprise à l'issue de la guerre de Cent Ans : l'ordonnance de Montils-lès-Tours pour la réformation de la justice, d'avril 1454 (art. 125), a décrété que « les coustumes, usages et stiles de tous les pays de nostre royaume soyent rédigés et mis par escrit » dans le but d'abréger les procès et de permettre aux juges de mieux connaître le droit applicable. Cependant, la décision n'eut guère d'effets immédiats : seules furent rédigées dans la seconde moitié du XVe siècle quelques coutumes du Val de Loire, où résidaient le roi et sa cour (Touraine en 1461, Anjou en 1463), et celle du duché de Bourgogne (1459) à l'initiative du duc Philippe le Bon. L'impulsion décisive fut donnée sous le règne de Charles VIII par l'ordonnance d'Amboise du 15 mars 1498, qui établit une procédure nouvelle de rédaction. La plupart des coutumes furent rédigées dans la première moitié du XVIe siècle, à l'exception de celle de Normandie qui dut attendre 1583.

Dans la seconde moitié du siècle, le travail de rédaction étant presque achevé, commença la réformation, c'est-à-dire la révision des coutumes déjà rédigées dans le but d'en moderniser la forme et le fond : ainsi la coutume de Paris, rédigée en 1510, fut réformée en 1580.

1. *La procédure de rédaction*

La procédure établie par l'ordonnance de Montils-lès-Tours laissait une large initiative aux autorités locales : dans chaque province ou bailliage, les praticiens et les représentants de la population rédigeaient eux-mêmes le texte de la coutume, que le roi et le Parlement se bornaient ensuite à vérifier avant de le promulguer. Plus précis et plus directif, l'édit de 1498 l'a modifiée en faisant intervenir dès le début des commissaires royaux et en leur confiant un rôle plus actif : le roi nommait trois commissaires parmi les principaux magistrats du Parlement du ressort dont dépendait la coutume à rédiger, qui devaient se rendre sur place et diriger toutes les opérations. Dans le ressort du Parlement de Paris, le travail fut mené successivement sous l'autorité du président Thibault Baillet, de l'avocat du roi Roger Barme, puis des premiers présidents Pierre Lizet (1529-1549) et Christofle de Thou (1555-1582).

Les commissaires réunissaient des praticiens locaux réputés pour leur connaissance du droit et élaboraient avec eux un projet de coutume. Ce texte était ensuite soumis aux députés des trois états de la province, qui avaient pouvoir de l'adopter ou de le rejeter. Les dispositions sur lesquelles les états s'accordaient unanimement étaient aussitôt arrêtées et publiées par les commissaires du roi. Celles qui suscitaient des désaccords, ou qui faisaient l'objet d'une opposition de la part de particuliers ou de corps, étaient réservées et portées devant le Parlement, qui devait les trancher au terme d'une procédure contradictoire, mais la plupart des différends de cette nature semblent n'avoir jamais été jugés.

Une fois le travail achevé, la coutume rédigée était promulguée par le roi et, dès lors, s'imposait à tous. Il était interdit d'alléguer en justice des dispositions autres que celles qu'elle contenait, mais la jurisprudence a admis la possibilité d'invoquer une coutume orale apparue postérieurement à la rédaction : la preuve d'une telle coutume se faisait au moyen de l'*enquête par turbe* et, après la suppression de celle-ci par l'ordonnance civile de 1667 (titre XIII), uniquement par écrit, par la production de certificats d'usage ou d'actes de notoriété que délivraient les tribunaux ou des praticiens. En outre, un certain nombre d'usages anciens, en particulier ceux des ruraux, que n'avaient pas pris en considération les coutumes rédigées, ont survécu sous une forme contractuelle, comme les communautés familiales et les communautés universelles entre époux, demeurées courantes chez les paysans de certaines régions.

Cette procédure se montrait, au moins dans les formes, respectueuse de la nature des coutumes, réputées d'origine populaire et qui, bien que rédigées par décision royale, devaient conserver ce caractère. Le rôle dévolu aux praticiens locaux dans la préparation du texte et la faculté, pour les députés des trois ordres, de l'approuver ou de faire opposition aux articles qu'ils contestaient, s'accordaient avec cette conception. Les commissaires royaux, juristes éminents et souvent de forte personnalité, ont néanmoins joué un rôle important qui excédait parfois les limites de leurs commissions. Ils sont parvenus dans certains cas à imposer leurs vues et l'on trouve, dans les coutumes dont ils ont dirigé la rédaction ou la réformation, des traces de leurs idées ou de leurs préférences : Pierre Lizet, grand admirateur du droit romain, a fait de certains articles de la coutume de Berry des pastiches des lois romaines ; Christofle de Thou, qui appartenait à la génération suivante, plus réservée à l'égard du droit romain et soucieuse de l'indépendance du droit français, s'est montré plus mesuré dans ses emprunts et davantage inspiré des nouveautés introduites par la doctrine et la jurisprudence. Mais tous, d'une manière ou d'une autre, ont contribué à transformer le droit coutumier.

2. *Conséquences de la rédaction*

La rédaction a causé de profonds changements dans les coutumes. Elle a eu pour première conséquence d'en diminuer le nombre : effectuée dans le cadre du bailliage ou de la province, elle a fait disparaître celles dont les ressorts étaient plus restreints, même si, à côté des coutumes générales du pays, ont été également conservées et rédigées à la demande des populations des coutumes purement locales, propres à une ville ou à une seigneurie. Au XVIIIe siècle, la France comptait soixante-cinq coutumes générales régissant toute une province ou un bailliage, et environ trois cents coutumes locales, qui ne dérogeaient à la coutume générale que sur quelques points.

La rédaction, et plus encore la réformation, ont permis aussi de moderniser et jusqu'à un certain point d'uniformiser le droit coutumier. Les commissaires royaux, avec l'accord des représentants des trois ordres, ont éliminé les dispositions les plus archaïques ou les plus gênantes, et rapproché le contenu des différentes coutumes en gommant les particularismes trop accentués, en y intégrant des dispositions identiques. Ils ont introduit des règles nouvelles, qu'ils jugeaient mieux adaptées à l'évolution de la société. Certaines de ces nouveautés s'inspiraient du droit romain. D'autres ont été suggérées par la doctrine, en particulier par le grand juriste coutumier du XVIe siècle, Charles Du Moulin. D'autres enfin venaient de la jurisprudence, qui a largement contribué au renouvellement du droit au cours du XVIe siècle. Le sommet de la réformation a été, en 1580, celle de la nouvelle coutume de Paris, où ont été insérées la plupart des innovations doctrinales et jurisprudentielles de l'époque, à tel point qu'Étienne Pasquier, qui avait participé à son élaboration, n'y voyait pas « autre chose qu'un abrégé de l'air général des Arrêts de la Cour de Parlement ».

Toutefois la rédaction a eu aussi des effets moins favorables. Elle a contribué à figer les coutumes, à rendre impossible leur évolution ultérieure. Pour y remédier, il aurait fallu procéder périodiquement à de nouvelles réformations. Or, le mouvement ne s'est pas poursuivi au-delà du XVIe siècle : seules quelques coutumes de Lorraine, province tardivement rattachée au royaume, ont été rédigées au XVIIIe siècle, dans l'indifférence des populations locales, et un projet de réformation de la coutume de Normandie, conçu vers 1770 sous l'autorité du chancelier Maupeou, dans une perspective unificatrice, resta sans suite. Aussi certaines solutions des coutumes rédigées sont-elles devenues caduques.

La rédaction a-t-elle changé la nature du droit coutumier ? La force des coutumes orales reposait sur le long usage et le consentement tacite des populations. Devenues écrites, elles cessaient d'être l'œuvre du temps et, malgré les précautions prises dans la procédure de rédaction, elles risquaient de perdre aussi leur caractère populaire : rédigées et promulguées par le roi, elles se rapprochaient de la loi, dans leur forme comme dans leur fondement. Pour des traditionalistes comme Du Moulin et Coquille, la rédaction ne modifiait en rien la nature des coutumes, si ce n'est qu'au consentement tacite qui fondait la coutume orale se substituait le consentement exprès donné par les représentants des états. Selon Coquille (*Questions, réponses et méditations sur les articles des coutumes*, qu. 1) : « C'est le peuple qui fait la loi [en participant à la rédaction de sa coutume], qui est une marque de l'ancien établissement de cette république française, mêlée de démocratie, aristocratie et monarchie. » D'autres, comme Louis Le Caron et Pierre de L'Hommeau, soutenaient au contraire que la coutume écrite, comme la loi, tirait sa force obligatoire de la seule volonté royale et non du consentement populaire [1]. Aux XVIIe-XVIIIe siècles, si le terme « loi », employé au sens large, désigne également les coutumes, la distinction est toujours faite entre « les coutumes [qui] sont loix consenties par les particuliers », et « l'ordonnance [qui] est imposée par le roi [2] ». Pour Domat, les coutumes restent « des lois qui dans leur origine n'ont pas été écrites mais qui se sont établies par le consentement d'un peuple, et par une espèce de convention de les observer, ou par un usage insensible qui les a autorisées... [3] ». Mais en régime monarchique, leur autorité n'en dépend pas moins de la volonté royale : « Les coutumes tirent leur autorité du consentement universel du peuple qui les a reçues, lorsque c'est le peuple qui a autorité comme dans les républiques ; mais dans les États sujets à un souverain, les coutumes ne s'établissent ou ne s'affermissent en forme de lois que de son autorité [4]. »

---

1. Louis Le Caron, *Pandectes ou Digeste du droit françois*, Lyon, 1596, livre I, chap II, p. 12-13 : « Pour le regard du peuple français, il n'a aucune puissance de faire les lois, et quant aux coutumes qu'il a reçues, elles ont pris force par long usage et par un commun consentement... [mais] n'ont telle autorité qu'elles puissent déroger aux lois et ordonnances..., [et] peuvent être par elles corrigées, réformées et abolies ; et pour en bien juger, leur force dépend de la souffrance et permission du prince souverain. » Pierre de L'Hommeau : *Deux Livres de la jurisprudence françoise*, Saumur, 1605, p. 7-8 : « La force et autorité de la loi et de la coutume gît au pouvoir du prince souverain. Ce n'est pas la présence et consentement des trois états du pays qui donne force à la coutume, mais le roi par les commissaires qu'il députe à cet effet. »
2. *Précis de l'ordonnance de 1667*, Paris, 1776, p. 14.
3. *Traité des lois*, chap. XI, § 46.
4. *Loix civiles*, livre préliminaire, titre I, section I, XI.

B. L'essor de la doctrine coutumière

L'essor de la doctrine coutumière a été une conséquence indirecte, mais des plus importante, de la rédaction. Tant que les coutumes demeuraient orales, les juristes se bornaient à en exposer plus ou moins fidèlement le contenu, sans prétentions doctrinales ni scientifiques. Dès qu'ils ont disposé de textes officiellement rédigés, donc stables et sûrs, ils se sont mis à les étudier et à les commenter en utilisant les méthodes des romanistes, et ils ont de ce fait contribué à transformer le droit coutumier, de simple pratique qu'il était, en un véritable droit savant.

1. *Les commentaires de coutumes*

Dans la première moitié du XVIe siècle, aussitôt après la rédaction, ont paru de nombreux commentaires de coutumes, dont les articles étaient interprétés selon des procédés d'inspiration bartoliste identiques à ceux que l'on appliquait aux lois du *Digeste* et du *Code* : André Tiraqueau a commenté dans cet esprit la coutume de Poitou (1513), Barthélemy de Chasseneuz la coutume de Bourgogne (1517), Jean-Pyrrhus d'Angleberme celle d'Orléans (1517), Jean Sainson la coutume de Touraine (1523), et Charles Du Moulin le titre premier de la coutume de Paris (1539).

Par la suite, les jurisconsultes coutumiers ont adopté les méthodes des humanistes, en faisant une moindre place au commentaire exégétique et à l'examen de questions pratiques au profit de raisonnements logiques, menés de manière plus synthétique et déductive : encore peu marqués dans les ouvrages de la fin du XVIe siècle, comme ceux de Guy Coquille sur la coutume de Nivernais et de Bertrand d'Argentré sur la coutume de Bretagne, ces traits sont davantage affirmés dans ceux du XVIIe et surtout du XVIIIe siècle, le *Commentaire de la coutume d'Orléans* de Pothier (1740) et plus encore le *Droit commun de la France et la coutume de Paris réduits en principes* de François Bourjon (1747).

Ces travaux ont contribué à orienter de manière décisive l'évolution du droit français. Écrits par des praticiens, avocats ou magistrats, et pour des praticiens, ils témoignent d'une connaissance approfondie des réalités du droit, d'un souci d'application concrète des règles juridiques, avec en contrepartie une certaine faiblesse sur le plan théorique. Ils ont donné au droit français un esprit judiciaire et pragmatique bien différent de celui du droit allemand. Grâce à eux, la science du droit coutumier a comblé son retard sur le droit romain et accédé à une reconnaissance au moins égale, et même rapidement supérieure à celle de la science romaniste. Le commentaire de coutume, encore considéré comme un genre mineur pendant une partie du XVIe siècle, l'a emporté de beaucoup aux siècles suivants sur les droits savants traditionnels, tant par le nombre que par la qualité des travaux auxquels il a donné lieu. De ce seul point de vue déjà, la doctrine coutumière a contribué à la promotion du droit français, mais elle est allée bien plus loin.

2. *La création du droit commun coutumier*

L'apport le plus original et le plus fécond de la doctrine a consisté à dépasser la diversité des coutumes pour chercher à introduire l'unité autour de la notion de droit commun coutumier. Les juristes du XVIe siècle, en même temps qu'ils rejetaient la primauté du *jus commune* bartoliste, ont éprouvé le besoin de le remplacer dans sa fonction unificatrice par un nouveau droit commun, fondé sur les coutumes elles-mêmes, qu'ils ont commencé à envisager comme système homogène. Charles Du Moulin, dans un opuscule intitulé *Discours sur la concorde et l'union des coutumes de France* (*Oratio de concordia et unione consuetudinum Franciae*), préconisait déjà, en 1546, de couronner l'œuvre de rédaction en réunissant toutes les coutumes en une seule (voir *Charles Du Moulin*, p. 357). Projet prématuré mais qui a ouvert la voie à un long travail de comparaison entre les dispositions coutumières, pour mettre en relief les convergences et en atténuer autant que possible les divergences. Poursuivi sur plus de deux siècles, il a permis de dégager les caractères communs d'un droit en apparence disparate, en relevant les solutions les plus fréquentes dans les coutumes mais aussi en donnant une portée plus grande à celles qui, sans être toujours les plus répandues, paraissaient les plus conformes à la justice et à la raison, et en les complétant à l'occasion par des apports extérieurs, venus du droit romain ou de la jurisprudence.

Car il existe de fortes analogies entre les méthodes des fondateurs du droit commun coutumier et celles des réformateurs de coutumes, qu'unissaient d'étroites relations professionnelles et intellectuelles. Après la réformation de la coutume de Paris en 1580, plusieurs auteurs voulurent faire de celle-ci, établie avec beaucoup de soin, enrichie de nombreux emprunts à la doctrine et à la jurisprudence et qui se signalait par le caractère tempéré de ses solutions, son « air doux et salubre » (Julien Brodeau), davantage qu'une coutume d'application locale, l'expression du droit commun à toute la France, et plusieurs projets d'unification coutumière, comme celui de Laverdy au XVIIIe siècle [1], ont préconisé de la prendre pour base. Cette thèse centralisatrice, qui avait la faveur des juristes parisiens, fut néanmoins accueillie avec réserve par les provinciaux.

---

1. Publié par Vida Azimi, « Une tentative d'unification du droit civil : le projet inédit de Laverdy et Langlois », *Mémoires de la Société pour l'histoire du droit et des institutions des anciens pays bourguignons, comtois et romands*, XLII, 1985, p. 125-156.

Le droit commun coutumier, appelé de plus en plus souvent droit français, devait jouer un rôle identique à celui qui était dévolu auparavant au *jus commune* : combler les lacunes des coutumes muettes, et plus encore servir de critère général d'interprétation de toutes les dispositions coutumières.

Création doctrinale, le droit français s'est exprimé dans les ouvrages de plus en plus nombreux qui, au lieu de s'attacher à l'étude d'une seule coutume, embrassaient la totalité du droit coutumier sous une forme analytique ou synthétique. Les *coutumiers généraux*, sans se livrer directement à la comparaison, publiaient le texte de toutes les coutumes de France, en facilitaient le rapprochement et s'accompagnaient parfois de notes savantes, comme celui de Du Moulin, paru après sa mort, en 1567, et plus tard celui de Bourdot de Richebourg (1724). Plus ouvertement comparatistes, les *conférences* ou *alliances de coutumes* juxtaposaient toutes les dispositions relatives à un même sujet, comme celle de Pierre Guénois (1597). Et surtout les ouvrages de synthèse, dont les premiers datent de la fin du XVIe siècle et qui ont été publiés en grand nombre au XVIIe et au XVIIIe siècle, exposaient le droit coutumier en principes généraux, négligeaient les particularismes ou les laissaient à l'arrière-plan.

Influencés par les méthodes de l'humanisme systématique puis de l'École du droit naturel, la plupart s'inspiraient des *Institutes* romaines, dont ils empruntaient le titre et souvent le plan : ainsi les *Institutes coutumières* d'Antoine Loisel (1607), qui énonçaient les règles communes sous forme de brefs adages, dont le caractère lapidaire évoque déjà les articles d'un code, et, plus amples, les *Pandectes du Droit français* de Louis Charondas Le Caron (1596), l'*Institution au Droit des Français* de Guy Coquille (1607), les *Maximes générallеs du Droit François* de Pierre de L'Hommeau (1610), les *Arrêtés* du président de Lamoignon (1672, publiés en 1702), ébauche de code coutumier commun à toute la

France, à laquelle participa l'un des meilleurs juristes de l'époque, Barthélemy Auzanet ; au XVIIIe siècle, les *Règles du droit français* de Claude Pocquet de Livonnière (1730) et les *Principes de la jurisprudence française* de Prévôt de La Jannès (1750), ouvrages publiés par des professeurs de droit français à partir de leurs cours. C'est au même genre, mais avec une tournure plus systématique, qu'appartient, à la fin du XVIIe siècle, l'*Institution au droit des Français* de Gabriel Argou, constamment rééditée au siècle suivant.

S'y sont ajoutés de grands traités spécialisés, comme ceux de Philippe de Renusson sur la communauté conjugale (1692), le douaire (1699) et les propres (1700), de Denis Lebrun sur les successions (1692) et la communauté (1709), de Jean-Marie Ricard sur les donations (1652), d'Eustache Nicolas Pigeau sur la procédure civile (1784), et surtout ceux de Robert Joseph Pothier, composés dans les années 1750-1760, synthèses de toute la tradition doctrinale française qui ont assuré la transition entre l'ancien droit et le Code civil (voir *Pothier*, p. 362). Bien plus développés que les ouvrages inspirés des *Institutes*, ces traités partageaient avec eux le souci d'embrasser l'ensemble d'une matière sans se référer à une coutume particulière : ils visaient, comme l'écrit Pothier, à exposer « le droit général », à dégager les principes communs, et ne faisaient place à la diversité des solutions coutumières, considérées comme des exceptions à ces principes, qu'en examinant, mais toujours de manière accessoire, leurs implications pratiques. Tant par leur forme que par leur contenu, ils apparaissent comme les œuvres fondatrices du droit civil moderne.

3. *L'enseignement du droit français*

Le travail d'unification de la doctrine a trouvé une consécration et un prolongement dans l'enseignement : reprenant une idée de Guy Coquille, l'édit de Saint-

Germain-en-Laye d'avril 1679 (art. 14) a institué dans toutes les facultés de droit, y compris celles des pays de droit écrit, des cours de droit français à côté des matières traditionnelles, droit romain et droit canonique. Ils devaient être dispensés non par des docteurs-régents, comme les précédents, mais par des professeurs royaux dotés d'un statut particulier, recrutés parmi les meilleurs praticiens et rémunérés directement par le roi. Malgré la place encore limitée faite au droit français (cinq heures de cours hebdomadaires en troisième année), la réforme innovait en ouvrant pour la première fois l'enseignement universitaire vers le droit positif national[1]. Au XVIIIe siècle, il fut enseigné par d'éminents juristes comme Prévôt de La Jannès et Pothier à Orléans, Claude Joseph de Ferrière à Paris, Claude Pocquet de Livonnière à Angers, Augustin-Marie Poullain du Parc à Rennes, François Boutaric à Toulouse, Claude Serres à Montpellier. Si, dans certaines facultés provinciales comme Dijon, Caen ou Rennes, les cours portaient d'abord sur la coutume du lieu, ou dans celles du Midi sur le droit des fiefs et les ordonnances royales, dans les autres ils prenaient pour base la coutume de Paris, assimilée au droit commun, ou présentaient une synthèse des dispositions coutumières : de ce fait ils ont, eux aussi, contribué à unifier le droit coutumier.

La doctrine, à elle seule, ne pouvait réduire à l'unité le droit privé français. La diversité des coutumes s'imposait aux juristes. L'attachement aux privilèges, aux particularismes, qui, loin de décliner, semble s'être accru au XVIIIe siècle, suscitait oppositions et résistances, cristallisées autour des grandes coutumes (Bourgogne, Bretagne, Normandie) qui coïncidaient avec le ressort d'un parlement tout dévoué à les défendre. Il

---

1. Le droit anglais, malgré son émergence précoce, n'a commencé d'être enseigné par le jurisconsulte Blackstone qu'au milieu du XVIIIe siècle, plus d'un demi-siècle après le droit français.

est néanmoins incontestable que, dans la mesure de ses moyens, la doctrine a fait accomplir des progrès décisifs dans cette voie et préparé la codification future, à laquelle œuvrait aussi la législation royale.

Sous-section 2

Les progrès de la législation royale

L'unification complète du droit ne pouvait s'accomplir que par voie législative, par l'autorité du roi, et, dès 1481, Louis XI, monarque novateur, voire révolutionnaire, avait conçu le projet, que sa mort laissa sans suite, d'unifier toutes les coutumes de même que les poids et mesures du royaume. Mais le principal obstacle à la réalisation d'un tel dessein tenait au fait que, traditionnellement, le droit privé ne relevait guère du domaine de la loi (voir *Droit privé, droit public*, p. 355). À partir du XVIe siècle, les progrès de l'État se sont traduits par le développement de la législation, mais surtout dans le domaine du droit public. Ils sont restés encore trop limités dans celui du droit privé pour atteindre un tel résultat : le travail de codification, lié à l'essor de la législation, a permis des réalisations remarquables mais seulement partielles.

A. Législation royale et droit privé

Si les progrès du pouvoir législatif royal sont incontestables (voir *supra*, p. 180-184), ils n'ont que peu touché le droit privé, et spécialement le droit coutumier, au point que l'on a parfois vu dans celui-ci un domaine où le roi s'interdisait d'entrer. Affirmation sans doute excessive mais néanmoins fondée sur le fait que le droit public, la « police » au sens large, a toujours constitué le terrain de prédilection de sa législation, qui a réglementé de manière bien plus abondante l'administration, la justice, les affaires religieuses, les questions économiques et la fiscalité, que les relations personnelles ou patrimoniales entre sujets. Du Moulin ne voyait encore dans les lois que des dispositions particulières, temporaires ou à caractère fiscal, et en tirait argument pour leur refuser la qualité de sources du droit privé.

Avant le XVIe siècle, les interventions royales en matière coutumière sont restées épisodiques. En qualité de gardien des coutumes, le roi avait pouvoir d'abroger ou de réformer celles qu'il jugeait mauvaises, et il en a usé, en particulier Saint Louis, pour supprimer les usages déraisonnables, oppressifs ou contraires à la morale, critères qui lui laissaient de larges pouvoirs d'appréciation. Les exemples connus de telles interventions montrent toutefois qu'elles concernaient surtout les coutumes entendues au sens d'exactions seigneuriales, conformément au sens traditionnel de l'expression « mauvaise coutume » : taxes ou corvées imposées indûment aux églises ou à leurs sujets par les seigneurs, entreprises contre les justices ecclésiastiques ou royales, peines trop sévères ou procédures criminelles irrationnelles… Aucune règle du droit privé *stricto sensu*, des relations patrimoniales entre époux, des successions, du régime des biens, qui resteront durablement dans le domaine du droit coutumier, ne paraît avoir été réformée en tant que telle.

Le roi, comme les grands princes territoriaux, a pourtant légiféré directement sur ces matières au XIIIe siècle : on connaît, au moins par des témoignages, l'existence d'ordonnances de Philippe Auguste sur le douaire, sur l'attribution au veuf de tous les conquêts du ménage en Normandie, sur le parage et la succession aux fiefs ; de Louis IX sur l'âge de la majorité des filles nobles et la protection des mineurs orphelins en Anjou et dans le Maine (1246) ; de Philippe III sur le statut des fiefs acquis par des roturiers et le retrait lignager en Normandie. Mais cette activité législative est restée modeste, sa portée est discutée (elle semble s'être concentrée surtout sur des questions relatives aux fiefs), et elle s'est ralentie dès 1250 pour cesser totalement après 1270-1280, où l'interprétation et l'amendement des coutumes ont été abandonnés au Parlement, dans le cadre de l'exercice de la justice.

On peut donc conclure qu'au Moyen Âge, si rien n'interdisait au roi d'empiéter sur le domaine des coutumes, il éprouvait des scrupules à le faire : à défaut d'une conscience claire de la distinction entre droit public et droit privé, on peut lui prêter au moins la conviction, dont témoigne toujours la procédure adoptée pour la rédaction des coutumes, que tout ce qui concernait la condition des personnes, les relations familiales, les biens, relevait davantage des peuples que de l'État, davantage de la coutume que de la loi, dont les interventions devaient demeurer exceptionnelles en ces matières. Une longue tradition, dont Du Moulin se faisait l'écho, soutenait même que les lois royales de droit privé ne produisaient effet qu'à la condition d'avoir été reçues et adoptées par les populations concernées, c'est-à-dire d'être devenues elles-mêmes de véritables coutumes.

À l'époque moderne, la royauté s'est remise à légiférer en droit privé. Au XVe siècle, dans des matières comme la procédure civile et criminelle ou le droit pénal, qui s'étaient détachées du droit coutumier, réduit au droit privé *stricto sensu*. À partir du XVIe siècle, dans des domaines touchant plus directement au droit des particuliers. Les ordonnances de Villers-Cotterêts (1539) et de Blois (1579), l'ordonnance civile de 1667, complétées par une déclaration du 9 avril 1736, ont créé et organisé l'état civil en prescrivant aux curés d'enregistrer les baptêmes, mariages et sépultures, et en réglementant la tenue des registres. De nombreuses lois, déjà citées, ont été prises en matière matrimoniale (édits de 1557, 1639, ordonnances de 1560, 1579, 1629, 1667, déclaration de 1730), auparavant domaine réservé du droit canonique, dans le but de lutter contre les unions clandestines et d'imposer le consentement des parents au mariage des enfants mineurs, mais l'état civil et le mariage touchaient de trop près à l'ordre public pour apparaître comme de pures questions de droit privé. L'ordonnance de Moulins de 1566 a imposé la preuve par écrit des contrats dont l'objet était supérieur à cinq cents livres, disposition reprise par le Code civil (art. 1341). Le droit patrimonial de la famille, traditionnellement régi par les coutumes et par le droit romain considéré comme coutume des pays de droit écrit, a fait également l'objet de réformes : l'édit des secondes noces (juillet 1560) a interdit à la mère remariée d'avantager par des donations excessives son second mari au détriment des enfants du premier lit ; l'ordonnance d'Orléans de 1560 et celle de Moulins ont cherché à limiter les degrés des substitutions fidéicommissaires ; l'édit de Saint-Maur, ou édit des mères, de mai 1567, a tenté d'introduire dans les pays de droit écrit le principe coutumier *paterna paternis, materna maternis*, en empêchant la mère de recueillir dans la succession de ses enfants des biens venus de la ligne paternelle ; un édit de 1581 a cherché à généraliser l'institution du retrait lignager.

Le bilan est plus maigre pour le XVIIe siècle : Henri IV a voulu abolir deux règles d'origine romaine, en 1604 l'inaliénabilité dotale, et en 1606 l'incapacité velléienne, qui interdisait à la femme de s'engager en faveur d'autrui, et spécialement de son mari. Au XVIIIe siècle, les ordonnances du chancelier d'Aguesseau ont réformé le droit des donations, des testaments et des substitutions ; un édit de juin 1771 a réglementé le régime des hypothèques.

Ces progrès sont liés aux courants de pensée qui exaltaient la loi comme instrument de rationalisation du droit et tiraient parti de la rédaction des coutumes pour les faire dépendre de la volonté royale. Il ne faut cependant pas en exagérer la portée : les lois prises pour réformer les solutions coutumières ou romaines sont restées au total peu nombreuses, et plus rares encore celles qui furent réellement appliquées, ce qui corrobore la faculté, pour les populations concernées, de rejeter les dispositions contraires à leurs usages. Les velléités d'introduction de la règle *paterna paternis* et du retrait lignager en pays de droit écrit furent des échecs. L'abrogation de l'inaliénabilité dotale et de l'incapacité velléienne, qui se heurta à l'opposition des parlements du Midi et de celui de Normandie, ne fut jamais reçue dans la plupart de ces provinces. Seules réussirent pleinement les réformes législatives qui n'entraient pas en concurrence directe avec les règles coutumières et répondaient aux attentes de la société, comme celles du droit matrimonial. Les lois les plus nombreuses et les plus importantes ont continué de viser, comme auparavant, les matières situées aux franges du droit privé : la procédure, qui relève autant du droit public puisqu'elle concerne le fonctionnement du service public de la justice ; le droit criminel, qui, dans sa forme moderne, fondée sur la procédure inquisitoire, met aux prises un particulier avec le ministère public représentant l'État ; le droit commercial, branche du droit privé certes, mais régie par la coutume des marchands, la *lex mercatoria*, non par les coutumes territoriales. Quant aux réformes de D'Aguesseau, si elles concernaient bien des matières relevant des coutumes et du droit romain, elles se présentaient comme des mesures d'unification de la jurisprudence des différents parlements et leur auteur se défendait d'empiéter sur le droit romain ou coutumier. C'est seulement dans ces domaines marginaux ou limités que les lois royales ont été suffisamment nombreuses et efficaces pour réaliser une véritable codification.

B. Les ordonnances de codification

L'idée d'une codification du droit, qui devait en permettre la rationalisation, a pris corps très tôt et, dans un contexte de pluralisme juridique, elle s'est accompagnée d'un dessein plus vaste d'unification qui en rendait la réalisation d'autant plus difficile. Entre le XVIe et le XVIIIe siècle, des juristes et des publicistes ont présenté des projets de codification générale, toutes sources confondues, qui relevaient de l'utopie. La codification et l'unification des coutumes, envisagées de manière plus réaliste par Louis XI, par Du Moulin puis par Lamoignon, sont restées également sans lendemain et n'ont eu d'influence qu'en doctrine. La codification n'a pu être mise en œuvre que par et pour une seule source : la loi.

Les premières réalisations datent du XVIe siècle. L'unité de législation, déjà évoquée par les préambules des ordonnances, était souhaitée par les États généraux. En réponse aux doléances de ceux de Blois en 1576, qui avaient demandé la mise en ordre des lois royales dont ils jugeaient la masse trop imposante et confuse, Henri III chargea le premier président du Parlement de Paris, Barnabé Brisson, de recueillir toutes les lois en un seul volume, en supprimant celles qui étaient devenues désuètes ou avaient été abrogées par des textes postérieurs. Achevé en 1587, l'ouvrage regroupait de cinq à six mille textes, classés par matières en vingt livres subdivisés en titres, qui concernaient les différentes branches du droit public et du droit ecclésiastique, la procédure civile et criminelle et les parties du droit privé régies par la loi. Il fut remis au roi et publié sous le nom de *Code Henri III*, avec un certain retentissement dont témoigne une lettre enthousiaste d'Étienne Pasquier à Brisson, mais ne reçut jamais la sanction officielle.

Parallèlement parurent plusieurs recueils privés de textes législatifs, qui témoignent de l'importance croissante reconnue aux lois, comme ceux de Pierre Rebuffe (1573), d'Antoine Fontanon (1585), de Néron et Girard (1627), le *Code Henri IV* de Thomas Cormier ou encore la *Conférence des ordonnances royales* de Pierre Guénois (1596), qui, comme il l'avait fait pour les coutumes, juxtaposait et comparait les lois relatives à une même matière. Au XVIIIe siècle, ce sont des recueils spécialisés que publient, sous le nom de codes, les jurisconsultes [1]. Semi-officiels ou purement privés, ces ouvrages n'étaient, comme le Code de Justinien, que des compilations méthodiques. Les ordonnances de Louis XIV et de D'Aguesseau ont franchi un pas bien plus important vers la codification moderne.

1. *Les grandes ordonnances de Louis XIV*

Les ordonnances de Louis XIV représentent l'aboutissement d'un vaste programme de codification du droit conçu dès le début du règne personnel et auquel fut étroitement associé le plus influent des ministres, Jean-Baptiste Colbert. Si elles se rattachent à la tradition ancienne des ordonnances de réformation, elles s'en distinguent par la procédure particulière de leur rédaction, leur spécialisation rigoureuse et le caractère rationnel et ordonné de leur contenu.

Colbert, dans les mémoires rédigés à cette occasion, souhaitait une réforme générale du droit qui devait « réduire en un seul corps d'ordonnances tout

1. *Code matrimonial* de Le Ridant, réédité et complété par Camus (1770), *Code des terriers* (1761), *Code rural* d'Antoine Gaspard Boucher d'Argis (1774), *Code pénal* de Laverdy (1765), *Code des chasses* de Saugrain (1765).

ce qui est nécessaire pour établir la jurisprudence fixe et certaine ». Dans ce but fut institué en 1665 un Conseil général de réformation de la justice, présidé par son oncle Henri Pussort et composé du roi, de ministres (Colbert lui-même et le chancelier) et de conseillers d'État. Pour l'élaboration des ordonnances sur la justice leur furent adjoints des magistrats du Parlement de Paris, dont le premier président Guillaume de Lamoignon, mais les autres furent préparées par les seuls ministres et conseillers d'État.

Le Conseil fit procéder à des enquêtes auprès des tribunaux, de corps et même de particuliers reconnus pour leur compétence, et tint des conférences régulières. Différente de celle suivie pour l'élaboration des lois ordinaires, cette procédure garantissait la cohérence des ordonnances, préparées et rédigées sous l'autorité d'un organe unique. Elle aboutit à la rédaction de cinq grandes lois : l'ordonnance civile d'avril 1667, parfois appelée Code civil, l'ordonnance des Eaux et Forêts d'août 1669, l'ordonnance criminelle d'août 1670, l'ordonnance du Commerce (terrestre) de mars 1673 et celle de la Marine d'août 1681. Après la mort de Colbert fut promulguée, en mars 1685, l'ordonnance coloniale, appelée aussi Code noir, qui fixait le droit applicable dans les colonies et dont on a dénoncé la sévérité, mais qui tentait pourtant d'humaniser la condition des esclaves en attribuant des droits familiaux à ceux qui étaient devenus chrétiens et en obligeant les maîtres à prendre soin de leurs esclaves âgés ou malades.

Les ordonnances de Louis XIV ont fait accomplir un grand progrès à la codification. À la différence des codes romains, elles ne constituaient pas de simples compilations de lois antérieures mais offraient des textes originaux, clairs et soigneusement rédigés, qui réformaient le droit existant. Elles évoquent les codes modernes par leur volonté d'unification – pour conserver l'unité et éviter les divergences de jurisprudence, Colbert prétendit même interdire aux parlements de les interpréter et réserver cette faculté au Conseil du roi –, ainsi que par leur ordre logique et rationnel, leur forme structurée, avec des articles brefs, regroupés en titres subdivisés en livres.

Elles s'en séparent par le fait qu'elles n'ambitionnaient pas de réglementer la totalité d'une matière et laissaient encore une large place aux sources extérieures. Les ordonnances civile et criminelle n'ont fixé et unifié que les règles essentielles de la marche des procès, auparavant variables d'une juridiction à l'autre, ainsi que les questions les plus controversées, et n'ont abrogé que les lois et usages contraires à leurs dispositions[1]. L'ordonnance des Eaux et Forêts, l'ordonnance du Commerce et l'ordonnance de la Marine, inspirées des préoccupations mercantilistes de Colbert, étaient également des textes plus brefs que les codes modernes, et qui ne prétendaient pas davantage traiter l'ensemble de la matière. L'ordonnance du Commerce, trop lacunaire, est apparue rapidement dépassée : dès 1700, on envisagea d'en rédiger une nouvelle et, peu avant la Révolution, le garde des Sceaux Miromesnil fit préparer un projet bien supérieur qui devait la remplacer mais se heurta à l'opposition du Parlement de Paris et n'entra jamais en vigueur. Néanmoins, toutes seront utilisées par les codifications napoléoniennes, auxquelles elles serviront de base. L'importance qui leur a été reconnue se mesure au nombre et à la qualité des commentaires doctrinaux qu'elles ont suscités, comme la *Conférence des ordonnances de Louis XIV* de Philippe Bornier (1681) et, au XVIIIe siècle, ceux de Daniel Jousse.

Il ne semble pas, en revanche, que le Conseil de réformation de la justice ait envisagé d'étendre la codification au droit coutumier, même si Colbert y

1. Réédition récente : *Code Louis*, I, *Ordonnance civile*, introduzione di Nicola Picardi ; II, *Ordonnance criminelle*, introduction d'André Laingui, Milan, Giuffrè, 1996-1997.

avait peut-être songé et si certains de ses membres ont pu le souhaiter. Le travail d'unification doctrinale auquel se livraient en parallèle Guillaume de Lamoignon et ses collaborateurs, qui devait aboutir à la rédaction de ses *Arrêtés*, résultait d'une initiative privée sans lien avec les activités du Conseil.

2. *Les ordonnances du chancelier d'Aguesseau*

Les ordonnances de D'Aguesseau, à la différence de celles de Louis XIV, touchent directement au droit privé. Henri François d'Aguesseau (ou Daguesseau) exerça la fonction de chancelier de France pendant une période de trente-trois ans (de 1717 à 1750), entrecoupée de disgrâces où les sceaux lui furent retirés. Juriste éminent, d'esprit rationnel et cartésien, il était, tout autant que Colbert, partisan de l'unité de législation, mais trop prudent et trop bon connaisseur du droit pour ignorer qu'une telle tâche ne pouvait être réalisée dans l'immédiat. Aussi a-t-il procédé par étapes et limité son travail de codification à trois questions qui firent l'objet d'ordonnances distinctes, réunies sous le titre officieux de *Code Louis XV* : les donations entre vifs (1731), les testaments (1735) et les substitutions (1747).

Promulguées dans des matières relevant traditionnellement du droit romain et du droit coutumier, elles n'avaient pas pour but de substituer à ces sources des dispositions d'ordre législatif mais visaient plus modestement à unifier la jurisprudence divergente des parlements. De ce fait, à la différence des ordonnances de Louis XIV, elles furent élaborées avec la collaboration étroite des magistrats des cours souveraines, selon une procédure qui annonce celle que suivront les rédacteurs du Code civil. Un questionnaire préparé par le procureur général du Parlement de Paris, Joly de Fleury, fut envoyé à tous les parlements de province pour les inviter à faire connaître leur jurisprudence, leurs observations critiques et leurs suggestions sur les réformes à apporter. Il fut étudié dans chaque parlement par une commission de magistrats et d'avocats, qui prépara les réponses, dont une commission d'avocats au Parlement de Paris fit ensuite le résumé et la synthèse. Puis les projets furent soumis au Parlement de Paris, chargé d'aplanir les divergences entre parlements provinciaux. Enfin, à partir de ces travaux préparatoires, le Conseil du roi et le chancelier rédigèrent le texte définitif.

Le résultat, bien que d'ampleur limitée, est remarquable par sa clarté et sa valeur technique. Les ordonnances de D'Aguesseau ont permis une large unification du droit des donations, facilitée par le fait qu'il était pour l'essentiel d'origine romaine ; en matière de testaments, tout en laissant subsister des différences entre pays de droit écrit et pays coutumiers qui auraient pu être effacées, elles ont opéré des rapprochements, éliminé les disparités entre les coutumes et édicté des règles communes : le testament oral a été prohibé dans l'ensemble de la France, et les formes comme les effets des testaments écrits, sans être totalement unifiés, ont été harmonisés. Nombre de leurs dispositions seront reprises, certaines textuellement, dans le Code civil. La doctrine a parachevé le travail du chancelier en leur consacrant de nombreux commentaires, comme ceux de Sallé, de Du Rousseaud de La Combe, de Claude Serres, de Jean-Baptiste Furgole.

Sous-section 3

La jurisprudence des arrêts

La « jurisprudence des arrêts[1] » a également contribué à la création de l'ancien droit privé français et, dès le XVIe siècle au moins, elle a été pleinement reconnue comme source du droit.

Jusqu'aux XIIIe-XIVe siècles, les jugements, censés exposer purement et simplement le contenu de la coutume, restaient dépourvus de valeur propre et ne servaient qu'à établir la preuve des dispositions coutumières, reconnues notoires lorsqu'elles étaient consacrées par une décision judiciaire. De son côté, la doctrine savante, à partir des dispositions romaines qui prescrivaient de ne pas juger selon les précédents mais selon les lois (Code de Justinien, VII, 45, 13), fondait l'intérêt des décisions judiciaires non sur une force contraignante qu'elles ne possédaient pas à l'égard des tiers, mais sur la raison qu'elles exprimaient, sur leur seule valeur doctrinale. L'autorité de la jurisprudence ne s'est vraiment affirmée qu'avec l'établissement des parlements et, jusqu'à la fin de l'Ancien Régime, ne seront pris en considération que les arrêts des cours souveraines et accessoirement les jugements du Châtelet de Paris. Compétents pour statuer en dernier ressort, investis de pouvoirs étendus et même de celui de juger en équité, qui leur permettait d'écarter les règles trop subtiles ou trop rigou-

1. C'était l'expression en usage sous l'Ancien Régime, où le terme « jurisprudence », sans autre précision, désignait les activités juridiques dans leur ensemble, et plus spécialement celles de la doctrine, sens hérité du latin *jurisprudentia* et qu'ont conservé jusqu'à nos jours l'allemand *Jurisprudenz* et l'italien *giurisprudenza*. C'est plus tard, probablement à partir de la Révolution, que le terme « jurisprudence » s'est restreint en français aux décisions des tribunaux.

reuses lorsque leur application stricte aurait conduit à l'injustice, les parlements ont pu donner à leurs arrêts une force plus grande, créer des solutions nouvelles et en imposer le respect aux tribunaux inférieurs.

Aux XIIIe-XIVe siècles, les précédents judiciaires ont commencé par jouer un rôle dans la fixation de la procédure, et c'est d'abord à ce titre qu'ils ont été invoqués par les plaideurs et consignés dans les premiers recueils de jurisprudence, ou styles, comme celui de l'avocat parisien Guillaume Du Breuil. L'intérêt s'est ensuite étendu aux solutions que les arrêts exposaient sur le fond et qui, lorsqu'elles étaient confirmées par un certain nombre de décisions concordantes, créaient une sorte de coutume judiciaire que devaient respecter les juges inférieurs et qui offrait une base solide à l'argumentation des plaideurs.

Une autorité plus forte s'attachait aux *arrêts de règlement*, décisions à caractère général qu'un parlement rendait soit à l'occasion d'un procès, soit en dehors de toute affaire contentieuse, notamment lors de l'enregistrement des actes royaux, sur réquisition de son procureur général. Tenant de l'exercice d'un pouvoir autant réglementaire que judiciaire, ils permettaient de combler les lacunes de la coutume ou de la législation, d'en préciser ou d'en modifier les dispositions pour les adapter aux conditions locales. À la différence des arrêts ordinaires, dont la portée était restreinte par l'autorité relative de la chose jugée, les arrêts de règlement s'imposaient à toute une catégorie de personnes ou même à l'ensemble des habitants du ressort, sous réserve de leur infirmation par le roi. Très importants en droit privé au XVIe siècle, ils ont ensuite réduit leur champ au droit public, à la « police ».

La jurisprudence des cours souveraines a introduit beaucoup de solutions nouvelles. Dès le XIVe siècle, celle du Parlement de Paris a contribué à la formation du droit des obligations en interprétant et en complétant les lois romaines. Au XVIe siècle elle a joué, avec la doctrine, un rôle de premier plan dans la transformation et la modernisation du droit français. Le *rapt de séduction*, par exemple, qui permettait d'annuler les mariages des mineurs conclus sans le consentement des parents, est une pure création jurisprudentielle. Il en va de même, dans les régimes matrimoniaux, du système des *récompenses*, qui permet à chaque époux de récupérer dans la communauté le prix de ses biens propres aliénés au cours du mariage (cf. Code civil, art. 1433 suiv.), et de l'octroi de plein droit à la femme d'une hypothèque sur les biens de son mari, inspirée du droit romain (cf. Code civil, art. 2121, 1°). Le Parlement de Paris, mettant en application une opinion de Du Moulin, a admis la révocation automatique des donations pour survenance d'enfant dans un arrêt de 1551, rendu dans un procès où le jurisconsulte était lui-même partie contre son frère (cf. Code civil, art. 960). L'arrêt des Boulards du 14 mai 1562, à l'encontre des solutions traditionnelles, a fait porter la charge des dettes mobilières de la succession sur tous les héritiers en proportion de leurs parts, et non sur les seuls héritiers des meubles et des acquêts. Les plus importantes de ces innovations ont été reprises dans les coutumes rédigées ou dans la législation royale, et certaines sont passées dans le droit actuel.

L'autorité de la jurisprudence trouvait cependant des limites, d'abord dans sa diversité, reflet de la pluralité des cours souveraines. Chaque parlement a eu le souci d'harmoniser les jugements à l'intérieur de son ressort, et celui de Paris, qui exerçait sa compétence territoriale sur plus du tiers du royaume, a fait progresser l'unité en imposant, pour toutes les coutumes qui relevaient de lui, des interprétations convergentes, en faisant prévaloir autant qu'il le pouvait les solutions de la coutume de Paris et en introduisant dans les pays de droit écrit de son ressort des règles d'inspiration coutumière, comme l'incapacité de la femme mariée : le droit commun coutumier, dégagé à partir du XVIe siècle, a été pour une part son œuvre. Mais les parlements provinciaux ont cristallisé la résistance des particularismes contre les tentatives d'unification au niveau du royaume, et fermement défendu la spécificité de leurs propres coutumes. Et même là où il y avait unité de législation, comme en pays de droit écrit, les jurisprudences divergentes ont introduit la diversité : les parlements des pays du Midi (Paris, Dijon, Aix, Grenoble, Toulouse, Bordeaux) ont donné des mêmes lois romaines des interprétations souvent opposées, qui traduisaient les particularismes locaux, inconvénient auquel les réformes de D'Aguesseau ont tenté de remédier.

L'influence de la jurisprudence était également bornée par l'absence de motivation des arrêts, qui ne permettait pas de connaître avec précision les raisons qui avaient conduit la Cour à prendre sa décision et en rendait aléatoire l'interprétation. Enfin, faute de publication régulière, la connaissance même des arrêts restait difficile. Dans les grandes juridictions, les greffiers les consignaient sur des registres (dès le XIIIe siècle à l'Échiquier, ancêtre du Parlement de Normandie, et au Parlement de Paris), mais ceux-ci n'étaient pas publics et les décisions judiciaires n'étaient en principe connues que des magistrats qui les avaient rendues et des parties au procès à qui elles étaient notifiées : seuls les arrêts de règlement, du fait de leur portée plus large, faisaient l'objet d'une publicité organisée. Les autres n'étaient connus qu'à l'initiative et par l'intermédiaire des praticiens qui assistaient aux audiences, notaient les décisions les plus importantes et les rassemblaient en recueils (d'où le nom de *Notables* souvent donné à ceux-ci) : à la fin du XIVe siècle, l'avocat parisien Jean Le Coq a été l'un des premiers à composer un tel ouvrage, les *Quaestiones Johannis Galli*.

Avec le développement de l'imprimerie, les recueils d'arrêts ont été publiés en grand nombre : parmi les plus anciens, les *Decisiones* de Guy Pape pour le Parlement de Grenoble (fin XVe siècle), celles de Nicolas Boerius pour le Parlement de Bordeaux et le *Recueil d'arrêts notables des Cours souveraines de France* de Jean Papon (1556). Aux XVIIe-XVIIIe siècles, il en existe une douzaine pour le seul Parlement de Paris, dont ceux de Louet (1602, et nombreuses rééditions par Julien Brodeau), de Bardet (1690), le *Journal du Palais* (entre 1672 et 1736), le *Journal des Audiences*, et beaucoup d'autres pour les parlements provinciaux. Des arrêts étaient également cités et étudiés dans les commentaires de coutumes, les traités spécialisés et les recueils de plaidoiries d'avocats. Aux XVIIe-XVIIIe siècles, la jurisprudence a été abondamment exposée aussi sous la forme de dictionnaires ou de recueils de questions de droit, qui, comme pour les coutumes, témoignent d'un effort de comparaison et de synthèse : ainsi les *Notables et singulières questions de droit* de Jean Chenu (1602), le *Recueil des principales questions de droit* de Bretonnier (1718), très utilisé par d'Aguesseau dans la préparation de ses ordonnances, le *Dictionnaire des arrêts* de Brillon (1727) et la *Collection des décisions nouvelles* de Denisart (1754).

Mais ces ouvrages, sauf exception, ne donnaient pas le texte intégral des arrêts, dont ils se bornaient à résumer la substance et à proposer un commentaire souvent succinct, avec des références parfois approximatives, des interprétations contestables, et les magistrats, comme d'Aguesseau, jugeaient sévèrement le travail des arrêtistes. La « jurisprudence des tribunaux », lorsqu'elle emprunte le canal des recueils d'arrêts, n'apparaît pas comme une source autonome du droit mais comme une construction doctrinale, dont l'autorité dépend des choix et des interprétations personnels des auteurs. La doctrine, dans un système juridique pluraliste, demeurait omniprésente, pour commenter les coutumes, les ordonnances, les arrêts, pour harmoniser et synthétiser les différentes sources et faire du droit français un ensemble aussi cohérent que possible.

Chapitre III

RATIONALISATION ET CODIFICATION DU DROIT (FIN XVIIIe-XXe SIÈCLE)

Aux droits nationaux progressivement constitués depuis la fin du Moyen Âge, il restait à franchir une étape pour acquérir leur physionomie actuelle : accomplir un processus d'unification, de rationalisation, c'est-à-dire, car ces éléments sont indissociables du point de vue historique, de codification. Ultime étape qui a commencé dans la seconde moitié du XVIIIe siècle et s'est poursuivie, amplifiée même, au cours du XIXe.

Ces mutations ont été rapides, voire brutales. Aux évolutions lentes des périodes précédentes succèdent des révolutions. La Révolution française a joué, dans la gestation du droit nouveau, un rôle qui a été amplement souligné, et parfois même exagéré. Car il faut se garder d'adhérer sans réserve aux thèmes de la rhétorique révolutionnaire et d'opposer sans nuances un Ancien Régime où tout aurait été statique, archaïque, à un Nouveau Régime résolument moderne, qui aurait surgi d'un seul coup : tous les concepts, toutes les solutions qu'a imposés la Révolution n'étaient pas neufs et, si elle s'est voulue, dans le discours, en rupture complète avec la tradition, elle n'a jamais pu s'en affranchir totalement et n'a fait souvent que poursuivre et accélérer les mutations en cours. Par ailleurs, parmi les plus novatrices de ces solutions, certaines sont restées éphémères et n'ont créé qu'un droit intermédiaire, un droit de transition entre l'ancien droit et le droit codifié (section I : Les transformations révolutionnaires du droit).

Le droit contemporain ne provient pas d'une source unique mais d'un amalgame, d'une transaction entre les traditions issues du droit romain et du droit coutumier d'une part, les principes révolutionnaires d'autre part, qu'ont réalisée les codifications napoléoniennes en faisant prédominer tantôt les premières, tantôt les seconds. Et qu'a renforcée l'évolution postérieure des XIXe et XXe siècles, tantôt en atténuant la portée des principes issus de la Révolution conservés par les Codes, tantôt au contraire en remettant en vigueur certains de ceux qu'ils avaient sacrifiés (section II : Codification et consolidation du droit).

Section I

Les transformations révolutionnaires du droit

La Révolution, au moins dans sa première phase qui s'achève avec la chute de Robespierre, le 9 thermidor an II, a été le temps de l'idéologie, de l'utopie. Idéologie qui s'inspire, en le déformant, en le gauchissant, de l'esprit des « Lumières », des idées émises par les « Philosophes » du XVIIIe siècle, Montesquieu, Voltaire, Diderot, Mably, Rousseau, en elles-mêmes diverses et contradictoires mais qui ont donné naissance à un fond d'opinions moyennes relativement cohérentes, à un sentiment diffus répandu dans les milieux cultivés, l'« esprit du siècle ».

Réformiste à défaut d'être révolutionnaire, l'« esprit du siècle » plaçait toute sa confiance dans la raison abstraite, rejetait les croyances, les traditions, l'expérience du passé, ravalés au rang d'« abus », de « préjugés » inutiles et nuisibles. Utilitariste, sensualiste, pour certains matérialiste, il exaltait le progrès et faisait du bonheur, ramené à la satisfaction des sens, le but suprême des sociétés humaines. Volontiers scientiste, il voyait dans ces sociétés non des corps naturels modelés par l'histoire mais des mécanismes artificiels, des horloges construites par une sorte d'ingénieur social selon des principes purement rationnels.

Si ces idées ne peuvent suffire à expliquer la Révolution, si celle-ci fut bien autre chose que leur simple mise en œuvre, il est néanmoins incontestable qu'elles ont pesé sur les transformations de la forme et du fond du droit. Transformations qui ont touché les sources : au pluralisme juridique a succédé un monisme radical, au moins en intention, reposant sur la loi ; mais aussi de nombreux domaines du droit privé et public, les principes d'organisation de l'État, mais aussi ceux de la famille, la propriété, les successions.

Sous-section 1

Le règne de la loi

Appliqués au droit, le rationalisme et l'utilitarisme de l'« esprit du siècle » ont contribué à élever la loi et à dévaloriser les autres sources. Montesquieu et Rousseau ont placé la loi au centre de leurs réflexions politiques. Pour les esprits « éclairés », elle apparaissait comme le pur produit de la raison, de la volonté, à l'inverse des coutumes dont les origines incertaines, la diversité et la complexité constituaient les preuves manifestes de l'irrationalité. Pour Diderot, pour Rousseau et ses nombreux disciples, elle était l'expression de la volonté générale, présumée irréfragablement bonne et infaillible. Traduites en actes, ces idées ont conduit au légicentrisme absolu, tempéré seulement par le poids des réalités et l'impuissance des révolutionnaires à codifier le droit.

A. Le légicentrisme révolutionnaire

La Révolution a cultivé la *nomophilie*, l'amour de la loi, qu'elle a exaltée sans mesure. Elle a inventé le « législateur » anonyme et abstrait, censé traduire les volontés de l'ensemble du corps social, dont elle a consacré la suprématie dans ses Constitutions successives et dont l'œuvre a été érigée en source unique et exclusive du droit.

1. *Suprématie du pouvoir législatif*

La suprématie de la loi tient d'abord à celle de son auteur. L'instabilité politique de l'époque révolutionnaire a entraîné la succession rapide des régimes et des Constitutions, mais avec une constante : le respect formel du dogme désormais indiscuté de la séparation des pouvoirs, inspiré de Montesquieu mais mis en œuvre au profit exclusif du législatif.

De l'histoire romaine dont il était féru, et des institutions anglaises qu'il admirait, Montesquieu (*L'Esprit des lois*, XI, 6) avait tiré la conviction que, pour garantir la liberté, les différentes fonctions politiques – faire les lois, les exécuter, juger – devaient être séparées, exercées par des organes distincts amenés à collaborer et à se limiter mutuellement : séparation qui excluait leur spécialisation rigoureuse, incompatible avec une telle collaboration et avec le maintien de l'équilibre institutionnel. Pour égaliser les forces et éviter la domination du législatif, investi du pouvoir le plus important, il avait prôné sa division entre plusieurs chambres et surtout l'octroi à l'exécutif d'un veto absolu, faculté d'empêcher la promulgation des lois votées par les assemblées qui l'associait à la fonction législative et imposait la collaboration entre les deux pouvoirs.

Dès le début de la Révolution, la Constituante s'est empressée de proclamer son adhésion au principe, dont elle a fait le critère de l'existence d'une Constitution dans la Déclaration des droits de l'homme et du citoyen des 20-26 août 1789 (art. 16), mais elle l'a entendu dans un tout autre esprit, non comme le moyen de réaliser un équilibre durable mais comme une arme dirigée contre le roi, qui suscitait sa méfiance : elle s'en est servie pour abaisser l'exécutif et élever le législatif, rendant difficile leur collaboration et impossible l'équilibre entre eux.

Lors des premiers votes sur la future Constitution, en septembre 1789, l'Assemblée, où la gauche « patriote » imbue des idées de Rousseau était de plus en plus influente au détriment de la droite « monarchienne » bien plus fidèle à Montesquieu, a fait pencher la balance en faveur du pouvoir législatif en rejetant le bicamérisme au profit d'une chambre unique, et surtout en n'octroyant au roi qu'un veto suspensif, qui lui permettait seulement de différer l'entrée en vigueur des lois qu'il jugeait mauvaises, non d'y opposer un obstacle définitif. Bien qu'édulcorées, les dispositions sur le veto royal, « lettre de cachet lancée contre la volonté générale » (Sieyès), parurent encore excessives à l'Assemblée législative, qui refusa d'en tenir compte malgré l'utilisation modérée qu'en faisait Louis XVI, conflit qui devait conduire à la chute de la monarchie, le 10 août 1792.

Face au législatif, l'exécutif, cantonné dans des fonctions subalternes d'application des lois et dépourvu d'un véritable pouvoir réglementaire, ne pouvait donc former un contrepoids efficace. Ce déséquilibre n'a fait que s'accentuer après la chute de la monarchie : entre 1792 et 1795, la Convention a instauré une dictature d'assemblée où s'exerçait la toute-puissance du législatif et des comités qui en émanaient. Malgré la tentative maladroite de rééquilibrage de la Constitution de l'an III, au moyen d'une séparation trop stricte des pouvoirs, les orientations prises dès le début de la Révolution ont profondément marqué la tradition constitutionnelle française, longtemps caractérisée par la souveraineté absolue du pouvoir législatif : c'est pourquoi, jusqu'en 1958, le contrôle de constitutionnalité des lois est resté étranger à la tradition politique française.

2. *La toute-puissance de la loi*

La suprématie du pouvoir législatif impliquait l'omnipotence de la loi, fondée sur la souveraineté nationale. Seule expression constitutionnellement valable de la volonté générale, elle était l'unique autorité apte à créer le droit, qui ne pouvait découler d'aucune autre source. Elle n'avait donc à subir aucune des entraves qui avaient, dans le passé, freiné l'action législative du roi : la logique de l'esprit révolutionnaire menait au légicentrisme absolu. De fait, les Assemblées ont abondamment légiféré, non seulement en droit public mais aussi dans les domaines où n'entrait guère la législation royale, comme le droit privé, pour extirper les anciennes règles et créer un droit nouveau, fondement d'une société « régénérée ».

La distance était courte du légicentrisme au positivisme intégral, qui libère la loi de toute norme supérieure, qu'elle vienne du droit divin ou du droit naturel. A-t-elle été franchie ? Le discours révolutionnaire faisait fréquemment référence aux droits naturels, au sens que leur donnaient les juristes de l'École du droit de la nature et des gens : des droits individuels et subjectifs, censés avoir existé dans l'état de nature primitif, avant que les hommes ne se constituent en société. Mais ces références sont restées ambiguës faute d'avoir clairement précisé les rapports entre loi naturelle et loi positive, et affirmé la subordination de la seconde à la première. Ni la grande charte fondatrice de la nouvelle tradition juridique, la Déclaration des droits de l'homme et du citoyen des 20-26 août 1789, ni les déclarations postérieures de l'an I et de l'an III, plus étendues mais de même inspiration, n'échappent à cette ambiguïté.

La Déclaration de 1789 a reconnu et proclamé, pour mieux en assurer la conservation, « les droits naturels et imprescriptibles » de l'individu, la liberté, la propriété, la sûreté et la résistance à l'oppression (art. 2), mais a donné en même temps à la loi positive le rôle essentiel dans la définition des modalités d'exercice et dans la limitation de ces droits. Ainsi la liberté, dont les bornes « ne peuvent être déterminées que *par la loi* » (art. 4) ; la sûreté : « Nul homme ne peut être accusé, arrêté ni détenu que dans les cas déterminés *par la loi*, et selon les formes qu'elle a prescrites… » (art. 7) ; la liberté d'opinion, admise pourvu que sa manifestation « ne trouble pas l'ordre public établi *par la loi* » (art. 10) ; la libre communication des pensées, qui s'exerce « sauf à répondre de l'abus de cette liberté dans les cas déterminés *par la loi* » (art. 11) ; la propriété, « droit inviolable et sacré » mais dont le titulaire peut néanmoins se voir priver « lorsque la nécessité publique, *légalement constatée*, l'exige évidemment » (art. 17). De sorte que l'on a pu donner de ce texte des interprétations opposées, y lire tantôt l'affirmation de la permanence de droits naturels supérieurs à la loi positive, dont ils constitueraient la limite, dans la ligne du philosophe anglais John Locke, tantôt, dans une perspective plus rousseauiste, l'idée que ces droits se trouveraient abolis par l'abandon de l'état de nature et ne pourraient renaître que par l'effet de la loi positive, dont ils dépendraient entièrement.

En dépit des obscurités que recèle la Déclaration, il semble acquis que, pour la majorité de ses auteurs, existaient, conformément aux enseignements de Locke, des droits individuels antérieurs, donc supérieurs, à la société et à la loi positive, issus de l'hypothétique état de nature qui aurait précédé l'établissement des sociétés humaines : le terme « déclaration » souligne que la loi ne produisait aucun effet constitutif, ne créait pas des droits mais se bornait à les reconnaître. Elle se devait aussi de les respecter, tout en leur apportant les limites imposées par la vie sociale, respect qui était le premier critère de sa propre légitimité comme le sous-entend l'article 2, d'inspiration nettement lockienne : « Le but de toute association politique est la conservation des droits naturels et imprescriptibles de l'homme… »

Mais la difficulté tient au fait que l'exercice effectif de ces droits dépendait entièrement de la loi positive, sans qu'aucune garantie fût donnée contre les éventuels abus de celle-ci. Comme dans les travaux préparatoires de la Constitution, les constituants ont considéré que les atteintes aux droits et aux libertés ne pouvaient venir que de l'exécutif ; ils n'ont vu dans la loi qu'un instrument de protection, jamais d'oppression, contre lequel il était inutile de se prémunir, et de ce point de vue la Déclaration confirme bien le légicentrisme et le positivisme de la Révolution. À la différence des Déclarations américaines, qui procèdent de la même philosophie lockienne mais se montrent beaucoup plus pragmatiques et bien plus méfiantes à l'égard de tout pouvoir, quel qu'il soit, elle est restée dépourvue de portée juridique, et ni elle ni celle de l'an I n'ont été invoquées contre la confiscation des biens du clergé et des émigrés, atteinte pourtant flagrante au droit de propriété « inviolable et sacré », contre les arrestations arbitraires et les jugements sommaires du temps de la Terreur ou contre les massacres de Vendée. Acte de nature politique et philosophique, la Déclaration des droits de l'homme proposait au législateur un modèle qu'il était invité à suivre sans y être juridiquement obligé et sans que ses éventuels écarts soient sanctionnés. Elle n'a acquis un véritable caractère juridique qu'avec la Constitution de la Ve République, dont le préambule y fait expressément référence, et surtout dans les années 1970, lorsque le Conseil constitutionnel a commencé à fonder sur elle ses décisions, en s'inspirant bien davantage des traditions anglo-saxonnes que de celles de la Révolution française.

B. L'échec des codifications révolutionnaires

Si la codification n'était pas une idée neuve, le rationalisme des « Lumières » ne pouvait que lui être favorable. À l'exception de Montesquieu (« Lorsque les citoyens suivent les lois, qu'importe s'ils suivent la même ? »), les esprits « éclairés » fustigeaient avec Voltaire la diversité des coutumes, réclamaient avec Diderot, Rousseau ou l'avocat Linguet l'unification du droit, tout entier rassemblé dans des codes rationnels et harmonieux. Programme qu'avaient commencé à réaliser, sans attendre les leçons des « Philosophes », les souverains de royaumes et duchés italiens (Piémont, Naples, Toscane, Modène), et qu'ont appliqué, dans la seconde moitié du XVIIIe siècle, les « despotes éclairés » d'Europe centrale : en Bavière, un Code pénal fut promulgué en 1751, un Code civil en 1756 ; en Prusse, le *Code Frédéric II*, entrepris vers 1746, n'entra jamais en vigueur mais servit de base au Code général prussien de 1794 (*Allgemeines Landrecht*), inspiré de l'École du droit naturel, qui embrassait (en quelque dix-neuf mille articles) toutes les branches du droit, mais avec une autorité seulement supplétoire ; en Autriche, le *Codex Theresianus*, voulu par l'impératrice Marie-Thérèse, fut élaboré à partir de 1766 mais achevé seulement en 1811. En France, l'opinion restait partagée à en juger par les cahiers de doléances de 1789, pour les uns favorables, pour les autres hostiles, pour la plupart indifférents.

La Révolution, en brisant les particularismes sociaux et territoriaux, les privilèges des ordres et des corps, et en étendant sans limites le domaine de la loi, créait des conditions propices à l'unification et à la codification d'ensemble du droit. L'Assemblée constituante, dans la loi sur l'organisation judiciaire des 16-24 août 1790 et dans la Constitution du 3 septembre 1791 (titre Ier, dernier alinéa), proclama solennellement qu'« il sera fait un code de lois civiles communes à tout le royaume », engagement repris par les projets de Constitution girondin et montagnard de 1793, qui reçut un début de concrétisation par la création, au sein des assemblées successives, d'un Comité de législation civile et criminelle chargé de préparer la réforme des lois et la codification, mais qui devait connaître un échec complet.

La rédaction d'un Code civil ne faisait pas partie des priorités de la Constituante : elle passait après l'établissement d'un Code pénal, conformément aux vœux des cahiers de doléances, qui attachaient bien plus d'importance à la réforme du droit criminel qu'à celle du droit civil. L'Assemblée vota, le 25 septembre 1791, un Code pénal inspiré des idées de Montesquieu et du publiciste italien Beccaria, qui instituait la légalité des délits et des peines, avec un système de peines fixes qui faisait du juge une simple machine à appliquer les lois sans aucun pouvoir de moduler des sanctions, mais n'élabora aucun projet de Code civil. La Législative non plus, qui s'en remit à l'initiative privée et lança un appel « à tous les citoyens qui auraient des vues utiles sur le perfectionnement des lois, en même temps qu'aux étrangers qui, depuis l'extrémité de l'Europe jusqu'en Amérique, ont manifesté le grand intérêt qu'ils ont pris à la Révolution française ». De fait, plusieurs projets privés furent composés sous la Révolution, dont ceux du jurisconsulte Olivier en 1789 et du canoniste et conventionnel Durand de Maillane en 1793, sans grande influence sur les travaux des Assemblées. Il faut attendre la Convention et le Directoire pour trouver des projets officiels.

La Convention eut à examiner deux projets préparés par son Comité de législation sous la direction de Jean-Jacques Régis Cambacérès (1753-1824), juriste issu d'une vieille famille de robe du Midi, conseiller à la Chambre des comptes de Montpellier avant la Révolution, plus tard deuxième consul puis archichancelier de l'Empire, auxquels collaborèrent des jurisconsultes expérimentés comme Berlier, Garran de Coulon et Merlin de Douai.

Le premier, présenté en août 1793, véritable Code de la Nature, au dire de Cambacérès, « grand par sa simplicité même » et appelé à servir de modèle à l'humanité entière, comprenait 719 articles répartis en quatre livres (personnes, biens, contrats, actions). Si le plan restait classique, le fond était très marqué par l'idéologie révolutionnaire : en rupture totale avec la tradition, il consacrait, en matière successorale comme dans les relations entre époux et entre parents et enfants, les principes égalitaires chers aux Jacobins. Ces concessions à l'esprit du temps ne suffirent pas à convaincre l'Assemblée, qui le jugea trop long, trop complexe, trop juridique, et le rejeta. Quelques dispositions furent votées et entrèrent en vigueur séparément, le reste fut renvoyé au Comité de législation, auquel les députés, en pleine crise d'antijuridisme, décidèrent d'adjoindre « un conciliabule de penseurs et de philosophes chargés d'en faire les retranchements nécessaires et d'en faire disparaître les imperfections que les hommes de loi y ont laissées ».

Présenté le 23 fructidor an II (9 septembre 1794), le second projet accentuait encore les caractères du premier en y ajoutant une touche d'esprit philosophique : d'une extrême concision (297 articles), il se bornait à énoncer des axiomes de droit ou de morale pratique, « où chacun devait trouver les règles de sa conduite dans la vie civile ». Il n'eut pas davantage l'heur de plaire à la Convention, qui le refusa à son tour. Elle n'adopta qu'un Code des délits et des peines, relatif à la procédure pénale, le 3 brumaire an IV.

Toujours rédigé sous l'autorité de Cambacérès, un troisième projet fut soumis aux Assemblées du Directoire le 24 prairial an IV (14 juin 1796). En un temps où beaucoup d'illusions s'étaient dissipées et où s'amorçait une réaction contre les excès révolutionnaires, il abandonnait l'idéal de brièveté et de rupture complète avec l'ancien droit : nettement plus long (1104 articles) et moins novateur que les précédents, il n'hésitait pas à renouer avec la tradition, à se référer au droit romain et aux coutumes. Bien supérieur (Portalis, futur rédacteur du Code civil, y voyait « un chef d'œuvre de méthode et de précision »), il connut pourtant le même sort et fut rejeté sans même que le Conseil des Cinq-Cents l'eût examiné.

L'échec de la codification révolutionnaire tient d'abord à la conjoncture politique. Le poids des idéologies, l'évolution rapide des idées et des forces qui caractérisent la Révolution à son paroxysme, rendaient les projets caducs, encore trop timorés ou déjà trop audacieux, lorsqu'ils venaient devant l'Assemblée : tel fut le sort du second projet Cambacérès, fidèle reflet des idées jacobines mais qui eut l'infortune d'être soumis à la Convention aussitôt après la chute de Robespierre. Cet échec est sans doute dû également à l'incapacité d'assemblées nombreuses et brouillonnes d'élaborer des textes de grande ampleur, qui exigeaient cohérence et suite dans les idées. Enfin, l'ambition démesurée que, au moins sous la Convention, on assignait à la codification, y a certainement contribué aussi : il ne suffisait pas d'unifier le droit en synthétisant les règles juridiques existantes ; il fallait créer un droit entièrement nouveau pour une société nouvelle, un droit selon la Raison et la Nature qui ne visait rien moins qu'à régénérer l'humanité.

L'effort d'unification ne fut cependant pas totalement vain. À défaut d'un Code civil furent votées plusieurs lois de droit privé, dont certaines, détachées du premier projet Cambacérès, furent appliquées uniformément dans toute la France à la place des dispositions canoniques, romaines ou coutumières : sur l'état civil, le mariage et le divorce, la condition des enfants naturels, les successions. Comme les ordonnances royales, les lois révolutionnaires n'ont fait donc accomplir à l'unification du droit que des progrès ponctuels, limités souvent par la médiocrité des textes législatifs, que leur style confus et leur complexité rendaient difficilement applicables.

C. Survie des autres sources du droit

Du fait de l'échec de la codification et du poids des réalités, le monisme législatif de la Révolution est resté une prétention en partie insatisfaite. Le monopole normatif de la loi s'est heurté à une source nouvelle, les règlements du pouvoir exécutif, pris pour l'exécution des lois mais qui ne se bornaient pas à les interpréter et y ajoutaient des dispositions complémentaires : source dont les Constitutions de l'époque excluaient en principe l'existence mais dont la nécessité a imposé le développement et même la reconnaissance à partir du Directoire. Il a dû composer aussi avec la survie des sources anciennes : coutumes et jurisprudence.

Symboles de l'irrationalité et du conservatisme, les coutumes étaient, au même titre que le droit romain des pays du Midi, condamnées à disparaître à mesure que des lois nouvelles viendraient régir et réformer les matières dont elles traitaient. Elles n'ont dû leur maintien provisoire qu'à l'impuissance de la Révolution à codifier. Leur domaine a été réduit par les lois qu'ont adoptées les assemblées révolutionnaires et qui ont abrogé les dispositions coutumières ou romaines correspondantes, mais elles ont continué à régir les matières qui, tels les régimes matrimoniaux, n'avaient pas encore fait l'objet de réformes législatives.

La survie de la jurisprudence des tribunaux paraît encore plus problématique. Les idées des « Lumières » lui étaient défavorables. Montesquieu (*L'Esprit des lois*, XI, 6) avait fait de l'existence d'un pouvoir judiciaire indépendant du législatif et de l'exécutif l'une des conditions de la liberté, mais conçu ce pouvoir comme une « puissance invisible et nulle » dans un régime républicain, où la loi devait être souveraine. L'acte de juger ne consistait qu'en l'application mécanique de celle-ci, ne conférait aucune autorité, aucune fonction créatrice du droit : « Les juges de la nation ne sont que la bouche qui prononce les paroles de la loi. » Le publiciste italien Beccaria, également influent dans la seconde moitié du XVIIIe siècle, décrivait le jugement comme un syllogisme parfait, une opération intellectuelle consistant à déduire la solution du procès du texte littéral de la loi, en l'appliquant aux faits mais sans rien y ajouter ni retrancher. Défaveur que renforçait la vive hostilité de l'opinion à l'égard des parlements.

Les constituants ont partagé ces vues. Ils ont fait du judiciaire non un pouvoir autonome mais un simple élément de l'exécutif, dépourvu de toute fonction normative, sauf à affirmer, sans crainte de se contredire, son indépendance complète à l'égard du roi. Un système qui ne reconnaissait d'autre source du droit que la volonté générale ne pouvait faire aucune place aux décisions des juges, qui, même sous couvert d'interpréter la loi, n'étaient que l'expression de volontés particulières. « Si la loi peut être interprétée, augmentée ou appliquée au gré d'une volonté particulière, affirmait Robespierre, l'homme n'est plus sous la sauvegarde de la loi, mais sous la puissance de celui qui l'interprète ou qui l'augmente » ; aussi « ce mot de jurisprudence doit être effacé de notre langue. Dans un État qui a une Constitution, une législation, la jurisprudence des tribunaux n'est autre chose que la loi : alors il y a toujours identité de jurisprudence ». « Le pouvoir judiciaire, ce que l'on appelle improprement le pouvoir judiciaire, confirmait un autre député, Clermont-Tonnerre, est l'application de la loi ou volonté générale à un fait particulier, ce n'est donc en dernière analyse que l'exécution de la loi. »

Conformément à ces thèses, la loi des 16-24 août 1790 sur l'organisation de la justice s'est évertuée à empêcher le maintien d'une autorité jurisprudentielle effective. Non contente de supprimer les parlements, elle a répudié toute idée de hiérarchie judiciaire. À la place des anciens tribunaux, et après avoir envisagé le recours général à des jurys de citoyens qui ne furent retenus que pour le jugement des procès criminels, elle a institué des tribunaux de famille pour le règlement des conflits domestiques, des juges de paix pour les petits litiges et, comme juges civils de droit commun, des tribunaux de district tous égaux entre eux : en l'absence de juridiction supérieure, l'appel de leurs décisions était circulaire, porté devant un autre tribunal de district. Les arrêts de règlement étaient supprimés et toute intrusion des juges hors du domaine de la justice strictement entendu, prohibée. La magistrature elle-même, avec tout ce qui avait fondé son indépendance, était abolie : aux magistrats professionnels organisés en corps et titulaires de leurs charges étaient substitués des juges élus pour six ans par les citoyens, sous réserve de conditions de compétence que supprimera la Convention, et inamovibles pour la durée de leur mandat.

De l'ancien système judiciaire, la Constituante n'a conservé que la cassation, afin de contrôler l'application que les juges faisaient de la loi. Mais il fallut de longues discussions, au cours desquelles Robespierre préconisa de la faire exercer par le Corps législatif lui-même, avant qu'elle ne décide de la confier à une juridiction propre, substituée dans cette tâche au Conseil du roi, le Tribunal de cassation créé par une loi des 27 novembre-1er décembre 1790. Composé de juges élus pour quatre ans, le Tribunal de cassation était « établi auprès du Corps législatif », disposition qui le faisait apparaître bien plus comme un auxiliaire du pouvoir législatif que comme un organe proprement judiciaire. Doté de pouvoirs moindres que ceux de l'ancien Conseil des parties, il ne pouvait juger les procès au fond : « gardien de la loi », il en imposait le respect aux juridictions mais sans pouvoir l'interpréter.

L'interprétation des lois relevait du législateur lui-même. La Constituante, amplifiant la tendance à réserver au roi et à son Conseil l'interprétation des ordonnances qui se dessinait déjà sous l'Ancien Régime, a créé le système du *référé législatif* qui confiait cette tâche directement à l'Assemblée, dès lors qu'un doute existait sur le sens d'une loi. Les juges devaient s'adresser à elle « toutes les fois qu'ils croiront nécessaire d'interpréter une loi », et le Corps législatif était automatiquement saisi lorsqu'un désaccord persistant opposait le Tribunal de cassation aux juges du fond après deux cassations successives, situation pathologique révélatrice d'une imperfection de la loi, à laquelle son auteur avait seul compétence de remédier.

La jurisprudence n'a pourtant pas disparu des sources du droit, et elle a même amorcé à l'époque révolutionnaire l'évolution qui devait conduire à sa forme moderne. Bien qu'hostile, la législation l'a indirectement servie en imposant la motivation des jugements pour mieux vérifier leur soumission à la loi, et en décrétant l'impression et la publication de toutes les décisions du Tribunal de cassation (le *Bulletin officiel des arrêts de la Cour de cassation* a commencé à paraître en 1798). Contrairement aux prévisions, le Tribunal de cassation, saisi de pourvois de plus en plus nombreux, s'est montré fort actif et, sous le Directoire, il est parvenu à réduire la pratique du référé législatif et à s'affranchir de la tutelle des Assemblées. Il a profité des nombreuses lacunes et obscurités de la législation pour s'arroger, malgré les restrictions législatives, un véritable pouvoir d'interprétation et faire ainsi prévaloir, à l'instar des anciens parlements, ses propres théories jurisprudentielles.

Sous-section 2

Les fondements du droit nouveau

La Révolution a beaucoup légiféré et si, en ce domaine non plus, elle ne peut être considérée comme un bloc, si des nuances, voire des oppositions, sont décelables entre les réformes relativement modérées de la Constituante et de la Législative, celles, plus radicales, de la Convention montagnarde, et les mesures de réaction de la Convention thermidorienne et du Directoire, toutes se rattachent néanmoins à des principes identiques qui, sans être toujours nouveaux, ont été mis en œuvre avec une rigueur auparavant inconnue : la sécularisation du droit, l'individualisme, et par-dessus tout l'égalitarisme.

A. Laïcisation du droit

De ses origines, l'ancien droit conservait une empreinte religieuse, atténuée à partir du XVIe siècle par les interventions étatiques et les réformes d'esprit gallican, mais qui continuait d'inspirer certaines règles dans un pays où le catholicisme restait religion officielle. Elle impliquait l'existence de statuts spécifiques et parfois discriminatoires pour les minorités religieuses (juifs, protestants) ; des privilèges mais aussi des incapacités (de se marier, de pratiquer le commerce) pour les membres du Clergé catholique ; pour les religieux, la mort civile, conséquence des vœux monastiques, qui les privait de la personnalité juridique et les rendait incapables de contracter, de posséder des biens et de succéder. Elle laissait subsister la compétence de l'Église et du droit canon, mais fortement amputée, sur les actes à caractère sacramentel comme le mariage.

La Révolution, dont beaucoup d'acteurs, sous l'influence des « Lumières », étaient hostiles aux religions révélées, athées ou déistes, et marqués par le gallicanisme, a promu un droit résolument laïc, en principe neutre à l'égard des croyances religieuses mais qui a tourné, sous la Convention et le Directoire, à la déchristianisation forcée. La Constituante a proclamé la liberté religieuse : la liberté de conscience dans l'article 10 de la Déclaration des droits de l'homme et du citoyen, sous une forme restrictive, puis la liberté du culte dans la Constitution de 1791 (titre I, § 3). Elle a abrogé les incapacités, déjà réduites à la fin de l'Ancien Régime, qui frappaient les protestants (le décret du 24 décembre 1789 leur a ouvert l'accès à tous les emplois civils et militaires) et les juifs, qui reçurent la citoyenneté, après de longues discussions et malgré l'opposition des députés de l'Est, par une loi du 27 septembre 1791. Les incapacités civiles des ecclésiastiques furent également supprimées, mais les ministres du culte, transformés en fonctionnaires de l'État par la Constitution civile du clergé du 12 juillet 1790, d'inspiration ultra-gallicane, furent en contrepartie astreints à des obligations spécifiques, en particulier à celle de prêter serment à la Constitution qui entraîna la scission entre prêtres jureurs et prêtres réfractaires, et une politique de persécution à l'égard de ces derniers.

La législation révolutionnaire a achevé la sécularisation de l'état civil et du mariage, demeurés en partie sous la compétence de l'Église. L'édit de tolérance de novembre 1787 avait donné la liberté de choix entre un mariage religieux et un mariage civil. La loi des 20-25 septembre 1792 l'a supprimée en sécularisant l'état civil et en imposant à tous, sans égard pour les convictions religieuses, un mariage totalement désacralisé. La tenue des registres d'état civil, retirée aux curés qui l'assuraient depuis le XVIe siècle, a été confiée à des officiers publics, c'est-à-dire au maire dans chaque commune. En conséquence le mariage, impérativement célébré devant l'officier public, est devenu un simple contrat civil, qui reprenait les formes du mariage canonique fixées par l'ordonnance de Blois de 1579 (et qui sont restées celles du mariage actuel), mais l'amputait de son caractère sacramentel. La célébration du mariage religieux, avant ou après celle du mariage civil, était permise mais ne produisait aucun effet civil. Dotée d'une compétence exclusive et pleinement dégagée des traditions canoniques, la législation séculière a pu modifier aussi les conditions de fond du mariage, auxquelles la législation royale avait peu touché. Elle a restreint les empêchements liés à la parenté et supprimé ceux qui résultaient de causes religieuses : le mariage des prêtres, désormais permis, a été encouragé sous la Convention, où il tenait lieu de brevet de civisme. Le consentement des parents a été pour la première fois imposé par la loi sous peine de nullité pour les mineurs de vingt et un ans, sanction plus efficace que celles, indirectes, des ordonnances royales.

La suite logique de la sécularisation du mariage fut l'instauration du divorce par une autre loi des 20-25 septembre 1792. Simple contrat formé par la volonté des époux, le mariage devenait dissoluble dans les mêmes conditions, soit par l'effet d'une volonté contraire, par consentement mutuel, soit unilatéralement, pour incompatibilité d'humeur ou de caractère, ou pour des motifs déterminés (au nombre de sept) qui constituaient des manquements aux obligations matrimoniales mais pas nécessairement des fautes (à côté des crimes, sévices ou injures graves d'un époux envers l'autre, de l'abandon et du dérèglement de mœurs notoires, la démence, l'absence, l'émigration). Laïcisation oblige, la séparation de corps fut en revanche supprimée. Le divorce n'était pas prononcé par jugement mais directement par l'officier d'état civil, suivant des formes parallèles à celles du mariage, après avis d'une assemblée de famille. La Convention a même introduit un divorce prononcé à la demande d'un époux en l'absence de l'autre, sous la seule condition d'une séparation de plus de six mois (décret du 4 floréal an II, 23 avril 1794). Le divorce se répandit dans la bourgeoisie mais resta rare dans la population rurale, la plus nombreuse.

B. L'individualisme

Le droit révolutionnaire est par essence individualiste : en cela aussi il a rompu avec l'ancien droit et contribué à modeler le droit contemporain. La société d'Ancien Régime était « corporative », composée de corps qui rassemblaient les individus selon des critères fonctionnels ou sociaux (comme les trois grands ordres : clergé, noblesse, tiers état), territoriaux (pays, provinces, villes, communautés d'habitants), professionnels (corps de métiers, communautés d'officiers, de notaires, d'avocats ou de procureurs, universités), religieux ou charitables (abbayes, chapitres, hôpitaux, confréries). Dotés de droits particuliers ou privilèges, jaloux de la protection de leurs intérêts et de leurs « libertés », ces corps disposaient d'un patrimoine, de la personnalité morale et de moyens d'action ou de pression dont la puissance limitait celle de l'État mais lui servait aussi de relais dans ses fonctions de contrôle et d'encadrement de la société. La Révolution a fait de la destruction des corps l'un de ses premiers objectifs, au nom de l'unité de la Nation, du « Grand Tout national » (Sieyès) conçu comme l'agrégat de citoyens considérés de manière individuelle et abstraite, dégagés de tout lien social et réputés identiques et égaux, des « grains de sable » dira Bonaparte.

Le clergé et la noblesse, privés de leurs privilèges fiscaux lors de la nuit du 4 août 1789, furent supprimés en tant qu'ordres, avec leurs privilèges honorifiques, au cours des mois suivants (la noblesse et les titres qui lui étaient attachés par décret des 19-23 juin 1790). Les corps de métiers, que Turgot avait vainement tenté d'éliminer en 1776, furent dissous par le décret d'Allarde des 2-17 mars 1791, et la loi Le Chapelier du 14 juin 1791, qui prohibait pour l'avenir les associations professionnelles, devait longtemps faire obstacle à la formation de syndicats patronaux et ouvriers. Les corps territoriaux disparurent avec la formation de circonscriptions nouvelles, départements et communes, dont la mise en place, pour les premiers, a répondu à la volonté de détruire les anciennes structures provinciales. Si Sieyès, qui préconisait un découpage géométrique de la France sous la forme de carrés égaux désignés par des numéros, ne fut pas suivi, et si les départements créés en application du décret du 11 novembre 1789 furent en majorité formés sur la base d'anciens pays, la Constituante prit soin d'effacer ce qui aurait pu rappeler ceux-ci en leur donnant des noms géographiques évitant toute référence aux provinces : simples subdivisions administratives de l'État, dotés d'organes administratifs identiques, ils n'avaient en principe ni intérêts propres ni personnalité morale, attributs qu'on ne leur reconnaîtra que plus tard. Dans le nouveau droit public, aucun corps intermédiaire ne devait s'interposer entre les citoyens et l'État.

Le nouveau droit privé s'est fondé, lui aussi, sur l'individualisme. Les déclarations rédigées sous la Révolution ont consacré la notion de droits subjectifs élaborée par l'École du droit naturel et n'ont proclamé que des droits propres à la personne, dont l'exercice restait purement individuel : ni la liberté de réunion, ni la liberté d'association, ni aucun autre droit collectif ne figure dans celle de 1789, et pas davantage dans celles de l'an I et de l'an III.

De même, le droit de la famille n'est que celui des individus qui la composent. La famille formait dans l'ancien droit le premier des corps, le fondement de l'État selon Bodin, dont il fallait garantir la permanence et la cohésion au besoin contre ses membres, en affermissant l'autorité du père sur les enfants, du mari sur la femme. Le droit révolutionnaire, s'il ne lui a pas été uniment hostile, n'y a vu que le cadre librement consenti de relations entre individus et a cherché à l'organiser sur le fondement des sentiments et de la liberté au lieu de l'autorité. Celle du père a été fortement réduite. Dans sa durée, tout d'abord : la puissance paternelle viagère des pays de droit écrit a été abolie par la loi du 28 août 1792, qui a généralisé à toute la France une majorité émancipatrice inspirée du droit coutumier mais abaissée à vingt et un ans au lieu de vingt-cinq dans la plupart des coutumes. Également dans ses prérogatives : la Constituante a supprimé la correction paternelle sous sa forme la plus rigoureuse en soumettant l'emprisonnement des mineurs à des tribunaux de famille présidés par un juge de paix, et la Convention a envisagé de remplacer ce qu'il restait de l'autorité paternelle par une tutelle parentale exercée conjointement par les deux parents, réforme avortée mais qui préfigure les solutions du droit actuel. Soutenue par l'antiféminisme de nombreux révolutionnaires, l'autorité maritale a mieux résisté : comme régime matrimonial légal unique pour toute la France, les projets de Code civil ont préféré au régime dotal, qui laissait à la femme l'administration de ses biens personnels, la communauté coutumière qui la confiait au mari ; et si le principe de la direction commune du ménage par les deux époux, proposé par le premier projet Cambacérès, fut voté par la Convention après bien des discussions, il n'entra jamais en application. La femme mariée est demeurée soumise à l'autorité de son mari, incapable de disposer de ses biens propres ou d'agir en justice sans son autorisation. La disparition du douaire et des gains de survie dont bénéficiait auparavant la veuve a même aggravé sa situation patrimoniale. L'individualisme a inspiré aussi une faveur nouvelle pour l'adoption, connue mais peu utilisée dans l'ancien droit, qui permettait de composer librement sa descendance : le droit révolutionnaire l'a admise dans le principe (décret du 18 janvier 1792), sans parvenir à l'organiser.

L'individualisme du droit révolutionnaire s'est pleinement épanoui en matière de propriété. Droit subjectif par excellence pour les juristes de l'École du droit naturel et les disciples de Locke, la propriété individuelle, en dépit de progrès, restait entravée dans l'ancien droit par les vestiges de la « féodalité », les droits familiaux et les usages collectifs qui pesaient sur la terre. Les biens fonciers, à l'exception d'alleux entièrement libres mais rares en dehors du Midi, formaient des tenures nobles (fiefs) ou roturières (censives), sur lesquelles se superposaient les droits du seigneur concédant, titulaire du domaine éminent, et ceux du tenancier, titulaire du domaine utile. L'évolution avait depuis longtemps réduit les premiers au profit des seconds : dès le XVIe siècle, Du Moulin voyait dans le tenancier le véritable propriétaire et, deux siècles plus tard, Pothier n'attribuait au seigneur qu'un « domaine de supériorité » conçu comme un simple démembrement de la propriété. Mais elle rendait d'autant moins supportables les obligations qui subsistaient encore : le paiement de redevances annuelles souvent modestes pour les tenures roturières, et de droits de mutation bien plus lourds en cas de vente du fief ou de la censive ; parfois aussi des prestations honorifiques jugées humiliantes auxquelles s'ajoutaient, sur les propriétaires de censives, des droits de justice, des taxes et des monopoles économiques (bans) d'origine seigneuriale. Les droits collectifs, qui imposaient des modes de culture communs et obligeaient les propriétaires à laisser leurs champs ouverts aux troupeaux de la communauté villageoise après l'enlèvement des récoltes (vaine pâture), ou aux pauvres de la paroisse pour prendre les résidus des moissons et des vendanges (glanage et grappillage), créaient une gêne dans l'exploitation des fonds et empêchaient de les clore, à l'instar de ce qui s'était fait en Angleterre à partir du XVIe siècle. Les retraits, spécialement le retrait lignager, faisaient obstacle à la libre aliénation des immeubles et rendaient incertaine la situation des acquéreurs. Au cours du XVIIIe siècle était né un fort courant en faveur de l'individualisme agraire, revendiqué par les grands propriétaires fonciers, les esprits « éclairés » et les économistes physiocrates, qui avait inspiré des réformes partielles à la fin de l'Ancien Régime.

« La Révolution fut par essence une translation de propriété » (Taine). Elle a accouché de la propriété individuelle moderne depuis longtemps en gestation dans les idées, en mettant le droit positif presque complètement en accord avec les thèses jusnaturalistes. Les droits « féodaux » ont été progressivement mais totalement détruits, par la Constituante qui a décrété le rachat de ceux qu'elle présumait d'origine contractuelle et supprimé les autres, puis par la Législative et la Convention qui les ont abolis en bloc sans indemnité. Les retraits ont été abrogés par une loi du 17 juillet 1790. Seuls les droits d'usage collectifs, auxquels les paysans restaient attachés et qu'ils ont âprement défendus, ont survécu en partie. Certaines contraintes collectives (bans de moisson, assolements forcés) furent supprimées (décret du 5 juin 1791) et la loi des 26 septembre-6 octobre 1791, dite Code rural, a permis à tout propriétaire de clore ses fonds et de les soustraire à la vaine pâture, en renonçant en proportion à exercer celle-ci sur les terres des autres. Fustigée comme « dictée par l'immoralité et la paresse » et menacée par la Convention, la vaine pâture a néanmoins subsisté avec quelques restrictions sur les champs ouverts, dans toutes les régions où elle était pratiquée (elle ne sera abolie qu'en 1889, avec des dérogations).

La Révolution ne s'est pas contentée d'affirmer la propriété individuelle sous sa forme juridique, elle s'est évertuée à la généraliser et à faire disparaître les propriétés communautaires ou collectives encore nombreuses sous l'Ancien Régime. Une partie des biens communaux, qui appartenaient aux municipalités rurales et sur lesquels les habitants exerçaient des droits d'usage, fut lotie et distribuée aux particuliers. Les biens du clergé, des corps et communautés supprimés par la Constituante furent confisqués et vendus comme biens nationaux. Officiellement destinées à résoudre la crise sociale et à multiplier le nombre des petits propriétaires, ces opérations ont surtout profité à des spéculateurs, aux bourgeois et aux paysans riches, dorénavant liés au moins par intérêt au nouveau régime. Effectuées sans indemnité, elles ont entraîné des spoliations, fondées sur le postulat que la propriété n'était légitime et digne de protection que sous sa forme individuelle.

C. L'égalitarisme

Plus encore que la laïcité et l'individualisme, l'égalité a inspiré les réformes révolutionnaires et marqué durablement le droit français. L'idéal d'une égalité strictement juridique, d'une égalité devant la loi qui soumettait tous les citoyens aux mêmes règles, sans distinctions liées à la naissance ou à la position sociale, a traversé toute la période. Plus tardivement, la Convention jacobine a recherché aussi l'égalité par le droit, en faisant de la loi un instrument de transformation et d'uniformisation des conditions sociales. L'égalité révolutionnaire est restée cependant ambiguë : invoquée de manière négative contre l'ancien ordre social, pour justifier sa suppression, elle a joué un rôle positif plus limité et engendré des inégalités nouvelles.

1. *L'égalité civile et politique*

De la société d'Ancien Régime, où la diversité juridique, fondée sur les statuts particuliers, était la règle, le droit révolutionnaire s'est empressé de faire table rase. L'abolition des privilèges, auxquels leurs titulaires avaient renoncé solennellement lors de la nuit du 4 août, fut prononcée par le décret des 5-11 août 1789 et par une série de lois postérieures qui en ont précisé la portée et les modalités d'application. L'égalité de tous les citoyens devant la loi a été proclamée, avec ses conséquences principales, par la Déclaration des droits de l'homme et du citoyen de 1789, qui a affirmé dans son article 1er l'égalité de tous les hommes à la naissance, à l'encontre des conditions juridiques héréditaires que connaissait l'ancien droit, mais aussi tout au long de leur vie, sous la seule réserve des distinctions sociales (et non de droit), qui « ne peuvent être fondées que sur l'utilité commune ».

Identité de statut juridique qui impliquait l'égale admissibilité de tous les citoyens « aux dignités, places et emplois publics, selon leur capacité et sans autre distinction que celle de leurs vertus et de leurs talents » (art. 6), l'utilisation de la force publique pour l'avantage de tous (art. 12), l'égalité devant les charges publiques et les impôts (art. 13). Autant de principes et de conséquences qui ont posé les bases du droit public moderne, mais dont la mise en œuvre par le droit révolutionnaire fut laborieuse. Il fallut ainsi deux ans à la Constituante pour reconnaître aux juifs l'égalité juridique et les droits de citoyenneté. L'esclavage colonial ne fut supprimé par la Convention que le 15 pluviôse an II (4 février 1794), sans grand effet puisque la décision ne put être appliquée dans la plupart des colonies, où la métropole n'exerçait plus d'autorité.

Si elle a aboli les inégalités anciennes, la Révolution en a aussi créé de nouvelles. Comme dans les cités antiques, l'affirmation de droits politiques liés à la citoyenneté a contribué à creuser le fossé entre Français de naissance et étrangers (le terme citoyen est couramment employé comme synonyme de Français), et préparé l'avènement du *jus sanguinis* dans le Code civil. Également entre hommes et femmes, et même entre citoyens. Les femmes, admises sous l'Ancien Régime à participer aux délibérations et au vote des assemblées des communautés d'habitants, et aux élections aux États généraux lorsqu'elles étaient chefs de famille, furent totalement exclues du suffrage et des activités politiques, malgré les protestations de quelques rares féministes comme Condorcet, exclusion qui devait se prolonger jusqu'en 1946.

Réservé aux hommes, l'exercice de la citoyenneté n'était pourtant pas ouvert à tous : l'Assemblée constituante l'a subordonné à des critères fiscaux en adoptant, sur la suggestion de Sieyès, une forme de suffrage censitaire qui n'avait guère de précédents sous l'Ancien Régime et qui créait une discrimination entre *citoyens actifs*, pleinement titulaires de leurs droits politiques, et *citoyens passifs*, qui en étaient exclus et dont on a pu douter qu'ils fussent membres du souverain. Pour être électeur dans les assemblées primaires, qui désignaient les membres des assemblées électorales départementales dans un système de suffrage à deux degrés, il fallait justifier d'un domicile fixe, n'être ni domestique ni failli et payer une contribution au moins égale à trois journées de travail, exigences modérées mais qui excluaient tout de même un tiers des citoyens en âge de voter ; quant aux membres des assemblées départementales, ils devaient être propriétaires ou fermiers d'un bien atteignant la valeur de cent cinquante à quatre cents journées de travail, condition que remplissaient seulement quarante mille citoyens environ dans toute la France. Provisoirement écarté sous la Convention, le suffrage censitaire ne s'effacera définitivement devant le suffrage universel qu'en 1848.

La Terreur jacobine a engendré en outre de nouvelles formes d'exclusion fondées sur des critères politiques et idéologiques, entre « bons » citoyens, sympathisants et activistes de la cause révolutionnaire, et « mauvais » citoyens, « ennemis de la Révolution » privés de toutes garanties juridiques, quand on ne leur déniait pas purement et simplement, comme aux insurgés vendéens, la qualité d'êtres humains.

2. *L'égalité successorale*

En droit privé, la lutte pour l'égalité s'est cristallisée sur le droit successoral. Dans l'ancien droit, l'égalité entre héritiers était déjà la règle dans les successions *ab intestat*, de manière générale en pays de droit écrit, où l'on appliquait la *Novelle* 118 aux nobles comme aux roturiers, et pour ces derniers dans la plupart des coutumes, dont certaines l'entendaient même avec une grande rigueur : rares étaient celles qui faisaient exception en attribuant des avantages à l'aîné, ou à l'inverse au cadet. Mais le père avait dans certains cas la faculté d'exhéréder un héritier indigne. Des incapacités frappaient certaines personnes : incapacité de transmettre leurs biens par succession ou testament, pour les étrangers, en vertu du droit d'aubaine, et pour les serfs, qui subsistaient à l'état résiduel dans les provinces de l'Est et du Centre, du fait de la mainmorte, avec des exceptions en faveur des descendants légitimes ; incapacité de recueillir une succession, pour les enfants naturels, qu'aucun lien de famille n'unissait à leurs parents, comme pour les religieux et les condamnés à de lourdes peines en conséquence de la mort civile. L'inégalité régnait aussi dans les successions coutumières nobles, où l'aîné des fils, et parfois des filles à défaut de fils, jouissait d'avantages plus ou moins étendus et recevait une part plus importante que les puînés.

Les inégalités les plus importantes résultaient toutefois de la volonté du *de cujus*, des donations, des testaments et des clauses des contrats de mariage qui écartaient ou modifiaient les règles romaines ou coutumières. Il était courant d'avantager un héritier en lui léguant la plus grande part de la succession et en ne laissant aux autres que la portion légitime à laquelle ils avaient droit. Les filles mariées et dotées, quand elles n'étaient pas exclues de plein droit, renonçaient à la succession dans leur contrat de mariage. Les *substitutions fidéicommissaires*, en usage dans la noblesse mais aussi dans la bourgeoisie, permettaient d'instituer par testament ou par contrat de mariage un héritier appelé à recevoir la plus grande partie des biens, à charge pour lui de les transmettre à sa mort à une personne désignée par le disposant : étendues sur plusieurs générations, elles permettaient de sauvegarder l'unité du patrimoine et le rang social de la famille bien plus efficacement que l'aînesse coutumière.

Prohibées aux roturiers par les coutumes d'égalité stricte de l'Ouest, qui imposaient le rapport forcé des avantages reçus, ces pratiques étaient admises plus ou moins libéralement par les autres, *coutumes d'option* qui ouvraient à l'héritier le choix entre la renonciation à la succession et le rapport, ou *coutumes préciputaires* qui permettaient le cumul d'un avantage avec la part successorale. Elles étaient surtout fréquentes dans le Midi, où le testament était très répandu et produisait des effets bien plus complets, et où il était courant de « faire un héritier », qui jouissait d'avantages très étendus.

Les premières lois successorales de la Révolution, avant toute réforme d'ensemble, se sont attaquées aux incapacités et aux inégalités coutumières, condamnées par la suppression des ordres. Le décret d'abolition des privilèges des 5-11 août 1789, en posant le principe de la soumission de tous les biens et toutes les personnes au droit commun, impliquait la disparition des successions nobles et la généralisation des règles successorales roturières : la loi des 15-28 mars 1790, qui en a fixé les modalités d'application, a expressément aboli les privilèges d'aînesse et de masculinité. Une loi des 8-14 avril 1791 a supprimé aussi les rares inégalités des successions roturières. Les lois des 6-18 août 1790 et 8-14 avril 1791 ont fait disparaître la plupart des incapacités et des exclusions successorales, dont le droit d'aubaine et la mort civile.

Ainsi expurgées, les coutumes, et dans le Midi le droit romain, ont continué de régir provisoirement les successions, dans l'attente d'une réforme générale que ni la Constituante ni la Législative ne purent élaborer. De même, la liberté de tester et d'avantager un héritier, dénoncée par Mirabeau et Robespierre comme instrument du « despotisme paternel » mais défendue par les députés méridionaux, n'a subi aucune restriction de la part de la Constituante, et la Législative s'est bornée à interdire les substitutions fidéicommissaires par décret du 25 août 1792.

La Convention, dans le cadre de la rédaction du premier projet de Code civil, s'est au contraire attachée à unifier l'ensemble du droit successoral en poussant à son paroxysme l'idéologie égalitaire. La loi du 12 brumaire an II (2 novembre 1793) a accordé aux enfants naturels des droits rigoureusement égaux à ceux des enfants légitimes dans la succession de leurs père et mère avec effet rétroactif au 14 juillet 1789, et dans celle de leurs collatéraux. Cette égalité ne profitait toutefois qu'aux enfants naturels simples, non aux adultérins ou incestueux qui restaient exclus et n'avaient droit qu'à des aliments évalués au tiers d'une part d'héritier. Quant à sa portée effective, elle se trouvait limitée par le fait que la loi rendait difficile l'établissement du lien de filiation en supprimant l'action en recherche de paternité que connaissait l'ancien droit : seuls les enfants volontairement reconnus par leur père naturel bénéficiaient de droits dans sa succession.

Avec la loi du 17 nivôse an II, détachée du premier projet Cambacérès et promulguée séparément, c'est l'ensemble du droit successoral qui a été unifié autour de principes nouveaux. Les distinctions entre propres, acquêts et meubles, que connaissaient la plupart des coutumes, furent supprimées, et les biens du *de cujus*, sans distinction de nature ou de provenance, fondus en une masse unique dévolue aux mêmes héritiers selon des règles identiques. L'ordre de dévolution a été fixé suivant des techniques complexes, inspirées de celles des coutumes de l'Ouest mais qui répondaient aux objectifs politiques des Jacobins. Dans les successions en ligne ascendante ou collatérale, la *représentation* s'appliquait à l'infini à l'intérieur de chaque branche, et les parents étaient toujours exclus par leurs propres descendants, ce qui avantageait les jeunes générations censées être plus favorables à la cause révolutionnaire. Entre la ligne paternelle et la ligne maternelle, éventuellement aussi entre les lignes issues d'ascendants plus éloignés, le patrimoine successoral était divisé selon le système de la *fente*, voire de la *refente*, afin d'égaliser les fortunes et de morceler les successions en multipliant le nombre des héritiers. Enfin la liberté de disposer, à laquelle la Constituante n'avait osé toucher, était sacrifiée à l'égalité et réduite à l'extrême. Les donations entre vifs, dispositions à cause de mort et institutions contractuelles faites depuis le 14 juillet 1789 étaient déclarées nulles et prohibées pour l'avenir. La quotité disponible (le plus souvent d'un cinquième ou d'un tiers dans les coutumes) était réduite à un dixième des biens en présence de descendants, à un sixième en présence d'autres catégories d'héritiers, et surtout il était interdit de s'en servir pour avantager un héritier en la lui léguant à titre de préciput hors part : elle ne pouvait être donnée ou léguée qu'à un étranger à la famille, ou à un parent non héritier. Dotée d'un effet rétroactif au 14 juillet 1789, la loi de nivôse établissait un système trop rigide et trop dépendant de l'idéologie jacobine pour subsister durablement. Atténuée dans certains de ses effets après thermidor, elle n'aura guère d'influence sur les solutions du Code civil.

Section II

Codification et consolidation du droit

Le XIXe siècle fut l'ère des grandes codifications : commencé avec les codes napoléoniens, dont l'influence s'est étendue à une grande partie de l'Europe et même au-delà, il s'est achevé avec le Code civil allemand. Le mouvement n'a pas pris fin en 1900 et a connu des prolongements jusqu'à nos jours, mais avec des effets quelque peu émoussés.

Sous-section 1

Les codifications napoléoniennes

Le coup d'État du 18 brumaire, en portant au pouvoir Napoléon Bonaparte, offrait des conditions favorables à la codification. Après les troubles de la Révolution, le nouveau régime apportait une paix relative sur le plan intérieur. Il remédiait aux défauts des gouvernements d'assemblée en instituant un exécutif fort, incarné par trois consuls dont seul le premier, Bonaparte lui-même, exerçait une autorité effective. Enfin, il faisait de la rédaction de codes, et en particulier d'un code civil, un objectif politique prioritaire, l'un des fondements sur lesquels devait reposer la société nouvelle qu'il fallait construire et stabiliser au sortir des ébranlements révolutionnaires.

A. L'élaboration des codes napoléoniens

Dès ses débuts, le nouveau régime avait placé le Code civil au premier rang de ses préoccupations. La loi du 19 brumaire an VIII, qui ratifiait le coup d'État de la veille et établissait un gouvernement provisoire, instituait aussi, au sein d'assemblées qui étaient encore celles du Directoire, deux commissions chargées d'élaborer un nouveau projet sous la direction d'un avocat lorrain, Jacqueminot. Inachevé, le projet Jacqueminot, d'esprit traditionaliste, ne fut jamais débattu devant les Chambres, et le changement de Constitution le rendit caduc. Mais dès l'établissement du Consulat, le travail fut repris selon une procédure différente, pour aboutir enfin au Code Napoléon.

La procédure rompait avec celle des projets révolutionnaires et, en conformité avec la nature monarchique du nouveau régime, s'inspirait bien davantage de celle suivie pour les ordonnances de D'Aguesseau. Un arrêté consulaire du 24 thermidor an VIII (13 août 1800) confia la rédaction d'un premier projet à une commission de quatre membres désignés par le deuxième consul, Cambacérès.

Le choix se porta sur des jurisconsultes expérimentés, qui avaient acquis une solide connaissance de l'ancien droit dans l'exercice de la profession d'avocat. François Denis Tronchet (1726-1806) avait été l'un des plus brillants avocats du Parlement de Paris, bâtonnier en 1789 ; Jean Étienne Marie Portalis (1746-1807), l'intellectuel de la commission, auteur d'écrits juridiques et philosophiques, avait plaidé devant le Parlement de Provence ; Félix Julien Jean Bigot de Préameneu (1747-1825) avait été avocat au Parlement de Bretagne puis à celui de Paris, et Jacques de Maleville (1741-1824), secrétaire de la commission, au Parlement de Bordeaux. Politiquement, c'étaient des modérés, étrangers aux excès révolutionnaires, qui n'avaient pas siégé à la Convention mais à la Constituante et au Conseil des Anciens comme Tronchet, à la Législative comme Bigot de Préameneu, ou au Conseil des Cinq-Cents comme Portalis, où ils avaient pris des positions conservatrices. Ralliés à Bonaparte, ils recevront de lui de hautes charges : Tronchet finira président du Tribunal de cassation et du Sénat ; Portalis sera conseiller d'État et ministre des Cultes, fonction dans laquelle le remplacera Bigot de Préameneu à sa mort ; Maleville deviendra sénateur en 1806.

Ce choix, autant que la mise à l'écart des plus compromis, comme le conventionnel régicide Merlin de Douai, révèle l'accentuation de la réaction commencée sous le Directoire, la volonté de renouer avec la tradition de l'ancien droit, dont la commission reflétait la diversité avec deux représentants des pays coutumiers – Tronchet, spécialiste de la coutume de Paris et du droit commun coutumier, Bigot de Préameneu, familier des particularismes des coutumes de l'Ouest –, et deux des pays de droit écrit – Portalis, venu de la Provence où l'on observait scrupuleusement le droit romain, et Maleville, du Sud-Ouest où son application était teintée d'esprit coutumier.

La commission, qui avait à sa disposition les trois projets Cambacérès et le projet Jacqueminot, avança rapidement. Ses membres, tout en travaillant chacun à une partie du projet, se réunissaient régulièrement chez Tronchet pour harmoniser les points de vue. Le 1er pluviôse an IX (21 janvier 1801) fut présenté un texte de 2 509 articles, d'esprit à la fois traditionaliste et doctrinaire, qui comprenait un livre préliminaire sur les principes généraux du droit, où l'on retrouvait l'empreinte philosophique de Portalis, un livre premier sur les personnes, un livre deux sur les biens et la propriété, et un livre trois regroupant toutes les autres questions sous le titre « Des différentes manières dont on acquiert la propriété ». L'ensemble était précédé d'un *Discours préliminaire* dû à Portalis (à ne pas confondre avec le titre préliminaire), qui exposait les intentions des rédacteurs. Imprimé, le projet fut envoyé au Tribunal de cassation et aux tribunaux d'appel pour être soumis à leurs observations.

Les observations des tribunaux, en particulier celles du Tribunal de cassation et des tribunaux d'appel de Paris et de Lyon, témoignent de l'intérêt des magistrats. Le plus souvent techniques (ainsi en matière d'hypothèque, où le texte de la commission était fort déficient), elles présentaient parfois un caractère politique et certaines montraient un attachement persistant aux idées de la Révolution. Le Tribunal de cassation, qui comptait dans ses rangs d'anciens révolutionnaires, comme Target, Merlin ou Muraire, prit position en faveur de l'adoption, totalement omise dans le projet, et de l'élargissement des causes de divorce, nuançant ainsi le traditionalisme de la commission. Dans le même sens, plusieurs tribunaux d'appel critiquèrent, au nom de la toute-puissance de la loi, le rôle, selon eux trop étendu, réservé à la jurisprudence. D'autres, surtout ceux du Midi, attachés aux traditions et aux particularismes locaux, protestèrent contre le sort fait au régime dotal, sacrifié au profit de la communauté conjugale, et réclamèrent l'extension de la liberté testamentaire.

La troisième phase d'élaboration du Code civil se déroula devant le Conseil d'État, créé par Bonaparte sur le modèle de l'ancien Conseil du roi et chargé de l'examen de tous les projets de loi. Le texte de la commission et les observations des tribunaux furent d'abord soumis à la section de législation, où siégeaient d'anciens conventionnels, Berlier, Réal, Treilhard, Thibaudeau, politiquement à l'opposé des rédacteurs. Eux aussi montrèrent de l'attachement aux idées révolutionnaires en défendant l'adoption et en préconisant l'atténuation des rigueurs de l'autorité paternelle.

La discussion se poursuivit devant l'assemblée plénière du Conseil d'État, phase essentielle, de loin la plus longue, près de trois années au cours desquelles cent six séances furent consacrées au Code civil, dont cinquante-cinq présidées par Bonaparte en personne, les autres par Cambacérès. Très libre, elle permit un vaste échange d'opinions qui aboutit à une nouvelle rédaction : le texte de la commission fut conservé pour l'essentiel mais subit de nombreux amendements. Elle permit aussi à Bonaparte d'intervenir directement. Dépourvu de formation juridique, dépassé dès que l'on abordait les questions techniques, le premier consul n'en était pas moins passionné par les débats, dont il mesurait toute l'importance politique et sociale, particulièrement en matière d'organisation de la famille : il prit fermement position en faveur de l'ordre, de l'autorité du mari et du père, mais en même temps défendit le divorce par refus de toute concession à l'Église, et l'adoption dont il envisageait d'user en faveur des enfants de Joséphine. Au sein d'un Conseil d'État divisé, il sut aussi arbitrer les désaccords entre traditionalistes et nostalgiques du jacobinisme. C'est en partie à lui que l'on doit la relative cohérence du Code civil.

Après l'établissement du projet définitif par le Conseil d'État, il restait à le faire adopter par les Assemblées législatives. La Constitution de l'an VIII avait institué deux chambres qui se répartissaient les fonctions de délibérer et de voter : le Tribunat, où les projets de loi étaient discutés, et le Corps législatif, « corps de muets » qui votait sans débats après avoir entendu les rapporteurs du Conseil d'État et du Tribunat. Le futur Code fut découpé en trente-six projets de loi correspondant chacun à un titre et soumis, au fur et à mesure de leur rédaction, à l'examen du Tribunat. Or, d'entrée, celui-ci, où siégeaient des idéologues hostiles à Bonaparte, se montra critique, trouva le texte plat, sans originalité, beaucoup trop traditionnel, avis que suivit le Corps législatif en rejetant en bloc la première partie. Il fallut une réforme de la Constitution, le 16 thermidor an X, et l'épuration des opposants les plus résolus pour obtenir le vote des lois successives, moyennant quelques concessions acceptées par le gouvernement à la demande du Tribunat, au terme de conférences officieuses, et la suppression du livre préliminaire, jugé finalement inutile et sur lequel s'étaient concentrées les critiques, remplacé dans le texte définitif par un bref titre préliminaire de six articles.

Après le vote de toutes ses parties, le Code civil dans son ensemble fut promulgué par la loi du 30 ventôse an XII (21 mars 1804), qui abrogeait en conséquence « les lois romaines, les ordonnances, les coutumes générales ou locales, les statuts, les règlements [...] dans les matières qui sont l'objet desdites lois composant le présent Code » (art. 7), c'est-à-dire la presque totalité de l'ancien droit. Les lois révolutionnaires, non comprises dans cette mesure d'abrogation, furent considérées comme toujours en vigueur, à l'exception de celles, mais c'étaient les plus nombreuses, qui contenaient des dispositions contraires au nouveau Code.

Monument incontesté de la codification napoléonienne, le Code civil n'en est pas le seul élément : en même temps que sa rédaction, et selon une procédure à peu près similaire, fut entreprise celle de codes spécialisés, appelés à le compléter et dont l'ensemble devait couvrir la totalité du droit privé et pénal. Leur préparation fut également confiée à des juristes compétents : le projet de Code de commerce fut élaboré par une commission de sept magistrats, négociants et banquiers, présidée par un juriste d'affaires expérimenté, Philippe Gorneau ; le Code de procédure civile eut pour père le spécialiste incontesté de la matière, Pigeau, dont le *Traité de procédure civile*, paru en 1784 et maintes fois réédité, faisait toujours autorité ; le Code pénal et le Code d'instruction criminelle, préparés en commun avant d'être dissociés, eurent pour rapporteur Target. Plus techniques, de moindre portée politique, ces codes ne bénéficièrent pas de la même sollicitude de la part de Bonaparte et du Conseil d'État. Leur élaboration fut laborieuse : il fallut cinq ans pour achever le Code de procédure civile, sept pour le Code d'instruction criminelle, et autant pour le Code de commerce, enlisé au Conseil d'État et sorti de l'oubli grâce à une vague de faillites qui montra l'urgence de légiférer en ce domaine. Un Code rural, initialement prévu, n'eut pas cette chance et les deux projets successifs furent abandonnés devant l'hostilité du Conseil d'État et des propriétaires fonciers. À cette exception près, le travail de codification fut mené à bien, avec la promulgation successive du Code de procédure civile (1806), du Code de commerce (1807), du Code d'instruction criminelle (1808) et du Code pénal (1810).

B. L'esprit des codes napoléoniens

« La Révolution en 2 281 articles » pour les uns, trop traditionaliste, trop dépendant de l'ancien droit pour les autres, le Code civil a fait l'objet d'appréciations contradictoires. À l'encontre des interprétations courantes, sa philosophie matérialiste et sensualiste, sa vision pessimiste de la nature humaine ont été soulignées. Jugements opposés qui tiennent aux personnalités diverses de ses auteurs et aux sources multiples où ils ont puisé. Portalis, dans son *Discours préliminaire*, se réclamait à la fois de la Révolution, en rejetant ce qu'elle avait d'excessif, et de « l'esprit des siècles », bien différent de « l'esprit du siècle », synthèse des traditions, des solutions éprouvées, de l'expérience du passé.

L'absence d'originalité est évidente quant à la forme (mais les projets révolutionnaires appelaient la même observation). L'énoncé des règles en articles concis et clairs, regroupés méthodiquement en livres, titres, chapitres et sections, s'inspire des grandes ordonnances de Louis XIV et de D'Aguesseau. Le nombre élevé de ces articles montre que l'idéal révolutionnaire de brièveté était bien passé de mode. Le plan tripartite est celui des *Institutes*, remanié au XVIIe siècle par le juriste et philosophe allemand Leibniz et les jurisconsultes de l'École du droit naturel. Il donne des résultats peu satisfaisants, avec une forte disproportion entre les livres (11 titres et 509 articles pour le premier ; 4 titres et 195 articles pour le deuxième ; 20 titres et 1 571 articles pour le troisième, plus long que les deux autres réunis), et un livre trois qui, sous un intitulé vague, regroupe des matières aussi disparates que les successions, les donations, les testaments, les obligations et les contrats, les régimes matrimoniaux, les privilèges et hypothèques, les prescriptions, dont certaines ne sont en rien des modes d'acquisition de la propriété.

Sur le fond, il est devenu banal de souligner *l'esprit de transaction* qui a inspiré le Code civil. S'il reflète la diversité des opinions de ses rédacteurs, il répond tout autant aux intentions de Bonaparte. En même temps qu'un régime politique nouveau, c'était une société nouvelle qu'il voulait édifier et à laquelle le Code devait servir d'assise. Une société appelée à rassembler et à réconcilier les deux France, les anciens « privilégiés » et les profiteurs de la Révolution, qui excluait un retour à l'Ancien Régime, avec ses ordres, ses privilèges, ses distinctions fondées sur la naissance, mais s'opposait également à l'individualisme exacerbé et aux utopies égalitaires de l'idéologie jacobine. Fondée sur une aristocratie de propriétaires fonciers et de notables, « masse de granit » garante de l'ordre politique et social, elle ne pouvait naître qu'en empruntant le meilleur de la Révolution et le meilleur de l'Ancien Régime : à la première, les grandes réformes, désormais irréversibles, de la Constituante, l'égalité civile, la propriété individuelle ; au second, les traditions, gages d'ordre et de stabilité, dans la mesure où elles étaient compatibles avec l'esprit nouveau.

Héritier sous bénéfice d'inventaire du droit intermédiaire, le Code civil l'est également de l'ancien droit : de l'un et de l'autre, il a accepté l'actif et refusé le passif. À l'opposé des premiers projets Cambacérès, il n'a pas fait table rase du passé, mais a renoué avec la tradition romaniste comme avec la tradition coutumière, sans négliger les apports plus limités de la législation royale, en cherchant à les harmoniser :

« Nous avons fait [...] une transaction entre le droit écrit et les coutumes, toutes les fois qu'il nous a été possible de concilier leurs dispositions, ou de les modifier les unes par les autres, sans rompre l'unité du système, et sans choquer l'esprit général », reconnaissait Portalis. Tâche qui se serait révélée insurmontable si cette double synthèse, entre droit coutumier et droit romain, et entre les coutumes elles-mêmes, n'avait déjà été préparée par la doctrine d'Ancien Régime, à laquelle les auteurs du Code ont fait l'essentiel de leurs emprunts. Plus que du texte des coutumes, c'est de la construction doctrinale du droit commun coutumier qu'ils se sont servis ; et plus qu'aux compilations de Justinien, c'est aux ouvrages des romanistes qu'ils ont puisé. Le Code civil a eu pour pères spirituels les grands jurisconsultes de la fin du XVIIe et du XVIIIe siècle, les Domat, d'Aguesseau, Bourjon, Pothier surtout, le plus lu et le plus influent, à qui le Code a emprunté de nombreuses solutions et dont les formules, retranscrites presque littéralement, ont fourni le texte d'environ un quart des articles.

L'éclectisme du Code civil apparaît déjà dans sa conception des sources du droit. Sans rompre avec le légicentrisme, à la base de l'idée moderne de codification, il l'a assoupli. L'abrogation des coutumes par la loi du 30 ventôse an XII semble n'avoir porté que sur les coutumes rédigées, sans exclure par principe la coutume des sources du droit. Ramenée à l'état d'usage oral, elle a subsisté comme source subsidiaire et quelques articles y renvoient en matière d'usufruit, d'utilisation des eaux courantes, de statut des biens ruraux et de relations de voisinage, de contrats et de baux locatifs, que la loi ne voulait ou ne pouvait réglementer en détail en raison de la grande variété des situations ou des pratiques locales. Au XIXe et au XXe siècle, les usages locaux, toujours importants en droit rural, ont fait l'objet à leur tour d'un processus de rédaction et de codification qui souligne leur persistance et leur vitalité.

À rebours des conceptions révolutionnaires qui faisaient du juge une simple machine à appliquer la loi, le Code civil a amorcé aussi la réhabilitation de la jurisprudence, dans laquelle le *Discours préliminaire* de Portalis reconnaissait une autre source du droit, un complément nécessaire de la loi : « ... un dépôt de maximes, de décisions et de doctrine qui s'épure journellement par la pratique et par le choc des débats judiciaires, qui s'accroît sans cesse de toutes les connaissances acquises, et qui a constamment été regardé comme le vrai supplément de la législation ». Si ce point de vue n'a pas fait l'unanimité et a soulevé des oppositions, et si la prohibition de principe des arrêts de règlement a été maintenue (art. 5), la faculté d'interpréter la loi, et même de statuer en l'absence de toute disposition légale, a été reconnue au juge et érigée en obligation par l'article 4, qui condamne de ce fait le référé législatif pour les juges du fond : « Le juge qui refusera de juger sous prétexte du silence, de l'obscurité ou de l'insuffisance de la loi, pourra être poursuivi comme coupable de déni de justice. » Dans le silence de la loi positive, c'est à l'équité naturelle, notion à laquelle se réfère expressément l'article 565, que le juge doit recourir.

Commencée dès les dernières années de la Révolution, la restauration de l'autorité de la jurisprudence s'est accélérée avec le rétablissement d'une magistrature constituée en corps, sur le modèle de celle d'Ancien Régime, et d'une véritable hiérarchie judiciaire. La Constitution de l'an VIII (art. 41) a rétabli des juges professionnels nommés par le gouvernement sur des critères de compétence et en principe inamovibles : la tradition révolutionnaire n'a été conservée que pour les juges de paix, toujours élus, et pour les jurys, maintenus dans les tribunaux criminels départementaux, qui deviendront cours d'assises. La loi du 27 ventôse an VIII a reconstitué une hiérarchie judiciaire calquée sur l'ancienne justice déléguée : au-dessus des juges de paix et des tribunaux d'arrondissement (tribunaux correctionnels au pénal), elle a créé un degré supérieur avec les tribunaux d'appel et conservé, au sommet, le Tribunal de cassation, plus indépendant du législatif que sous la Révolution. En l'an XII, les tribunaux d'appel et le Tribunal de cassation ont pris le nom de cours, symbole de leur importance nouvelle dans un esprit de retour à la tradition. Au Tribunal puis Cour de cassation ont siégé, sous le Consulat et l'Empire, de grands juristes dont l'autorité et le prestige rehaussaient l'institution : trois des rédacteurs du projet de Code civil, Tronchet, qui en fut président en 1800, Bigot de Préameneu, Maleville, mais aussi Merlin, procureur général, Muraire, Henrion de Pansey.

Tout aussi éclectique, le droit des personnes et de la famille est fait d'éléments composites pas toujours bien accordés, d'équilibres subtils mais d'une très relative cohérence. Presque tout ce qui concerne l'organisation technique de l'état civil, la tenue des registres et la forme des actes (art. 34 suiv.), vient des ordonnances royales, mais la sécularisation opérée par le droit intermédiaire, dont celle du mariage, n'a pas été remise en cause et a même été renforcée [1]. Autre concession importante à l'esprit révolutionnaire, le divorce a été conservé malgré les critiques dont il faisait l'objet, en subissant toutefois de fortes restrictions (art. 229 suiv.) : le divorce pour incompatibilité d'humeur ou de caractère a disparu ; le divorce pour motifs déterminés n'a été permis que dans trois cas constitutifs d'une faute grave (adultère ; condamna-

1. La loi organique du 18 germinal an X (art. 54), dans le but de rehausser la solennité et l'importance du mariage civil, a fait obligation de le célébrer avant le mariage religieux, sous la menace de lourdes sanctions pénales.

tion à une peine afflictive et infamante ; excès, sévices ou injures graves) ; quant au divorce par consentement mutuel, maintenu par souci d'étouffer les scandales, il a été assorti de sanctions patrimoniales dissuasives. La procédure est devenue plus complexe avec l'intervention des tribunaux : dans tous les cas, la dissolution du mariage n'était prononcée par l'officier d'état civil qu'après un jugement définitif. La séparation de corps, supprimée en 1792, a été rétablie mais aisément convertible en divorce, ce qui ne satisfaisait ni les catholiques attachés à l'indissolubilité du mariage, ni les partisans de la sécularisation (art. 306 suiv.). L'adoption, également chère aux révolutionnaires, a été introduite après bien des discussions, mais complètement dénaturée : en exigeant que l'adopté fût majeur, le Code en a fait un moyen de perpétuer le nom et de transmettre la fortune, dans un esprit très aristocratique (art. 343-360).

Dans les relations entre parents et enfants, l'influence de l'ancien droit prédomine. La puissance paternelle, rétablie sur les mineurs de vingt et un ans, a rendu au père (la mère ne l'exerçait qu'au décès du père et avec des pouvoirs restreints) ses prérogatives de magistrat domestique, dans l'esprit de la vieille *patriapotestas* : en vertu du droit de correction, il pouvait décider souverainement de l'emprisonnement des enfants de moins de quinze ans, mais pour une durée limitée (art. 376). Sur les biens des mineurs, il n'exerçait au contraire qu'un droit de jouissance légale inspiré de la tradition coutumière (art. 384 suiv.). À tout âge, l'enfant devait honneur et respect à ses parents (art. 371) : lors de son mariage, le Code lui faisait obligation d'obtenir leur consentement jusqu'à vingt-cinq ans (art. 148) ; et au-delà de cet âge, de leur adresser des actes respectueux, comme dans l'ancien droit (art. 151 suiv.).

L'ancien droit est aussi à l'origine de la plupart des solutions relatives au droit patrimonial de la famille.

Dans les régimes matrimoniaux a triomphé l'esprit communautaire du droit coutumier, au détriment du séparatisme romain. Le Code civil a confirmé la communauté des meubles et acquêts comme régime légal et l'a organisée selon les règles de la coutume de Paris. Les observations des tribunaux d'appel du Midi ont conduit à mieux réglementer le régime dotal et la société d'acquêts bordelaise, mais seulement à titre de régimes conventionnels. D'origine coutumière aussi, l'incapacité de la femme mariée, présentée comme effet du mariage et non du régime matrimonial, a été généralisée (art. 215 suiv.).

Le droit romain a pris sa revanche dans les successions, où ses solutions équilibrées, mêlées de quelques techniques coutumières, ont permis d'atténuer l'égalitarisme extrême du droit révolutionnaire. Les successions *ab intestat* ont été établies sur le fondement de la *Novelle* 118 de Justinien. Les dispositions sur les donations et les testaments, vus avec moins de défaveur que sous la Révolution, viennent directement des ordonnances de D'Aguesseau. La liberté de disposer, chère aux anciens pays de droit écrit, a été largement rétablie. La quotité disponible, variable en fonction du nombre et de la qualité des successibles, a été augmentée et pouvait être léguée à titre de préciput hors part à un héritier (art. 919), ce qui allait au-delà de ce que permettaient certaines coutumes. La validation des partages d'ascendants (art. 1075-1080) et de l'institution contractuelle (art. 1081-1090) a permis d'organiser de son vivant la dévolution du patrimoine. Les substitutions fidéicommissaires, en principe prohibées (art. 896), sont réapparues avec des effets limités (art. 1048-1050) et ont été pleinement rétablies pour les membres de la noblesse d'Empire, sous la forme de *majorats* créés des lois de 1806 et 1808.

Des traces de l'influence révolutionnaire persistent toutefois dans l'insistance mise sur l'égalité dans les successions *ab intestat*, sur la fusion de tous les biens en une masse unique sans distinction de nature ou de provenance (art. 732), et sur leur partage égal en valeur et même en nature, sans aucune discrimination entre héritiers fondée sur l'âge, le sexe ou l'appartenance à des lits différents (art. 745). Mais le Code civil a rétabli des cas d'indignité (art. 727) ou d'incapacité successorales, fondés sur la nationalité (art. 726) ou la mort civile des condamnés (art. 725, 3°). Et surtout il est revenu à l'inégalité au détriment des enfants naturels, exemple type de cote mal taillée entre des traditions opposées et difficilement conciliables : l'enfant naturel simple et légalement reconnu a conservé son rang de successible acquis sous la Révolution (art. 756 suiv.), mais avec une part réduite (le tiers d'une part d'enfant légitime lorsqu'il est en concours avec des descendants légitimes ; la moitié lorsqu'il l'est avec des ascendants ou des collatéraux privilégiés ; les trois quarts lorsqu'il s'agit de collatéraux ordinaires).

L'homogénéité des sources et la cohérence des dispositions sont bien plus grandes dans le droit des obligations et dans celui des biens : l'essentiel vient de Domat et de Pothier, et par leur intermédiaire du droit romain vu à travers le prisme de l'École du droit naturel.

En matière de contrats et d'obligations, les rédacteurs du Code se sont contentés de recopier leurs modèles, sans prendre clairement position sur les principes : le consensualisme, depuis longtemps acquis, n'a été consacré qu'implicitement et avec quelques exceptions ; la souveraineté quasi absolue des contractants, ce qu'on nommera à la fin du XIXe siècle l'autonomie de la volonté, paraît bien résulter des termes de l'article 1134 al. 1er, mais le laconisme des auteurs du Code sur ce point, y compris dans les travaux préparatoires, laisse planer le doute sur leurs intentions. De même pour les quelques articles (1382-1386) relatifs à la responsabilité délictuelle, empruntés à Domat et dont la généralité autorisera par la suite des interprétations opposées, individualistes qui mettront l'accent sur la faute personnelle, ou plus « sociales » qui les tireront en faveur de la responsabilité objective.

Quant à la propriété, « l'âme universelle de toute la législation » selon Portalis, les articles que lui consacre le Code civil apparaissent comme la synthèse de deux courants convergents : l'individualisme de l'École du droit naturel, son exaltation de la propriété « romaine », et les réformes révolutionnaires qui l'avaient débarrassée de presque tous ses éléments coutumiers et « féodaux ». Elle s'affiche sous sa forme pleine et absolue, c'est-à-dire individuelle et exclusive, dans l'article 544, inspiré de Pothier, mais dont l'insistance tourne au pléonasme dans le but de souligner le caractère irréversible des réformes foncières de la Révolution. Elle s'affirme plus discrètement, mais avec autant de force, dans les dispositions techniques qui condamnent tout ce qui pourrait rappeler les charges « féodales », les démembrements de l'ancien droit, les propriétés simultanées ou collectives, les entraves à la liberté des propriétaires, et cherchent à en prévenir la réapparition par la prohibition des locations perpétuelles (art. 1709), de l'usufruit à durée illimitée (art. 617 et 619) et des servitudes perpétuelles, à l'exception de celles qu'impose la mise en valeur des fonds et qui viennent toutes du droit romain, en précisant qu'elles n'impliquent aucune prééminence d'un fonds sur l'autre (art. 638) et qu'elles ne peuvent être établies au profit ou à la charge d'une personne (art. 686) ; par l'affirmation de la liberté de clore son fonds (art. 647) ; par la défaveur pour la copropriété et l'indivision (art. 815). Seule concession à l'ancien droit : le rétablissement des retraits de succession (art. 841), de communauté (art. 1408 al. 2) et litigieux (art. 1699), mais pas du retrait lignager, définitivement condamné.

Les autres codes napoléoniens, surtout les plus techniques, sont restés étroitement tributaires de l'ancien droit et ne présentent guère d'originalité. Le Code de procédure civile doit beaucoup à l'ordonnance de 1667, dont il a cherché sans grand succès à simplifier les règles. Le Code de commerce a multiplié les emprunts à l'ordonnance du Commerce de 1673, à l'ordonnance de la Marine de 1681 et au projet Miromesnil, auquel Gorneau avait été associé, mais sans efforts suffisants pour les adapter aux conditions nouvelles, notamment en matière de sociétés de capitaux, d'assurances, de faillite, et il a accentué encore leur caractère mercantiliste et dirigiste. Le Code d'instruction criminelle et le Code pénal ont réalisé, comme le Code civil, une transaction entre l'ancien droit et le droit révolutionnaire. La procédure criminelle s'est inspirée du système inquisitoire de l'ordonnance de 1670 pour toute la phase d'instruction des procès, secrète et conduite par un magistrat spécialisé, le *juge d'instruction*, créé sous le Consulat ; mais elle a conservé, pour le jugement des crimes, la solution révolutionnaire du *jury populaire* souverain statuant selon son intime conviction. Le Code pénal, bien revenu des illusions de 1791, édicte des peines sévères, justifiées par la forte progression de la criminalité héritée de la Révolution ; le juge recouvre cependant la faculté de les moduler en fonction des circonstances, entre un minimum et un maximum fixés par la loi pour chaque délit, héritage des *peines arbitraires* d'Ancien Régime.

Sous-section 2

La codification hors de France

Au XIXe siècle, la codification est devenue un phénomène mondial : la plupart des États européens, mais aussi certains États américains, asiatiques, plus rarement africains, se sont dotés de codes, et l'Église elle-même, en 1917, a promulgué un Code de droit canonique, remplacé en 1983. Seuls ont fait exception les pays de *Common Law*, malgré quelques courants doctrinaux favorables à la codification générale en Angleterre et aux États-Unis, et des réalisations partielles sous la forme de recueils spécialisés ordonnant le droit existant, ou de codes locaux comme ceux de certains États américains (Louisiane, Californie). Dans ce mouvement de codification générale, l'exemple français a eu longtemps valeur de référence : ce sont les codes napoléoniens qui ont été pris pour modèles, avant que ne s'impose l'influence de codes plus récents.

A. Les codifications sous influence française

L'expansion du modèle juridique français a d'abord été la conséquence des conquêtes militaires de la Révolution et de l'Empire. Les codes napoléoniens, et particulièrement le Code civil, ont été appliqués en tout ou partie dans les territoires tombés sous la domination politique de la France et dont beaucoup ont été intégrés au Grand Empire constitué par Napoléon : Pays-Bas méridionaux (actuelle Belgique), Luxembourg, Allemagne rhénane, cantons de Berne et de Genève, Savoie, Piémont ; puis dans l'ensemble de l'Italie (sauf la Sicile) entre 1805 et 1812, les provinces illyriennes, les Provinces-Unies (actuels Pays-

Bas), une partie de l'Allemagne (la Prusse, la Bavière et le Wurtemberg ont conservé leurs droits propres) et le grand-duché de Varsovie. Imposée autoritairement, cette réception du droit français n'a guère survécu à l'effondrement de l'Empire en 1814. En Allemagne, le Code civil a été victime de la réaction nationaliste qui a suivi les défaites napoléoniennes : il n'a subsisté, en qualité de droit local, que dans les pays de la rive gauche du Rhin et le duché de Bade. En Italie, la principauté de Lucques fut la seule à le conserver intégralement. Il est resté aussi en vigueur dans quelques cantons suisses, en Pologne et, à titre provisoire, dans l'attente d'un code national qui ne fut rédigé qu'en 1838, dans les Pays-Bas. La Belgique, qui s'en est séparée en 1830, a gardé jusqu'à nos jours le Code civil.

L'influence intellectuelle des codifications françaises fut bien plus durable. La plupart des États qui, au cours du XIXe siècle, se dotèrent de codes prirent exemple sur les codes napoléoniens, empruntèrent leur plan et nombre de leurs règles de fond, tout en les adaptant aux conditions et aux traditions locales. Le Code civil a ainsi exercé une forte influence en Italie, d'abord sur les codes des divers États et principautés rédigés entre 1819 et 1851 (royaume des Deux-Siciles, Parme, Plaisance, Sardaigne, Piémont, Naples, Modène), puis, après l'unification, sur le Code civil du royaume d'Italie de 1865. Les Codes civils hollandais (1838), serbe (1844), roumain (1864), portugais (1867), espagnol (1889), et ceux de plusieurs cantons suisses (Vaud, Tessin, Fribourg, Valais), en furent également tributaires, et de nombreuses législations européennes se sont inspirées aussi du Code de commerce, du Code de procédure civile et du Code pénal.

L'influence juridique française s'est même propagée outre-mer. Dans l'océan Indien, aux îles Bourbon (la Réunion), de France (Maurice) et Seychelles, où les codes napoléoniens furent mis en application dès le début du siècle. En Amérique, où les codes des anciennes colonies françaises de Louisiane, d'Haïti et de Saint-Domingue ont suivi de très près le Code civil, et où les anciennes colonies espagnoles devenues indépendantes (Bolivie, Uruguay, Chili, Argentine) se sont dotées de codes de commerce, et pour certains de codes civils, également inspirés du droit français. En Égypte, le droit fut francisé au milieu du XIXe siècle par les gouvernements réformateurs, exemple suivi par l'Empire ottoman qui a adopté un code pénal (1858), des codes de commerce terrestre (1861) et maritime (1863), et des codes de procédure civile et criminelle (1879) calqués sur les codes napoléoniens. Au Japon, un professeur de la faculté de droit de Paris, Émile Boissonade, fut appelé en 1873 à participer à l'élaboration d'un code pénal et d'un projet de code civil qui ne fut pas adopté. À la fin du XIXe siècle, la colonisation a donné un nouvel élan à l'expansion du droit français, partiellement appliqué dans les pays colonisés et que la plupart ont conservé après l'indépendance.

B. Les codifications sans influence française

L'influence française, même au plus fort de sa domination, ne fut jamais exclusive ni indiscutée. Promulgué seulement en 1811, mais depuis longtemps en chantier, le Code autrichien ne l'a pas subie : il provient directement de l'École du droit naturel et de l'*Usus modernus Pandectarum*, et il a servi à son tour de modèle aux codifications cantonales de Suisse alémanique. En Allemagne, c'est le principe même de la codification qui a été fortement contesté dès 1814, lorsque l'effondrement de l'Empire napoléonien a soulevé la question du droit applicable à la place du droit français : devait-on conserver celui-ci pour servir de droit commun à un pays politiquement et juridiquement divisé, le remplacer par un code commun à toute l'Allemagne ou, plus modestement, par des codes propres à chaque État ?

C'est dans ce contexte que naquit la célèbre controverse entre deux juristes descendants de huguenots français réfugiés en Allemagne : Anton Thibaut et Friedrich Karl von Savigny (1779-1861). Contre Thibaut, qui souhaitait la rédaction d'un code sur le modèle français et se posait en héritier des conceptions juridiques des « Lumières », Savigny s'est attaché à montrer l'incompatibilité qui existait entre la vraie nature du droit et la codification. Pour le fondateur de l'École historique allemande, le droit, comme la langue, prenait naissance au plus profond de la conscience collective de chaque peuple : sécrété par la société, modelé par l'histoire, son premier mode d'expression était la coutume. Les progrès de la civilisation l'ont certes rendu trop complexe, trop scientifique pour continuer d'émaner immédiatement de la conscience populaire : avec le temps, il est devenu l'affaire d'un groupe de spécialistes, d'une corporation de juristes qui représentent le peuple et auxquels il incombe désormais d'exprimer en termes savants le sentiment du droit et de l'ériger en système. Mais même sous cette forme élaborée et systématique, le droit doit rester une création de la doctrine, que la codification étoufferait et figerait. Les espoirs d'unité, de sécurité, que d'autres attendaient d'un code, Savigny les reportait sur la « science juridique », expression qu'il a contribué à vulgariser.

L'influence de Savigny a été considérable en Allemagne. C'est de lui que se sont réclamés les deux grands courants opposés qui ont dominé la doctrine allemande du XIXe siècle : les Pandectistes, théoriciens abstraits qui, dans le prolongement de l'*Usus modernus Pandectarum*, cherchaient à construire un droit rationnel et unitaire à partir d'interprétations intemporelles des compilations de Justinien, pouvaient se prévaloir de sa conception systématique du droit ; les Germanistes, qui, d'un point de vue historique, ambitionnaient de retrouver les origines profondes du droit allemand et de souligner son originalité à l'égard du droit romain, s'inspiraient de ses thèses sur l'origine populaire et coutumière du droit. La conception systématique du droit qu'a répandue Savigny, plus importante au fond que sa vision historiciste, a favorisé plus qu'elle n'a freiné la codification du droit allemand, envisagée à plusieurs reprises au cours du siècle, préparée par la rédaction de codes propres à certains États, comme le Code civil saxon de 1865, et entreprise activement après l'unification politique de 1871.

Il fallut plus de vingt années à plusieurs commissions de rédaction successives, où s'illustra un disciple de Savigny, le Pandectiste Bernhard Windscheid, pour rédiger le Code civil allemand (*Bürgerliches Gezetzbuch*, en abrégé *B.G.B.*), promulgué le 18 août 1896 et entré en vigueur le 1er janvier 1900. Ce code apparaît comme l'héritier de la doctrine pandectiste, dont il a consacré l'influence par son enracinement dans le droit romain, son dogmatisme, son caractère savant et abstrait qui laisse un rôle étendu à la science juridique chère à Savigny. Il a eu un grand retentissement international et, plus moderne que le Code civil français, a sonné le glas de son influence. C'est du *B.G.B.* que se sont inspirés la plupart des codes rédigés postérieurement : le Code civil japonais de 1898, bien qu'il ait conservé certains éléments du projet Boissonade, le Code civil suisse de 1907 ou le Code civil brésilien de 1916. Les Codes turcs promulgués entre 1926 et 1929 se situent également dans la sphère d'influence du droit germanique par l'intermédiaire des codes suisses sur lesquels ils sont calqués.

Sous-section 3

Destin des droits codifiés

Pour leurs auteurs, les codes étaient un aboutissement. Ils devaient fixer le droit sur des valeurs qu'ils croyaient définitives : « Ma vraie gloire, se consolait Napoléon Bonaparte à Sainte-Hélène, ce n'est pas d'avoir gagné quarante batailles ; Waterloo effacera le souvenir de tant de victoires. Ce que rien n'effacera, ce qui vivra éternellement, c'est mon Code civil. » Illusion commune à beaucoup de législateurs, qui s'imaginent avoir travaillé pour l'éternité. Mais tout autant qu'un aboutissement, les codes ont constitué un point de départ. Une fois promulgués, ils ont échappé à leurs rédacteurs : c'est à la doctrine qu'il est revenu de les commenter ; aux juges de les interpréter et de les appliquer, en leur donnant parfois un sens et une portée bien différents ; et au temps de les consolider ou de les entraîner vers la désuétude.

A. Les codes et la doctrine

« Un commentaire, mon code est perdu ! » se serait exclamé Bonaparte lorsque parut l'une des premières études sur le Code civil, due pourtant à l'un de ses rédacteurs, Maleville. La doctrine devait-elle inéluctablement trahir les codes, ou à l'inverse les codes, censés parfaits, capables de se suffire à eux-mêmes, stériliser la doctrine comme le redoutait Savigny ? Si les conséquences ne furent pas aussi absolues, ni dans un sens ni dans l'autre, la doctrine française du XIXᵉ siècle a subi la fascination des codes, qui lui a valu d'être désignée par ses adversaires tardifs sous le nom dépréciatif d'« école de l'Exégèse », et d'être taxée de légicentrisme, de positivisme étroit.

La codification napoléonienne a incontestablement pesé sur les méthodes. Elle a donné un nouvel élan au genre du commentaire, comme le fera un siècle plus tard, en Allemagne, la promulgation du *B.G.B.* Toute législation nouvelle impose le retour aux textes, un examen littéral nécessaire pour en préciser le sens et en définir la portée, tâche qu'avaient accomplie les glossateurs après la découverte des compilations de Justinien, et les premiers commentateurs des coutumes après leur rédaction.

Les juristes français du XIXe siècle font figure de néo-glossateurs, en beaucoup plus prolixe, et de ce point de vue méritent bien le nom d'exégètes. Leur attention s'est concentrée sur les codes, et tout particulièrement sur le Code civil, considéré comme la source principale, sinon unique du droit : « Je ne connais pas le droit civil, j'enseigne le Code Napoléon », affirmait Bugnet, professeur à la faculté de droit de Dijon. Leurs ouvrages les plus représentatifs (ceux de Toullier, Duranton, Troplong, Marcadé, Demolombe) prennent la forme de commentaires où le Code civil est suivi à la lettre, livre par livre, titre par titre, article par article. L'analyse de chaque article doit faire apparaître l'intention du législateur, nouvel avatar de la *mens legis*, cet esprit de la loi que recherchaient glossateurs et bartolistes, à travers la signification littérale et grammaticale des termes, mais aussi, au-delà de la lettre et parfois contre elle, par la comparaison avec les dispositions précédentes ou suivantes, par le recours aux travaux préparatoires et l'utilisation des ouvrages dont s'étaient inspirés les rédacteurs, en particulier ceux de Pothier, dont les opinions avaient tellement influencé les dispositions du Code qu'il en paraissait le premier et le meilleur commentateur. À l'analyse textuelle s'ajoute l'examen de questions pratiques permettant de préciser la portée de la règle, de déterminer les cas auxquels elle s'applique à la lettre et ceux auxquels elle peut être étendue par un raisonnement logique ou analogique, qui évoque la *declaratio legis* des commentateurs bartolistes et des anciens jurisconsultes français.

La même méthode, on ne peut plus traditionnelle, était imposée par les textes officiels dans l'enseignement du droit. La loi du 22 ventôse an XII, qui a rétabli les écoles (puis facultés) de droit supprimées par la Révolution et organisé l'enseignement, concevait les cours comme des commentaires littéraux des codes suivant l'ordre de leurs articles, en faisant la part belle au Code civil dont l'étude s'étendait sur trois années. Les autres matières, législation criminelle, procédure civile et criminelle, droit public défini comme « le Droit civil dans ses rapports avec l'administration publique », n'occupaient qu'une place accessoire et étaient traitées dans une optique civiliste ; le droit romain était enseigné d'un point de vue utilitaire, pour éclairer les origines historiques du Code civil, et les matières nouvelles, plus ouvertes vers le droit public ou les « sciences sociales », introduites avec parcimonie au cours du siècle, se heurtaient à de fortes résistances.

Cependant, derrière cette attitude commune, affichée surtout dans la préface des ouvrages, existent trop de nuances et même de différences pour que l'on puisse parler d'une véritable école de l'Exégèse. Différences de générations entre les premiers commentateurs du Code, formés à l'étude de l'ancien droit comme Maleville, Delvincourt, Toullier, qui ont pour la plupart gardé une conception souple et pluraliste du droit, leurs successeurs des années 1820-1830, dont certains ont subi l'influence de Savigny et de l'École historique allemande – représentée en France par Athanase Jourdan, fondateur de la revue *La Thémis*, Henri Klimrath, l'un des premiers historiens du droit coutumier, ou Édouard Laboulaye –, et les auteurs plus tardifs, souvent plus dogmatiques, à l'image du juriste belge Laurent et de Demolombe (voir *Jean, Charles, Florent Demolombe*, p. 347). Différences de goûts et de caractères, qui conduisaient à faire davantage appel à la jurisprudence, à des arguments de droit naturel, aux enseignements de l'histoire et du droit comparé, à multiplier, comme Troplong, les discussions et les controverses, ou au contraire à s'en tenir à un positivisme strict. Différences d'esprit et de méthode aussi, entre des auteurs purement analytiques et d'autres plus systématiques et synthétiques, qui, comme Aubry et Rau sous l'influence des doctrines allemandes, se sont élevés à des principes plus généraux, ont abandonné le cadre du commentaire pour retrouver celui, moins astreignant, du traité (voir *Charles Aubry et Frédéric Charles Rau*, p. 338).

On ne trouve pas plus d'unité dans les doctrines. Certes, les juristes du XIXe siècle furent presque tous des admirateurs du Code civil, qu'ils s'attachèrent à défendre contre les attaques dont il faisait l'objet. Pour la plupart libéraux (mais il y eut des dissidents, comme le républicain « socialiste » Émile Acollas), ils en ont accentué l'individualisme en exaltant l'absolutisme du droit de propriété, présenté comme une institution de droit divin et naturel et, dans ses prérogatives, comme « un despotisme entier », au dire de l'avocat Marcadé, en développant le thème de l'autonomie de la volonté dans les contrats, en insistant sur la nécessité d'une faute personnelle pour engager la responsabilité civile. Tendances nullement propres à la France et que l'on retrouve à la même époque dans la plupart des doctrines européennes : avec des méthodes opposées, les Pandectistes allemands ont défendu des idées très proches.

L'admiration pour le Code civil n'a pourtant jamais été inconditionnelle et, en dehors d'un consensus à peu près général sur les principes fondamentaux, la doctrine s'est montrée souvent divisée dans ses interprétations et parfois critique sur certaines dispositions, à l'image de Marcadé, réputé pour son agressivité et sa virulence. Demolombe lui-même, le « prince de l'Exégèse », a contesté au nom de la justice, de l'équité et de l'utilité sociale, et cherché à atténuer dans ses commentaires la rigueur de certaines dispositions. Il serait donc excessif d'affirmer que la codification a étouffé la doctrine, mais tout autant de nier qu'elle a limité sa liberté et sa fonction créatrice, plus restreintes et moins fécondes que dans le cadre pluraliste de l'ancien droit.

Aussi la contestation de ce qui est apparu rétrospectivement comme l'école de l'Exégèse, menée par des juristes d'autant plus enclins à raidir et à dénigrer les méthodes de leurs devanciers qu'ils tenaient à s'en démarquer, dépasse-t-elle la simple rivalité doctrinale : plus profondément, elle révèle le déclin de l'autorité des codes, le besoin de s'en affranchir. Les nouveaux courants doctrinaux qui émergent à la fin du XIXe siècle, et que l'on a réunis, là aussi un peu abusivement, sous l'étiquette d'« École scientifique », rompent avec le « civilisme » dominant pour s'élargir à des disciplines sinon toujours neuves, du moins jugées auparavant mineures et quelque peu délaissées : le droit constitutionnel et le droit administratif, illustré par le *Traité de la juridiction administrative* (1888) d'Édouard Laferrière, puis par les travaux de Léon Duguit et de Maurice Hauriou ; l'histoire du droit, régulièrement enseignée à partir de 1880, non plus comme simple introduction au droit positif mais comme discipline autonome ; le droit commercial, avec les grands traités d'Edmond Thaller, de Charles Lyon-Caen et Louis Renault ; le droit du travail, né de la société industrielle et devenu indépendant du droit civil. Matières partiellement ou pas du tout codifiées, donc plus propices à la création doctrinale.

Même chez les civilistes, des auteurs de premier plan comme François Gény, Marcel Planiol, Raymond Saleilles, Georges Ripert se sont libérés du Code et ont accordé une importance plus grande à d'autres sources : à la coutume, dont Gény a construit la théorie moderne, à la jurisprudence, au droit naturel, dont on a célébré avec emphase la renaissance au début du XXe siècle, et également à des disciplines extérieures au droit, à la sociologie, à l'économie. Dans l'interprétation des textes législatifs, ils ont fait prévaloir des méthodes différentes, substitué à la recherche de l'intention du législateur du passé celle, plus hypothétique, du législateur actuel, dont on tente de deviner ce qu'il aurait décidé en pareil cas ; la prise en compte du but social de la loi a fait intervenir des considérations tirées de l'utilité et de l'équité.

Autant d'éléments qui témoignent d'une plus grande distanciation à l'égard du Code civil, d'une prise de conscience progressive de son vieillissement, de son inadaptation aux idées et aux besoins nouveaux, accélérées par la célébration solennelle de son centenaire. Comme le déclarait à cette occasion le premier président de la Cour de cassation, Ballot-Beaupré (à propos du juge, mais cela vaut *a fortiori* pour la doctrine) : « [Le juge] ne doit pas s'attarder à rechercher obstinément quelle a été, il y a cent ans, la pensée des auteurs du Code en rédigeant tel ou tel article ; il doit se demander ce qu'elle serait si le même article était aujourd'hui rédigé par eux ; il doit se dire qu'en présence de tous les changements qui, depuis un siècle, se sont opérés dans les idées, dans les mœurs, dans les institutions, dans l'état économique et social de la France, la justice et la raison commandent d'adapter libéralement, humainement, le texte aux réalités et aux exigences de la vie moderne [1]. »

1. *Livre du centenaire du Code civil*, II, appendice, p. 27.

B. Les codes et la jurisprudence

Si la codification a momentanément inhibé la doctrine, elle n'a guère bridé la jurisprudence, qui a connu à partir du XIXe siècle un essor important après la brève éclipse de la Révolution, et a profité du cadre favorable que lui offrait l'organisation judiciaire napoléonienne, restée dans ses grandes lignes inchangée, pour affirmer une faculté d'interpréter les lois qui ne lui était plus contestée, mais aussi de les compléter et même de les corriger. Dès la première moitié du siècle, les tribunaux, tout en donnant des interprétations en général respectueuses de l'esprit de la loi et de la volonté présumée du législateur, ont fait appel aussi à des arguments d'autorité, à l'histoire, au droit naturel, aux principes généraux du droit pour atténuer ou dépasser la portée des textes. Au sommet, la Cour de cassation s'est affirmée comme l'instance suprême de régulation de la justice avec la loi du 1er avril 1837, qui a définitivement supprimé le référé législatif et lui a permis d'imposer sa jurisprudence aux juges du fond en statuant toutes chambres réunies sur un second pourvoi, après une première cassation et un premier renvoi. Ses arrêts, de plus en plus étoffés dans leur motivation, ont pu exposer une véritable doctrine, reprise et commentée par les juristes. Formulant des principes généraux qui vont parfois jusqu'à modifier la portée d'une loi, certains, à partir de la fin du siècle, ont pu apparaître comme la résurgence des anciens arrêts de règlement.

L'évolution a été identique en droit public au profit du Conseil d'État, alors juridiction de droit commun unique en matière administrative (les conseils de préfecture n'exerçaient qu'une compétence d'attribution limitée au contentieux de l'expropriation, des travaux publics et des contributions directes) : face à l'administration active, il a progressivement imposé son autorité en se débarrassant de la théorie du ministre-juge, qui faisait du ministre un véritable juge au premier degré d'une partie du contentieux administratif, et en développant le recours pour excès de pouvoir contre les décisions des autorités administratives, l'une des grandes créations jurisprudentielles du XIXe siècle.

Reflet de l'intérêt croissant pour la jurisprudence, la création de grands recueils périodiques d'arrêts, qui faisaient défaut sous l'Ancien Régime, a permis aux juristes de prendre rapidement connaissance des plus importantes. Parmi les plus anciens, le *Journal du Palais*, dont la parution a commencé en 1801, le *Sirey*, fondé en 1802, le *Journal des Audiences*, en 1804, qui ne publiaient à l'origine que des arrêts de la Cour de cassation mais y ont rapidement ajouté les arrêts les plus importants des cours d'appel. D'autres sont apparus au cours du siècle, dont le *Bulletin des arrêts du Conseil d'État* (*Recueil Lebon*) en 1821, et le *Dalloz*, qui paraît régulièrement depuis 1845. L'intérêt de ces recueils a été accru par l'adjonction au texte des arrêts de notes de jurisprudence qui en donnaient un bref commentaire et en dégageaient la portée, apparues peu avant 1830 mais de manière encore irrégulière, devenues plus nombreuses et plus étoffées après 1851, et dont la rédaction a été confiée à des jurisconsultes renommés comme Paul Pont, Marcadé et surtout Labbé. À côté de ces recueils spécialisés, les nombreuses revues généralistes qui paraissaient à l'époque faisaient aussi une place à la jurisprudence, infirmant la prétendue indifférence éprouvée à son égard au temps de l'Exégèse.

De fait, la jurisprudence du XIXe siècle a contribué à faire évoluer le droit, à le compléter, voire à le modifier parfois de manière purement prétorienne, contre les termes de la loi et les idées individualistes dominantes en doctrine. Parmi ses créations les plus remarquables, la notion d'*abus de droit*, dont elle s'est servie pour atténuer l'absolutisme de la propriété en engageant la responsabilité du propriétaire lorsqu'il usait de son droit dans l'intention de nuire, commettait une faute sans intention malveillante, ou même, en dehors de tout comportement fautif, lorsqu'il causait des dommages excédant les inconvénients ordinaires du voisinage, en particulier pour les nuisances causées par les établissements industriels.

Le droit de la famille, sous la forme autoritaire que lui avait donnée le Code civil, a constitué un autre terrain favorable aux interventions de la jurisprudence. De leur propre autorité, les tribunaux ont soumis à leur contrôle l'exercice du droit de correction paternelle, en imposant dans tous les cas une autorisation judiciaire pour l'emprisonnement des mineurs, contre les dispositions pourtant dénuées d'ambiguïté de l'article 376 du Code civil. Ils ont sanctionné l'abus ou le mauvais usage de l'autorité paternelle, que le Code avait voulue discrétionnaire, par des mesures de déchéance partielle de ses prérogatives. Ils ont atténué la portée de la prohibition de la recherche de paternité en assimilant le viol à l'enlèvement de la mère à l'époque de la conception, seule exception admise par l'article 340 du Code, en validant les engagements du séducteur de pourvoir aux besoins de l'enfant et en engageant sa responsabilité civile lorsqu'il avait eu recours à des manœuvres dolosives.

Pour protéger les victimes d'accidents de machine à vapeur, et plus tard d'automobile, la Cour de cassation, dans un arrêt du 16 juin 1896, a reconnu, sur la base de l'article 1384 alinéa 1er, l'existence de la responsabilité du fait des choses en dehors de toute faute prouvée, point de départ de l'expansion de la responsabilité civile objective qu'a connue le XXe siècle. Tout aussi novatrice, l'interprétation libérale qu'a donnée la Cour de cassation des articles 1119 et 1121 sur la stipulation pour autrui a permis l'essor de l'assurance sur la vie. Avant que la législation ne commence à modifier les dispositions du Code civil, c'est donc la jurisprudence qui a assuré l'évolution du droit privé, et les lois nouvelles, comme dans l'ancien droit, n'ont fait parfois que reprendre les solutions des tribunaux.

C. Les codes à l'épreuve du temps

Les codes n'ont pas arrêté la marche du droit, tout au plus ont-ils contribué à la ralentir. Leur résistance à l'usure du temps a été proportionnelle à leur qualité : les plus médiocres ont été rapidement dépassés ; le meilleur, le Code civil, a conservé plus longtemps son autorité, sans échapper pour autant à l'obsolescence.

Parmi les premiers, l'exemple du Code de commerce est révélateur. Ses défauts, évidents dès sa promulgation, n'ont fait que s'aggraver. Dès 1838, il fallut réformer toute la partie relative à la faillite, dont l'excès de sévérité allait à l'encontre de l'efficacité et qui était de moins en moins appliquée : toutefois les dispositions de la loi du 28 mars 1838 furent incluses dans le Code, où elles remplacèrent les articles initiaux. Au contraire, les nombreuses réformes postérieures, en particulier la grande loi sur les sociétés du 24 juillet 1867, sont restées en dehors et ont amorcé un processus de décodification précoce, d'autant plus rapide que le droit des affaires, par nature souple et évolutif, supporte mal d'être enfermé dans des cadres trop rigides. Du Code de 1807 ne subsistaient plus qu'environ cent cinquante articles, moins d'un quart du total, dont une trentaine dans leur rédaction initiale, lorsqu'il fut remplacé par un nouveau Code de commerce, également de médiocre facture, promulgué le 18 septembre 2000.

D'autres codes napoléoniens ont eux aussi disparu au profit de plus modernes : le Code d'instruction criminelle, remplacé par le Code de procédure pénale en 1958 ; le Code pénal, déjà profondément remanié tout au long des XIXe et XXe siècles, en 1994 ; le Code de procédure civile a lui aussi été remplacé par un nouveau code en 1976.

« Symbole du temps arrêté » (Jean Carbonnier), le Code civil a connu un sort plus favorable mais sans échapper pour autant au déclin. Le XIXe siècle a permis sa consolidation, son enracinement après des débuts difficiles. La chute du régime napoléonien, la Restauration royale de 1814-1815 et les attaques des Ultras risquaient d'entraîner son abrogation et son éventuel remplacement. La jurisprudence, y compris celle de la Cour de cassation, fit longtemps prévaloir sur ses dispositions des interprétations héritées de l'ancien droit, en sauvant des droits réels proches des droits « féodaux » et en maintenant, contre la volonté de ses rédacteurs, des formes de propriété divisée ou simultanée. Mais la conservation du Code fut garantie par la Charte de 1814 octroyée par Louis XVIII, et seuls les articles sur le divorce furent abrogés par la loi Bonald du 8 mai 1816. Les critiques formulées contre lui au cours du XIXe siècle, de droite avec Louis de Bonald, Honoré de Balzac, Frédéric Le Play, de gauche avec les saint-simoniens et les différents courants socialistes, n'eurent guère d'effets dans l'immédiat. À partir de 1850, la jurisprudence et la pratique se rallièrent à une interprétation bien plus fidèle du Code civil, véritablement entré dans les mœurs à cette époque. Révéré par les juristes, adapté aux idées et aux besoins de la bourgeoisie triomphante, il fait alors figure de monument intangible, et rares sont ceux qui osent encore envisager sa révision. Les réformes législatives apportées à ses dispositions sont restées limitées malgré les transformations de la société, l'industrialisation, l'urbanisation, l'importance nouvelle de la fortune mobilière.

La fin du XIXe siècle et le début du XXe marquent un tournant : le temps ne joue plus en faveur du Code civil mais contre lui. Les changements politiques et sociaux, la promulgation du *B.G.B.*, plus moderne, hâtent son vieillissement. La rédaction d'un nouveau code est évoquée lors de la célébration du centenaire, où s'opposent partisans et adversaires de la révision. Les seconds l'ont emporté au moins en apparence puisque le cadre du Code de 1804 a été conservé, et des pans entiers, sur les obligations, les biens, sont parvenus presque intacts jusqu'à nos jours. Les réformes, néanmoins, se sont multipliées. Celles de la IIIe République ont été nombreuses, particulièrement en droit de la famille, pour la plupart de portée restreinte et sans vues d'ensemble. Dès 1884, pour satisfaire les républicains devenus majoritaires, le divorce fut rétabli, mais seulement pour motifs déterminés. La plupart des autres réformes ont visé à améliorer le sort des enfants et de la femme mariée. En faveur des premiers, les abus les plus graves de la puissance paternelle ont été sanctionnés par la déchéance, établie par la loi du 24 juillet 1889. Les enfants naturels ont bénéficié de droits successoraux accrus par la loi du 25 mars 1896, encore inférieurs cependant à ceux des enfants légitimes ; l'action en recherche de paternité leur a été plus largement ouverte par la loi du 16 novembre 1912. Totalement transformée par la loi du 19 juin 1923 et le décret-loi du 29 juillet 1939, l'adoption, faite auparavant pour les majeurs, a été conçue désormais en faveur des mineurs, des enfants orphelins ou abandonnés, et ses effets se sont rapprochés de ceux de la filiation légitime. La femme mariée a vu s'atténuer, puis disparaître avec les lois du 18 février 1938 et 22 septembre 1942, l'incapacité juridique qui la frappait, sans accéder encore à l'égalité dans les régimes communautaires, de loin les plus répandus.

Des réformes moins profondes ont touché aussi le droit des successions. L'augmentation progressive des droits du conjoint survivant, très réduits en 1804, a amorcé un rééquilibrage encore timide entre les intérêts du ménage et ceux de la parenté par le sang. L'égalité entre héritiers a reçu des tempéraments : la loi du 24 mars 1898 a réputé faits à titre de préciputs hors part, donc non soumis au rapport, les legs en faveur d'un héritier, et des mesures d'attribution préférentielle, sans aller jusqu'à ressusciter le droit d'aînesse, ont facilité la transmission à l'un des héritiers des exploitations agricoles, puis industrielles et commerciales.

Ces modifications ponctuelles ont préludé à la refonte d'ensemble des titres relatifs au droit de la famille. Étudiées à partir de 1945 par une Commission de réforme du Code civil, elles ont été réalisées sous la Ve République, dans un esprit résolument égalitaire qui leur donne une ressemblance, plus fortuite que délibérée selon leur principal rédacteur, le doyen Carbonnier, avec les solutions du droit intermédiaire. L'égalité entre époux a été atteinte avec la transformation du droit des régimes matrimoniaux opérée par des lois de 1965, 1975 et 1985 ; entre père et mère, par la substitution de l'autorité parentale à la puissance paternelle avec la loi du 4 juin 1970. L'égalité entre enfants légitimes et naturels a été réalisée par la loi du 3 janvier 1972. Parallèlement, le divorce a été élargi par la loi du 11 juillet 1975, dont les solutions se rapprochent de celle des 20-25 septembre 1792.

Pour importantes qu'elles soient, ces transformations se sont faites dans le respect du Code civil, auquel ont été intégrées les lois nouvelles à la place des anciennes et en respectant la numérotation des articles. Elles lui ont donné une nouvelle jeunesse et ont paru amorcer une phase de recodification du droit, un retour au grand mouvement de 1804. Impression probablement trompeuse, car elles n'ont pas joué le même rôle de consolidation et de stabilisation : depuis, les lois nouvelles ont continué de s'accumuler et commencé à défaire l'unité des réformes accomplies. Quant aux parties demeurées presque inchangées, la stabilité n'y est qu'apparente et dissimule un phénomène de décodification qui, à son tour, touche le Code civil : la propriété, les contrats, ont subi aussi des changements profonds au XXe siècle, liés au recul de l'individualisme, à l'application d'idées socialisantes et à l'étatisation, mais par l'effet d'une multitude de lois de détail extérieures au Code. Avec l'inflation législative et réglementaire actuelle, le temps des grandes codifications semble clos.

GLOSSAIRE CRITIQUE

François Accurse (vers 1182-vers 1260)

Accurse fut l'un des grands maîtres de l'université de Bologne, à son apogée dans la première moitié du XIIIe siècle. Sa renommée durable tient pourtant moins à ses propres idées qu'au vaste travail de compilation qu'il a accompli en rassemblant les principaux commentaires des glossateurs bolonais sur les textes du *Corpus juris civilis* depuis la mort d'Irnerius (1125), en les présentant de manière critique et en s'efforçant de les concilier, comme l'avait fait le *Décret* de Gratien pour les sources canoniques.

La *Grande Glose* d'Accurse, ou *Glose ordinaire* du *Corpus juris civilis*, composée entre 1215 et 1235, a fixé de manière quasi définitive la doctrine des glossateurs et en a assuré la transmission : sur chaque loi du *Digeste*, du Code et des *Novelles*, elle offrait le condensé et la synthèse des interprétations et des opinions des docteurs italiens qui dominaient la science romaniste, et, à mesure que s'est diffusé le droit romain, elle a connu un très grand succès tant auprès des commentateurs que des praticiens, au point de passer pour le complément indispensable des lois romaines, de jouir d'une autorité égale, sinon plus grande, et, dans certains pays, de s'imposer aux juges en cas de silence du droit local. À partir du début du XIVe siècle, la plupart des manuscrits du *Corpus juris civilis* et toutes les premières éditions imprimées contenaient le texte de la *Glose*.

Les premières attaques, fondées sur l'accusation d'avoir supplanté et dénaturé les lois romaines, sont venues des humanistes du XVIe siècle, dont Rabelais a exprimé le dégoût par le truchement de son héros Pantagruel : « Et disait aucune fois que les livres des lois semblaient une belle robe d'or, triomphante et précieuse à merveilles, qui fust brodée de merde. Car au monde n'y a livres tant beaux, tant aornés, tant élégants comme sont les livres des Pandectes, mais la bordure d'iceux, c'est assavoir la glose d'Accurse, est tant sale, tant infâme et punaise, que ce n'est qu'ordure et villenie » (*Pantagruel*, chap. V). Sous leur influence, des éditions non glosées des compilations de Justinien, qui donnaient le texte « purifié », expurgé de tout ajout ou commentaire médiéval, ont fait leur apparition en France dès les années 1520, mais des éditions glosées, quoique de plus en plus rares, ont paru en Europe jusqu'au XVIIe siècle.

▶ Bibliographie

Guido Rossi (dir.), *Atti del Convegno internazionale di Studi Accursiani, Bologna, 21-26 Ottobre 1963*, 3 vol., Milan, Giuffrè, 1968.

Charles Aubry (1803-1883) et Frédéric Charles Rau (1803-1877)

Aubry et Rau, deux noms indissociables : tous deux Alsaciens, nés la même année à quelques kilomètres de distance, professeurs à la faculté de droit de Strasbourg puis, après 1870, conseillers à la Cour de cassation, et surtout coauteurs d'un *Cours de droit civil français* qui a marqué la science juridique du XIXe siècle. Histoire paradoxale que celle de cet ouvrage, qui se présentait à l'origine (la première édition date de 1839) comme la simple traduction du traité de droit civil de l'Allemand Zachariae, fondé sur le Code Napoléon resté en vigueur au pays de Bade, où enseignait l'auteur, mais qui, au fil de ses nombreuses rééditions, devint véritablement l'œuvre personnelle d'Aubry et de Rau tout en conservant des traits de ses origines germaniques.

Le *Cours de droit civil* se singularise en effet dans la production française de l'époque. Par sa concision, qui confine parfois à la sécheresse (5 volumes pour la première édition, qui passeront à 6 puis à 8 pour les suivantes, mais il en fallait 27 à Troplong et 31 à Demolombe pour traiter le même sujet). Par sa vision systématique et sa rigueur quasi mathématique, qui reflètent l'influence personnelle du théoricien Aubry, alors que Rau, qui était aussi avocat, apportait sa connaissance et son sens profond de la pratique. Par son plan, qui ne suit pas l'ordre du Code civil mais emprunte celui des Pandectistes, lui-même inspiré de Doneau, encore très influent en Allemagne. Par sa conception plus scientifique, qui, tout en restant fidèle à l'esprit du Code, prend en compte les données historiques, les réalités sociales, les principes supérieurs du droit. Enfin par les grandes constructions juridiques qu'a permises cette méthode, et dont certaines sont restées célèbres, comme celles du patrimoine, de la copropriété, de la pétition d'hérédité, de la revendication. Ces traits originaux font de l'ouvrage une sorte de synthèse entre la doctrine française de tendance exégétique et la science juridique allemande, qui ne pouvait apparaître qu'au sein de l'école strasbourgeoise, traditionnel trait d'union entre le monde germanique et la France. Ils expliquent un succès considérable, et surtout durable : quatre éditions au cours du XIXe siècle, et trois autres, fortement remaniées il est vrai, au XXe.

▶ Bibliographie

Julien Bonnecase, *La Faculté de droit de Strasbourg (an XII-10 mai 1871). Ses maîtres, ses doctrines et sa contribution à la science juridique française du XIXe siècle*, Toulouse, 1916.

Eugène Gaudemet, « Aubry et Rau », *Revue trimestrielle de droit civil*, 1923, p. 65-100.

Bartole

Le nom de Bartole symbolise à lui seul la science juridique médiévale, bien qu'il s'agisse d'un auteur tardif (né en 1314 dans la petite ville italienne de Sassoferrato, mort à Pérouse, où il enseignait le droit romain, en 1357). Sa renommée fut exceptionnelle en Italie et dans toute l'Europe, déjà de son vivant où il fut comblé d'honneurs, et plus encore après sa mort, où son nom éclipsa celui des autres jurisconsultes, plongés dans l'oubli ou considérés comme de simples disciples, des « bartolistes ». Ses opinions furent longtemps assimilées à de véritables oracles, au point de recevoir parfois valeur officielle : « Résolu comme Bartole », disait-on ironiquement pour fustiger l'attachement trop servile à ses idées. Renommée due à une œuvre immense, faite de commentaires de la totalité du *Corpus juris civilis*, de multiples traités et recueils de *Quaestiones* et de *Consilia*, et surtout à des théories juridiques originales et profondes, adaptées aux besoins de son temps, même si certains de ses idéaux, comme l'attachement à l'Empire universel qu'il partageait avec son contemporain Dante, apparaissaient dépassés.

De tous les juristes médiévaux, aucun n'a su mieux que lui utiliser le droit romain, et au besoin en forcer le sens, pour répondre aux nécessités de la pratique : sa méthode – dont il n'est pas l'inventeur puisqu'il a repris et perfectionné les procédés de l'école d'Orléans transmis par son maître Cynus de Pistoie –, fondée sur une exégèse rigoureuse qui attache une valeur spécifique à chaque mot et à l'étymologie, sur la recherche de la *ratio legis*, mais aussi sur des discussions approfondies, sur l'utilisation systématique de la dialectique, permettait d'étendre considérablement la portée et l'utilité des lois romaines, y compris à des situations totalement étrangères à celles qu'elles visaient, tout en leur paraissant fidèle. Aucun d'eux n'a su ériger des constructions intellectuelles aussi amples, comme sa fameuse théorie des statuts, base du droit des conflits de coutumes et du droit international privé moderne.

Comme la *Glose* d'Accurse, ses interprétations sont devenues inséparables du droit romain, et de ce fait elles ont subi en France le même phénomène d'attraction dans un premier temps, puis de rejet de la part des humanistes. Il y eut des bartolistes français, romanistes mais aussi commentateurs des coutumes rédigées, jusqu'au XVIe siècle inclus. Mais, dès cette époque, Bartole fut atteint par les mêmes critiques que ses disciples tardifs, qui avaient gauchi sa méthode et perverti ses doctrines en accumulant sans raison les autorités et en sombrant dans le conformisme : « bartoliste » devint un terme péjoratif, à la fois pour les romanistes cujaciens et pour les partisans du droit français, qui voyaient en lui le symbole d'une suprématie juridique italienne désormais honnie. Il est resté bien plus apprécié dans une partie de l'Europe, au moins jusqu'au XVIIe siècle, et a exercé une influence non négligeable sur les courants nouveaux, comme l'*Usus modernus Pandectarum* germanique, qui partageaient sa vision pratique et utilitaire du droit romain.

▶ Bibliographie

Bartolo da Sassoferrato, Studi e documenti per il VI centenario, 2 vol., Milan, Giuffrè, 1962, spéc. P. Legendre, « La France et Bartole »,

I, p. 131-172, réimp. dans *Écrits juridiques du Moyen Âge occidental*, Londres, Variorum Reprints, 1988, VII.
R. Feenstra, « Bartole et la science du droit romain », *Atti del seminario romanistico internazionale (Perugia-Spoleto-Todi, 11-14 ottobre 1971)*, Pérouse, 1972, p. 7-17.

Codes, Codification

Le mot latin *codex* ne désignait à l'origine que le support : un livre formé de cahiers cousus, qui s'est substitué, au IIe siècle de notre ère, aux anciens rouleaux de papyrus sur lesquels on écrivait. C'est à la fin du IIIe siècle, avec les Codes grégorien et hermogénien, qu'il a commencé à s'appliquer au contenu et à prendre le sens plus précis de recueil de textes juridiques. À peu près inusité au Moyen Âge (si ce n'est en parlant du Code de Justinien), le terme est réapparu en France à la fin du XVIe siècle et est entré dans l'usage courant au XVIIIe. Au début du XIXe siècle, il a donné les dérivés *codifier* et *codification*.

Mais, même restreints à la langue du droit, les mots *code* et *codification* n'ont pas un sens uniforme, car il existe plusieurs types de codes, et plusieurs manières de codifier : en schématisant, on peut distinguer la *codification-compilation*, qui consiste à rassembler les lois existantes et à les ordonner selon des critères variés, le plus souvent par matières, et la *codification-rédaction*, œuvre originale au moins dans la forme et d'esprit systématique. Historiquement, c'est au premier genre qu'appartiennent les codes officiels ou privés rédigés dans l'Antiquité (Codes grégorien et hermogénien, Code théodosien, Code de Justinien), et les divers ouvrages publiés sous le nom de codes dans l'ancien droit français : Code Henri III de Brisson, Code Henri IV de Thomas Cormier, Code matrimonial, Code rural… Ce ne sont que des collections de textes antérieurs, en majorité mais pas exclusivement de nature législative, dont la réunion et la mise en ordre visent surtout à faciliter le travail des juristes, à leur permettre de trouver rapidement les principales lois relatives à une question. La codification-rédaction, au contraire, est moderne : elle est née des courants rationalistes et systématiques qui se sont dégagés à partir du XVIe siècle. En France, elle apparaît avec les grandes ordonnances de Louis XIV et de D'Aguesseau, et elle s'épanouit au XIXe siècle avec les codes napoléoniens. Elle aboutit à rédiger des codes dotés d'une autorité officielle, de valeur législative, faits de dispositions nouvelles rédigées pour la circonstance à l'initiative des autorités publiques, même lorsqu'elles reprennent des solutions anciennes, exposées sous forme d'articles concis et disposées suivant des plans cohérents, dans le but de clarifier et de rationaliser le droit, de l'ériger en système. À ces caractères formels se sont ajoutés, avec les codes napoléoniens influencés par le légicentrisme révolutionnaire, la volonté d'être complet, d'exposer la quasi-totalité du droit relatif à une matière en ne laissant à d'autres sources aucune place, ou un rôle seulement accessoire, qu'illustre l'abrogation par le Code civil de toutes les coutumes rédigées, lois romaines et ordonnances royales. Idéal qui ne fut sans doute jamais atteint et qu'ont abandonné les codifications contemporaines, à l'exception des refontes récentes des codes napoléoniens. Aujourd'hui, par un curieux retour de l'histoire, c'est à la forme la plus ancienne de la codification-compilation que l'on revient avec les codifications à droit constant, nombreuses en droit public et administratif.

▶ Bibliographie

Bernard Beignier (dir.), *La Codification*, Paris, Dalloz, 1996.
Droits, nos 24 (1996), 26 (1997), 27 (1998), « La codification ».
Jacques Vanderlinden, *Le Concept de code en Europe occidentale du XIIIe au XIXe siècle. Essai de définition*, Bruxelles, Université libre, Éd. de l'Institut de sociologie, 1967.

Coutume

« La coutume est le droit qu'un long espace de temps a rendu obligatoire par la volonté de tous, sans intervention de la loi », une habitude, une « seconde nature », selon la définition de Cicéron. Non écrite, au moins à l'origine, formée sans le concours des autorités publiques, fondée sur la répétition des mêmes faits, elle apparaît comme la forme la plus ancienne du droit, celle des sociétés « primitives », des sociétés sans État, et le romantisme juridique issu de Savigny l'a exaltée comme l'expression même du droit populaire, libre et spontané. Mais dans les formes d'organisation sociale plus développées, elle a fait l'objet d'analyses doctrinales destinées à en dégager les caractères essentiels, et aussi à préciser son rôle et son autorité face aux autres sources du droit, notamment à la loi, donc à la canaliser, à la contrôler.

Les Romains n'ont pas édifié une véritable théorie de la coutume, et ne l'ont pas clairement distinguée de l'*usage*. Ils se sont bornés à évoquer ses principaux caractères : le long usage, l'*ancienneté*, du reste indéterminée, mis en avant par les jurisconsultes classiques ; le *consentement unanime* des populations, sur lequel insistaient les rhéteurs et les philosophes comme Cicéron, sous l'influence intellectuelle des Grecs. Plus tard, peut-être sous Constantin, plus vraisemblablement sous Justinien, s'est ajouté un troisième critère sous l'influence probable du christianisme : la *conformité à la raison*.

À partir de ces éléments épars, la doctrine médiévale a construit la théorie de la coutume. Les glossateurs, encore divisés et hésitants, et surtout les juristes de l'école d'Orléans puis les bartolistes ont fait de la coutume une véritable règle juridique, nettement distincte de l'usage, qui relève des faits et non du droit, et dégagé les éléments qui fondent son autorité : plus que sur son caractère oral (il est admis, à partir de Jacques de Révigny, que la coutume peut être écrite sans changer pour autant de nature), plus que sur la durée (après bien des discussions, l'opinion commune des romanistes a exigé une ancienneté de dix ans, inspirée de la prescription, pour qu'une règle devienne coutumière), ils ont mis l'accent, avec Pierre de Belleperche et Bartole, sur le consentement tacite du groupe social, ou du moins de sa majorité, véritable cause de la coutume, qui opère la transformation du simple usage de fait en norme juridique, et dont le temps vient seulement confirmer l'existence. Les canonistes, de leur côté, ont insisté sur la condition de conformité à la raison, qui contribuait à rapprocher la coutume de la loi et à la placer davantage sous le contrôle du prince.

Les théories modernes, celles des Pandectistes allemands au XIXe siècle, celle de François Gény en France, n'ont guère ajouté à ces analyses. Gény n'a fait qu'adapter la doctrine bartoliste en développant l'aspect psychologique de l'autorité de la coutume, qui naît de l'usage mais ne devient règle de droit que par l'effet de l'*opinio necessatis*, de la conscience de son caractère obligatoire répandu dans la communauté.

Les relations de la coutume avec la loi n'ont guère été éclairées par le droit romain, qui a laissé des textes contradictoires : désignée comme la meilleure interprète des lois par le jurisconsulte Paul (*Consuetudo, optima legum interpres*), la coutume leur était néanmoins subordonnée par la doctrine classique, alors que, sous l'Empire tardif, elle était reconnue comme leur égale et capable même de les abroger par désuétude. La doctrine médiévale, fixée par Azon à la fin du XIIe siècle, a reconnu à la coutume le pouvoir de statuer dans les domaines où la loi est muette (coutume *praeter legem*), de déroger aux lois existantes (coutume *contra legem*), et enfin de les préciser et de les interpréter (coutume *secundum legem*). De plus en plus, la question de l'autorité de la coutume a été rattachée à celle du régime politique. La doctrine de saint Thomas d'Aquin, reprise au XVIe siècle par la néo-scolastique espagnole, et en particulier Suarez, permettait à la coutume de s'instaurer librement, de contredire et d'abroger les lois seulement dans les régimes où le peuple avait conservé sa pleine liberté. Dans les autres, notamment dans les monarchies, l'établissement d'une coutume nouvelle était subordonné à la permission, ou au moins à l'absence d'opposition du prince (*patientia*), ce qui contribuait à rapprocher, quant au fondement de son autorité, la coutume de la loi et à la soumettre à celle-ci, opinion que reprendront les juristes laïcs des XVIIe-XVIIIe siècles, comme Domat.

▶ Bibliographie

Jean-Marie Carbasse, « Coutume, temps, interprétation », *Droits*, t. 30, 1999, p. 15-28.

Droits, n° 3, « La coutume », 1986.

Jean Gaudemet, *Études de droit romain*, t. I, Naples, Jovene, 1979, p. 31-63, 65-79, 81-110.

Recueils de la Société Jean Bodin, LII, « La coutume », Bruxelles, De Boeck Université, 1990.

Jacques Cujas (1522-1590)

Originaire de Toulouse, où il passa une jeunesse studieuse, Jacques Cujas serait devenu tout naturellement professeur à l'université de cette ville si elle ne lui avait préféré un obscur rival. Il mena alors une carrière itinérante, qui le vit enseigner successivement à Cahors, Paris, Bourges, Valence, Turin, avant de se fixer enfin à Bourges, le grand centre des études humanistes, où il passa ses quinze dernières années.

Humaniste, Cujas l'était au plus haut point : grand collectionneur de manuscrits qu'il faisait rechercher ou recopier par ses amis, et de livres dont seule une faible partie touchait au droit ; bon connaisseur de la langue grecque, qu'ignoraient les juristes médiévaux, doté d'une prodigieuse culture, passionné d'histoire et de littérature antiques, et tellement accaparé par ses études qu'il affectait de se désintéresser des guerres de Religion qui déchiraient la France : « Cela ne concerne pas l'édit du préteur », répondait-il à ceux qui s'en étonnaient.

De fait, voué tout entier à ses travaux et à son enseignement, il a laissé une œuvre immense (10 volumes in-folio dans l'édition de 1658), faite non de grands traités mais d'une multitude de petits commentaires sur des sujets déterminés, sur des titres du *Digeste* et du Code, et surtout de notes critiques sur les fragments du *Corpus juris civilis*, publiées sous le nom d'*Observationes et emendationes*. Une œuvre en rupture avec les bartolistes qu'il exécrait : de toute la production médiévale, seuls les travaux des glossateurs ont trouvé grâce à ses yeux. Car il était lui-même, à sa manière, un glossateur, par son intérêt pour les textes qu'il analysait et disséquait avec un soin extrême, mais un glossateur dont les connaissances philologiques, littéraires et historiques l'emportaient de beaucoup sur celles de ses devanciers.

Cujas a porté à sa perfection la méthode humaniste, fondée sur la trilogie *collatio, emendatio, interpretatio*. La *collation* du plus grand nombre possible de documents constituait le point de départ indispensable de toute recherche : au lieu de s'en tenir à la Vulgate du *Corpus juris civilis*, de considérer le texte des compilations comme intouchable, il s'efforçait de consulter les manuscrits ou les éditions qui proposaient d'autres versions, et de choisir la meilleure. La comparaison des différentes leçons, la confrontation avec des documents plus anciens et avec les témoignages littéraires, permettaient l'*emendatio*, la critique scientifique des textes, l'identification et la correction des erreurs ou des ajouts des copistes et des interpolations qui les affectaient, qu'il a menées avec rigueur et sagacité. Il a pu rétablir, souvent avec exactitude, les lois romaines dans leur état originaire, restituer les fragments interpolés, et surtout, en rassemblant les fragments dispersés dans le *Corpus* et en les complétant avec des apports extérieurs, reconstituer en partie les œuvres des jurisconsultes classiques, celles d'Africain, de Paul, de Papinien, qu'avaient utilisées et dépecées les compilateurs. Cujas a donné aussi des éditions critiques des *Sentences* de Paul, des *Tituli ex corpore Ulpiani*, de la *Consultatio veteris cujusdam jurisconsulti*, des Codes hermogénien, grégorien et théodosien, de la *Loi romaine des Burgondes*, ouvrages antérieurs aux compilations de Justinien qui permettaient d'en renouveler l'interprétation. À juste titre, il est considéré comme le fondateur de la science historique moderne, et les méthodes qu'il a expérimentées n'ont guère changé. Il serait pourtant erroné de ne voir en lui que l'historien : Cujas restait jurisconsulte, et ses recherches historiques avaient pour but ultime l'*interpretatio*, la découverte du vrai sens des lois romaines, afin de contribuer à l'amélioration du droit. Rien n'est plus faux, comme on l'a pourtant fait, que de lui prêter le dessein machiavélique de rendre le droit romain impropre à la pratique pour faire place nette au droit français : homme des pays de droit écrit, il considérait le droit romain comme immédiatement applicable, mais à tout point de vue on ne pouvait que gagner à mieux le connaître ; science et pratique ne s'opposaient pas mais la seconde devait profiter des progrès de la première.

C'est pourtant là que réside le point faible de Cujas : pur théoricien, il a négligé le fait que les praticiens avaient d'abord besoin de textes solides pour asseoir leurs solutions, que la stabilité comptait plus pour eux que l'exactitude historique et même la valeur intrinsèque. Or, les études critiques sapaient les théories les mieux établies et introduisaient beaucoup d'incertitude sur le sens réel des lois romaines.

Malgré leur apparente rigueur scientifique, elles donnaient une bien plus grande liberté à leurs interprètes, qui avaient toujours la ressource d'invoquer une hypothétique interpolation pour écarter un texte gênant ou le tirer dans le sens souhaité, et on a pu attribuer à ces incertitudes les nombreuses divergences jurisprudentielles entre les parlements des pays de droit écrit. De plus, si Cujas eut de dignes continuateurs, des érudits comme Denis et Jacques Godefroy, ou Antoine Favre, qui s'illustra dans la chasse aux interpolations, il eut en plus grand nombre de médiocres disciples, qui se contentèrent de ressasser ses opinions au lieu de poursuivre ses recherches : le résultat fut un déclin profond de la science et de l'enseignement du droit romain en France, muée en discipline routinière et déconnectée de la pratique.

▶ Bibliographie

P. Mesnard, « La place de Cujas dans la querelle de l'humanisme juridique », *RHDFE*, 1950, p. 521-537.

H. E. Troje, « Praelectiones Cujacii. Vorlesungsnachschriften des Frankfurter Syndicus Heinrich Kellner aus seiner Studienzeit in Bourges (1560-1561) », *Jus commune*, I, 1967, p. 181-194 ; « Humanistische Kommentierungen klassicher Juristenschriften », *ibid.*, IV, 1972, p. 51-72 ; et « Arbeitshypothesen zum Thema “Humanistische Jurisprudenz” », *TRG*, 1970, p. 519-563.

C. W. Westrup, « Notes sur Cujas », *Studi in onore di Pietro Bonfante*, III, Milan, 1930, p. 129-149.

Jean, Charles, Florent Demolombe (1804-1887)

Peu de juristes ont joui pendant leur vie, et aussitôt après leur mort, d'une réputation égale à celle de Demolombe, le « Pothier des temps modernes », le « premier jurisconsulte de notre temps » selon ses admirateurs. Mais peu ont été aussi vite oubliés, et aux éloges excessifs a succédé une disgrâce injuste. C'est que Demolombe apparaît comme la figure emblématique de la doctrine civiliste du XIXe siècle, qu'il a portée à son apogée mais dont il fut aussi le dernier grand représentant.

Né à La Fère (Aisne), il fit toute sa carrière à la faculté de droit de Caen, où il devint professeur en 1831 et dont il fut l'inamovible doyen à partir de 1853. Il a laissé un monumental *Cours de Code Napoléon* en 31 volumes (encore est-il inachevé), fait d'une série de traités publiés entre 1845 et 1876. De cet ouvrage, écrit dans un style déclamatoire (l'auteur, qui avait été avocat, affectionnait les plaidoiries imaginaires), on a surtout retenu la préface, où Demolombe formulait des mots d'ordre qui sont apparus comme les fondements méthodologiques de la prétendue école de l'Exégèse : « Ma devise, ma profession de foi, est aussi : Les textes avant tout ! je publie un *Cours de Code Napoléon* ; j'ai donc pour but d'interpréter, d'expliquer le Code Napoléon lui-même considéré comme loi vivante, comme loi applicable et obligatoire, et ma préférence pour la méthode dogmatique ne m'empêchera pas de prendre toujours pour base les articles mêmes de la loi. »

Si l'attachement de Demolombe à la lettre du Code civil est incontestable, il a accordé aussi une grande attention à la jurisprudence de son temps, dont il suivait toutes les nuances et les variations, au point qu'on lui a également fait grief de « manquer de principes », de négliger la construction doctrinale au profit d'analyses purement descriptives des arrêts. En fait, comme la plupart de ses contemporains, il s'est montré plus nuancé que ne le laissent croire ses déclarations liminaires. En dépit de son dogmatisme affiché, il a su faire preuve d'indépendance, tant à l'égard des arrêts que des articles du Code, et ses analyses ne sont pas dénuées d'esprit critique, au nom de la justice, de l'équité, de l'utilité sociale. Contre la lettre et l'esprit du Code civil, il fut l'un des premiers à prendre position en faveur de la déchéance de la puissance paternelle en cas d'abus grave, et à préconiser de fonder sur la possession d'état l'établissement de la paternité naturelle, opinions qu'ont consacrées les réformes législatives de la IIIe République et reprises les lois actuellement en vigueur.

▶ Bibliographie

Julien Bonnecase, *L'École de l'Exégèse en droit civil*, 2e éd., Paris, 1924 ; *La Pensée juridique française de 1804 à l'heure présente*..., I ; et *Les Destinées de l'œuvre de Demolombe au temps présent*, Bordeaux, 1929.

Jean Domat (1625-1696)

Né à Clermont-Ferrand, enclave de droit écrit au cœur de l'Auvergne coutumière, Domat exerça la fonction assez modeste d'avocat du roi au présidial de sa ville natale, qu'il abandonna lorsqu'une pension royale lui permit de se consacrer entièrement à ses travaux. Il composa plusieurs ouvrages : le *Legum delectus ex libris Digestorum et Codicis*, fait de notes brèves sur les compilations de Justinien ; les *Harangues* prononcées au cours de sa carrière de magistrat ; un traité sur *Le Droit public* et surtout son maître livre, *Les Loix civiles dans leur ordre naturel*, paru en 1689.

Domat fait partie de ces romanistes modernes d'esprit systématique pour qui le droit romain, ramené à ses principes essentiels, représente l'expression la plus pure du droit naturel, mais il a joint à cette vénération un profond sentiment chrétien, et même janséniste, qui éclaire le sens de son œuvre. *Les Loix civiles*, ce sont les lois romaines, formées pour partie de « lois arbitraires », nous dirions de lois positives, et, pour le plus grand nombre, de lois qui exposent les vérités éternelles du droit naturel ; en tant que telles, elles sont immuables, valables en tous temps et en tous lieux, mais leur sens est obscurci et leur utilisation rendue difficile par le mauvais agencement des compilations de Justinien et la masse de préjugés et d'interprétations vicieuses accumulée sur elles. Le grand dessein de Domat, qu'indique le titre de son ouvrage, est de replacer ces lois dans l'ordre que leur assigne la nature, non par souci d'esthétisme mais pour les rendre plus faciles à comprendre et à appliquer, pour les mettre à la portée de tous et spécialement des juges, et surtout pour révéler leur sens chrétien, le message d'amour qu'elles renferment : dessein de juriste soucieux de l'amélioration de sa discipline, mais aussi de moraliste, car du respect de ce « dépôt des règles naturelles de l'équité » dépend le perfectionnement moral, voire le salut de l'humanité déchue.

Pénétré du pessimisme janséniste, persuadé de la corruption de la nature humaine, Domat croyait aux vertus pédagogiques des bonnes lois, pourvu que les juges sachent les comprendre et en faire une exacte application. L'ordre naturel que doit suivre l'exposé des lois, c'est celui de la Raison, de l'esprit mathématique, qui part des vérités simples et évidentes, en l'occurrence les grands préceptes du christianisme, pour progresser dans la découverte des vérités cachées et faire apparaître les décisions particulières comme les conséquences rigoureusement logiques des principes généraux. Il s'agit donc de rattacher toutes les lois à leurs premiers principes, d'en mettre au jour les fondements véritables et, à partir d'eux, de les ordonner en un système cohérent, en un corps fermé sur lui-même. C'est pourquoi Domat, après avoir présenté dans un Livre préliminaire, ou *Traité des lois*, les notions essentielles, s'attache à l'étude des engagements, source de tous les droits, qui fondent la société, avant de traiter des successions au sens large, des modes de transmission de ces droits, qui perpétuent la société.

S'il ne fut pas le premier à tenter d'ordonner les lois romaines (Connan et Doneau l'avaient précédé d'un bon siècle), il fut certainement celui qui y mit la plus grande rigueur, un esprit scientifique d'inspiration cartésienne. *Les Loix civiles* ont connu un grand succès au XVIIIe siècle, à en juger par le nombre des rééditions et même des traductions en langues étrangères ; elles ont influencé d'Aguesseau, Montesquieu (l'expression « esprit des lois », titre de son grand ouvrage, vient de Domat) et Portalis. Pourtant, les intentions de l'auteur n'ont guère été comprises, et encore moins suivies. On en a surtout retenu le rationalisme formel, la mise en ordre du droit dans un cadre géométrique qui s'accordait à l'esprit du temps, en négligeant les fondements spirituels. Et même le plan d'ensemble proposé par Domat, trop dépendant de cette vision spiritualiste, ne fut adopté ni dans les ouvrages postérieurs ni dans le Code civil, dont le seul élément qui s'en inspirait, le Titre préliminaire du projet, disparut devant l'hostilité du Tribunat. Ce qui a survécu de son œuvre, ce sont les théories qu'il avait édifiées sur un certain nombre de questions, comme les contrats et la responsabilité délictuelle, que reprirent les rédacteurs du Code.

▶ Bibliographie

André-Jean Arnaud, *Les Origines doctrinales du code civil français*, Paris, LGDJ, 1969, p. 142 sq., 203 sq.

Marie-France Renoux-Zagamé, « Domat, le salut et le droit », *RHFDSJ*, 1989, n° 8, p. 69-111, et « Domat : du jugement de Dieu à l'esprit des lois », *Le Débat*, n° 74, mars-avril 1993, p. 54-68.

Franco Todescan, « Il problema della secollarizzazione nel pensiero giuridico di Jean Domat », *Le Radici teologiche del giusnaturalismo laico*, II, Milan, Giuffrè, 1987, et « Domat et les sources du droit », *APD*, 1982, p. 55 sq.

Droit des gens (Jus gentium)

Création romaine, le *jus gentium* s'est dégagé progressivement, à mesure que s'étendaient les conquêtes, que la cité s'ouvrait au monde et que se faisait sentir le besoin de nouer des relations juridiques entre citoyens et étrangers, dépassant le cadre étroit du *jus civile*. Avant d'en arriver à une vision globale et synthétique, il a d'abord consisté en une série d'opérations permises aux Romains comme aux pérégrins, que les autorités romaines ont accepté de sanctionner, essentiellement des contrats de droit commercial international comme la vente, et le *jus gentium* a conservé l'aspect d'un catalogue d'institutions régissant les relations entre les ressortissants de différentes cités ou de différents peuples. Sous l'Empire, une vision plus synthétique s'est imposée chez les jurisconsultes qui ont cherché à le définir. Pour Ulpien (*Dig.*, 1, 1, 1), c'est le droit qu'utilisent tous les peuples, propre au genre humain, par opposition au droit naturel commun aux hommes et aux animaux. Pour Gaius (*Dig.*, 1, 1, 9), c'est le droit que la raison naturelle a établi entre tous les hommes, et que l'on reconnaît au fait qu'il est d'usage à peu près général chez tous les peuples. Définitions reprises jusqu'au XVIe siècle par les juristes et les théologiens, qui concevaient le *jus gentium* comme un système juridique mixte, tant par sa fonction d'intermédiaire entre le droit naturel et les droits positifs, que par son contenu, fait d'éléments provenant du premier comme des seconds : le consensus général, l'adoption par un grand nombre de peuples, sans aucune concertation, d'institutions communes prouvait l'adéquation de ces institutions à la nature humaine ; néanmoins, construites par la raison, établies par les lois de chaque État, elles se rattachaient de ce point de vue au droit positif.

À partir du XVIe siècle, cette conception a été battue en brèche par le refus, tant des juristes humanistes que de certains représentants de la seconde scolastique, d'admettre l'existence d'un droit naturel commun aux hommes et à l'ensemble de la nature, et par la volonté de considérer la raison, la justice et le droit comme propres à la seule nature humaine. Il n'y avait plus place, dès lors, pour le droit des gens au sens classique, qui devait être soit absorbé par le droit naturel, qui recouvrait exactement son domaine, soit rejeté dans le droit positif. Réduit à une coquille vide, le concept a pourtant survécu, mais en changeant de sens, en s'appliquant non plus à un droit commun aux hommes mais à un droit purement positif formé entre les États pour régir leurs propres rapports. La métamorphose s'est accomplie avec le théologien espagnol Suarez et le jurisconsulte néerlandais Grotius au début du XVIIe siècle : le droit des gens moderne est devenu le droit des relations internationales, que l'on nomme aujourd'hui *droit international public.*

▶ Bibliographie

Peter Haggenmacher, *Grotius et la doctrine de la guerre juste*, Paris, PUF, 1983.

Marie-France Renoux-Zagamé, « La disparition du droit des gens classique », *RHFDSJ*, IV, 1987, p. 23-53.

Droit naturel

Née dans la Grèce antique, la notion de droit naturel a traversé les siècles jusqu'à nos jours, mais en subissant bien des métamorphoses, en recouvrant des idées fort diverses, voire opposées. Il existe plusieurs conceptions du droit naturel, ou de la *loi naturelle* – ce qui implique déjà une nuance car les deux expressions ne sont pas synonymes –, dont le point commun est de dépasser les lois positives, d'en vérifier la valeur en les confrontant à des critères extérieurs à elles-mêmes, et de leur chercher des fondements plus élevés dans la nature.

Le droit naturel que l'on qualifie de classique, né avec Aristote, repris, développé et christianisé au XIIIe siècle par saint Thomas d'Aquin, repose sur le postulat d'un monde objectivement ordonné, où chaque élément a sa place, son rôle, sa finalité, déterminés en fonction de l'harmonie du tout. Distinct de la morale, dont le seul objet est de régler les comportements individuels, le droit, identifié à la justice, doit atteindre cet équilibre naturel en réalisant l'égalité entre tous les membres du corps social : égalité mathématique dans la *justice commutative*, qui veut par exemple que le vendeur d'un bien reçoive un prix en argent égal à sa valeur ; égalité géométrique, proportionnelle dans la *justice distributive*, qui vise à répartir équitablement les biens entre tous les membres de la cité, à attribuer à chacun ce qui lui revient. Fondés sur la nature des choses, sur la mesure objective que donne l'ordre naturel, les jugements et les lois ne sont pas des décisions arbitraires mais consistent à adapter la justice naturelle au milieu, aux circonstances, aux cas d'espèce : la célèbre classification aristotélicienne des formes de gouvernement se rattache à cette conception en recherchant non pas quel est le meilleur régime dans l'absolu, ce qui n'a pas de sens, mais quel est le mieux adapté à un contexte précis, à un cadre déterminé, le plus apte à réaliser, en fonction des circonstances, les fins naturelles de conservation de la société. Le droit naturel classique ne consiste donc pas à dresser une liste de droits prétendus immuables et absolus : il est avant tout une méthode faite de prudence (d'où la jurisprudence au sens premier, qui est l'art de découvrir les solutions juridiques les meilleures), d'observation des choses, de connaissance de leur nature et de leurs fins, d'usage de la raison. Les bonnes lois positives, les bons jugements, sont ceux qui respectent cette méthode et peuvent ainsi sinon atteindre, car ils n'en donneront jamais qu'une vue imparfaite, du moins approcher le droit naturel. Dans la conception chrétienne du droit naturel classique, chez saint Thomas, l'approche est facilitée aussi par les lois naturelles que Dieu a inscrites dans la conscience de chacun, et par celles qu'Il a révélées dans le Décalogue : elles ne s'identifient pas au droit naturel, plus riche et plus complexe, mais elles permettent d'en connaître les premiers principes.

À cette conception s'oppose celle du droit naturel moderne, qui a rompu avec l'idée aristotélicienne d'un ordre universel et d'une finalité de la nature pour en rechercher ailleurs les fondements. Ailleurs, c'est-à-dire dans la nature intérieure de l'homme, dans sa raison, dans sa conscience, et non plus dans la nature des choses extérieures. Dès l'Antiquité, la philosophie stoïcienne en a posé les prémisses. Au haut

Moyen Âge, l'augustinisme a également contribué à son émergence en niant l'autonomie de l'ordre naturel, absorbé tout entier dans l'ordre divin, vision que partageait le *Décret* de Gratien et qui connaîtra un regain de faveur au XVIe siècle avec l'humanisme et la Réforme protestante. Mais c'est avec la philosophie nominaliste des derniers siècles du Moyen Âge qu'elle s'est clairement dégagée, avant de s'affirmer avec la seconde scolastique espagnole et la jurisprudence humaniste du XVIe siècle, puis avec l'École du droit naturel et les doctrines philosophiques des XVIIe et XVIIIe siècles, celles de Hobbes, de Locke. Par essence individualiste, le droit naturel moderne est fondé tout entier sur l'homme : il se confond avec la nature et la raison humaines, avec la conscience individuelle et les lois naturelles d'origine divine gravées dans celle-ci ; sous sa forme laïcisée, avec les droits subjectifs censés inhérents à toute personne, venus d'un hypothétique état de nature antérieur à la formation des sociétés.

C'est cette conception, non plus du droit naturel mais des droits naturels, que les juristes modernes ont cru trouver dans le droit romain, au prix d'un anachronisme et d'un évident contresens. C'est elle aussi qui a inspiré au XVIIIe siècle les Déclarations des droits de l'homme américaines et française. Conception qui relève plus de la morale et de la métaphysique que du droit, trop vague, trop peu juridique, trop arbitraire pour jouer un rôle effectif : sous la Révolution, lors de la préparation du Code civil avec Portalis, puis au cours du XIXe siècle, le droit naturel, ainsi compris, a été maintes fois évoqué, mais plus comme thème oratoire que comme concept opératoire. Il l'a été davantage encore, mais sans plus d'effet sur le contenu du droit positif, au début du XXe siècle : s'il a connu alors une renaissance, célébrée par le publiciste Charmont, s'il a constitué un thème récurrent chez des juristes de premier plan comme Gény ou Hauriou, et chez d'autres moins connus, et si certains de ces auteurs ont même prétendu revenir au droit naturel classique, la plupart n'en ont eu en fait qu'une idée vague, trop éclectique, mêlée de subjectivisme et de volontarisme. À l'opposé d'Aristote et de saint Thomas, ils en ont fait non une méthode de recherche fondée sur la prudence, sur la raison, mais une sorte d'article de foi recouvrant des conceptions diverses, dont les contradictions et le subjectivisme ont plutôt contribué à dévaloriser l'idée même de droit naturel. Car l'essentiel, le vrai fondement du droit naturel classique, la nature des choses, l'idée d'un monde ordonné en fonction de ses fins, est bien perdu de vue dans les philosophies modernes.

▶ Bibliographie

RHFDSJ, 1987, n° 4, 1988, n° 6, 1989, n° 8, « La doctrine et le droit naturel ».

Alain Sériaux, *Le Droit naturel*, 2e éd., Paris, PUF, 1999, coll. Que sais-je ? n° 2806.

Michel Villey, *La Formation de la pensée juridique moderne*, 3e éd., Paris, PUF, 2003, et *Leçons d'histoire de la philosophie du droit*, 2e éd., Paris, Dalloz, 1962.

Droit privé, droit public

La distinction du droit privé, qui régit les relations entre particuliers, et du droit public, qui concerne l'organisation de l'État et l'administration, apparaît fondamentale, ne seraitce que dans les programmes universitaires. Elle est pourtant relativement récente, du moins avec le caractère tranché qu'elle présente aujourd'hui. Certes, les expressions *jus privatum* et *jus publicum* étaient connues des Romains. On les rencontre chez Cicéron, mais avec un tout autre sens : le droit public était le droit établi par les autorités de la cité, même lorsqu'il concernait les rapports entre particuliers ; le droit privé, celui qui résultait de volontés particulières, de contrats par exemple. L'idée que tout ce qui concernait l'organisation politique et administrative présentait un caractère spécifique, auquel les jurisconsultes, au demeurant, ne s'intéressaient guère, existait bien à Rome, mais elle est restée longtemps diffuse et ne s'exprimait pas par la notion de *jus publicum*.

Il faut attendre l'Empire, la formation d'un État mieux structuré et d'une administration plus développée, pour la voir progresser : Ulpien (*Dig.*, I, 1, 1, 2), et à sa suite les *Institutes* de Justinien (1, 4) ont été les premiers à opposer le droit public, relatif au *status rei romanae*, à la condition de la chose publique, et le droit privé, qui regarde l'utilité des particuliers. Textes qui, avec la renaissance du droit romain, ont été abondamment commentés à partir du XIIe siècle, mais diversement interprétés. Si la distinction a été reprise par les romanistes et les canonistes médiévaux, les divergences ont porté tant sur les critères que sur le contenu. Les premiers glossateurs, comme les y incitait le texte d'Ulpien, qui plaçait parmi le droit public les cultes, le sacerdoce, les magistratures, y ont vu une division du droit selon son objet : le droit public serait le droit des choses publiques ; le droit privé, le droit des choses privées. Contre le risque d'émiettement que comportait un tel raisonnement, Azon, et après lui Accurse, ont fait prévaloir un critère plus général, une distinction fondée sur la nature des intérêts en cause, idée qu'ont approfondie les juristes orléanais et les bartolistes en mettant en avant la notion d'utilité. C'est le but principal de la règle de droit qui permet de déterminer si elle est publique ou privée : établie pour l'utilité publique, elle relève du droit public ; pour l'utilité privée, elle appartient au droit privé.

La transposition de ces doctrines dans la pratique a cependant été rendue difficile par le contexte politique de l'époque, la féodalité, l'existence de seigneuries où les droits de puissance publique faisaient l'objet d'appropriation privée. Peu de coutumiers ont repris la distinction droit public-droit privé, et seulement sous la forme d'une antithèse superficielle qui recouvrait en général l'opposition entre droit commun et droits particuliers. Les progrès les plus décisifs sont liés à l'émergence de l'État moderne dans les derniers siècles du Moyen Âge, et au travail des légistes royaux qui ont pris de plus en plus conscience de la nature particulière de l'organisation politique, qui ont fait de la Couronne, de la *res publica*, des entités spécifiques, distinctes de la personne du prince, soustraites à l'application des règles ordinaires, et se sont attachés à doter l'État naissant et son administration de règles propres : la construction de la théorie statutaire, qui soustrayait la dévolution du pouvoir à la volonté du roi, d'un droit du domaine de la Couronne fondé sur l'inaliénabilité, de la continuité de la fonction royale, du droit des offices, ont beaucoup fait pour l'affirmation d'un droit public distinct du droit privé, même si la dichotomie était rarement utilisée à cette occasion.

C'est seulement au XVIe siècle, et plus encore au XVIIe que la distinction apparaît nettement tranchée dans la doctrine française, conséquence des progrès de l'État d'un côté, de ceux d'un droit privé français en voie d'unification de l'autre. Du Moulin en fait la *summa divisio juris*. Louis Le Caron fonde sur elle le plan de ses *Pandectes du droit français*, en définissant le droit public comme tout ce qui touche à la souveraineté : l'État, les finances, les magistratures, les relations diplomatiques, et en rejetant les droits seigneuriaux dans le domaine du droit privé. Loyseau, Le Bret, d'Aguesseau la reprennent, et les premiers ouvrages traitant exclusivement du droit public paraissent au cours du XVIIe siècle : *Le Droit public de la France* de l'abbé Fleury (1679) et le *Droit public* de Domat, qui fait pendant aux *Loix civiles* du même auteur consacrées au droit privé. Les grandes codifications du XIXe siècle ont creusé encore le fossé, puisqu'elles n'ont porté, en France du moins, que sur les matières rattachées au droit privé, et ont laissé de côté tout ce qui concernait le droit public.

▶ Bibliographie

Archives de philosophie du droit, t. 41, 1997, « Le privé et le public ».

Georges Chevrier, « Remarques sur l'introduction et les vicissitudes de la distinction du *jus privatum* et du *jus publicum* dans les œuvres des anciens juristes français », *APD*, 1952, p. 5-77, et « Les critères de la distinction du droit privé et du droit public dans la pensée savante médiévale », *Études d'histoire du droit canonique dédiées à Gabriel Le Bras*, Paris, Sirey, 1965, t. II, p. 841-859.

Charles Du Moulin (1500-1566)

Fils d'un avocat au Parlement de Paris, Charles Du Moulin embrassa la même carrière après avoir reçu une solide formation juridique à Orléans et peut-être à Poitiers. Mais, peu doué pour le barreau (il était bègue), il se consacra surtout à l'étude. Esprit puissant et original, touché par l'humanisme sinon par la Réforme protestante (on l'a longtemps présenté comme l'exemple type de la versatilité en matière religieuse, successivement catholique, calviniste, luthérien, à nouveau catholique, mais une thèse récente a montré que, s'il entretint des relations orageuses avec Calvin et les luthériens allemands, et prit des positions très hostiles à la papauté qui lui valurent un long exil en Suisse et en Allemagne, il resta toute sa vie fidèle aux dogmes fondamentaux du catholicisme et apparaît plutôt comme un conciliateur, un « moyenneur » de tendance érasmienne), il a laissé une œuvre importante.

Peu original dans ses méthodes, qui demeurent pour l'essentiel bartolistes, il n'était pas l'homme des vastes synthèses et ses travaux, fort variés, touchent à une multitude de sujets de droit romain (divers traités sur l'usure et la monnaie, les dommages-intérêts, la formation des contrats, l'indivisibilité des obligations...), de droit canonique (surtout les bénéfices ecclésiastiques) et de droit coutumier, avec un commentaire inachevé de la coutume de Paris et de brèves notes sur les coutumes de France parues après sa mort. Mais, juriste de haute volée, d'une pensée audacieuse tout en restant toujours proche de la pratique, il sut proposer, dans toutes les questions qu'il aborda, des solutions originales qui ont fait progresser le droit et exercé une forte influence. Ses notes sur les coutumes, reproduites dans la plupart des éditions de coutumes particulières aussi bien que dans les coutumiers généraux, ont joui d'une autorité exceptionnelle : d'Aguesseau affirmait qu'elles devaient être respectées presque comme des lois. On trouve de nombreuses traces de ses doctrines jusque dans le Code civil : la théorie de la subrogation légale, celle des obligations indivisibles, la révocation des donations pour survenance d'enfant, la résolution des contrats pour inexécution, la théorie moderne des dommages-intérêts, le système actuel de la garantie d'éviction dans la vente, la représentation en matière de solidarité, viennent pour l'essentiel de lui, souvent par l'entremise de Pothier.

Surtout, Du Moulin, profondément gallican, voire nationaliste, a été l'un des fondateurs du droit français, même s'il ignorait l'expression : il a été le premier grand jurisconsulte coutumier, le premier aussi à réfuter l'idée que le droit romain représentait le droit commun et à soutenir que les coutumes formaient le vrai droit de la France, un droit original, expression des traditions authentiques de la nation française, qui de ce fait ne devait en aucune façon être interprété, et encore moins restreint, en fonction des solutions romaines, mais suivre sa logique propre, en toute indépendance. Il fut aussi le premier (dès les années 1540) à préconiser l'unification du droit coutumier, issu selon lui d'un même fond, qu'il proposait de réunir en une seule coutume rassemblant au moins les principes généraux et les règles communes, quitte à laisser subsister des différences de détail. À défaut d'avoir vu aboutir son projet, trop en avance sur son temps, il fut le pionnier de l'étude comparative des coutumes, qui devait en favoriser le rapprochement, et tous les juristes qui, par la suite, ont travaillé à l'élaboration doctrinale du droit français s'en sont inspirés. Peu lu au XVIIIe siècle, où son latin rocailleux et sa dialectique bartoliste étaient passés de mode, Du Moulin eut la chance de trouver en Henrion de Pansey et en Pothier des épigones consciencieux, qui traduisirent ou résumèrent certains de ses écrits et en assurèrent la transmission.

▶ Bibliographie

René Filhol, « Du Moulin », *Dictionnaire du droit canonique* (dir. R. Naz), Paris, 1953, t. V, col. 41-67, réimp. dans *Aux alentours du droit coutumier. Articles et conférences du doyen René Filhol*, Université de Poitiers, 1988, p. 241-279.

Jean-Louis Thireau, *Charles Du Moulin (1500-1566). Étude sur les sources, la méthode, les idées politiques et économiques d'un juriste de la Renaissance*, Genève, Droz, coll. Travaux d'Humanisme et Renaissance, 1980.

Thierry Wanegffelen, *Ni Rome ni Genève. Des fidèles entre deux chaires en France au XVIe siècle*, Paris, Honoré Champion, 1997, p. 133-147 (sur les idées religieuses).

Équité

Figure à la fois complémentaire et antithétique de la loi, l'équité est une constante de la science juridique, mais la notion reste imprécise et fluctuante. Aristote (*Éthique à Nicomaque*, chap. XIV), qui fut le premier à en proposer une théorie d'ensemble, en faisait le correctif nécessaire de la justice légale : l'infirmité des lois positives, trop générales, trop rigides pour réaliser pleinement l'égalité dans toutes les situations, imposait de les adapter aux circonstances particulières, d'autoriser le juge à prendre en compte les singularités de certains cas d'espèce et d'ajuster en conséquence les dispositions légales. L'équité ne se substituait pas à la loi mais la complétait, l'améliorait, contribuait à la rendre plus juste.

À Rome, et en particulier chez Cicéron, où elle occupait une place très importante, la notion d'équité a subi quelques infléchissements sous l'influence d'autres courants philosophiques, en particulier le stoïcisme. Elle a conservé sa fonction de correctif de la loi, et c'est en ce sens qu'était fréquemment invoqué l'adage *Summum jus, summa injuria* : l'application trop stricte, trop littérale, de la loi menait à l'injustice. Mais elle est devenue bien davantage : l'expression même de la justice et du droit, avec lesquels elle se confondait, le fondement des lois et la source de leur interprétation, et elle était invoquée à ce titre par les jurisconsultes classiques et les préambules des constitutions impériales. Tendance à l'élargissement qu'a encore amplifiée l'influence du christianisme, en identifiant l'équité à l'esprit de bienveillance et de charité qui devait prévaloir dans l'interprétation et l'application du droit.

Les doctrines médiévales, comme dans les autres domaines, sont demeurées tributaires des idées romaines, mais les ont dépassées. Les canonistes ont fusionné tradition romaine et tradition chrétienne en définissant l'équité comme la justice tempérée par la miséricorde. Les romanistes l'ont exaltée en l'identifiant à la justice selon la nature, c'est-à-dire selon Dieu, mais ont cherché aussi à en discipliner l'usage pour éviter qu'elle ne sombre dans l'arbitraire et se sont montrés en pratique plus réservés à son égard. Les glossateurs, en reprenant une distinction ébauchée par Cicéron, ont opposé à une équité brute, informe, l'*aequitas rudis*, qui n'est rien d'autre que le sentiment intuitif et purement subjectif du juge, une *aequitas constituta*, une équité écrite constituée, tirée du droit lui-même, identifiée à l'esprit général des lois, à l'intention du législateur. Alors que l'usage de l'équité brute devait être proscrit, si ce n'est en l'absence de toute disposition législative, l'équité écrite pouvait être mise en œuvre pour atténuer la rigueur d'une loi, en faisant appel à d'autres lois, en opposant à la lettre d'une règle spéciale l'esprit général de la législation et l'intention, présumée bienveillante, du législateur. Elle revenait à corriger la loi par la loi, et, de ce fait, la question de l'équité se ramenait à celle de l'interprétation des dispositions légales.

On ne trouve pas plus d'unité chez les modernes. Les premiers humanistes, sous l'influence d'Érasme, ont adopté une conception très large de l'équité, conçue comme le moyen de moraliser le droit, comme l'antidote à l'excès de juridisme et de technicité dont on taxait les bartolistes. Mais, face aux progrès conjugués de la critique historique, du volontarisme et du positivisme juridique, cette thèse n'a pas prévalu. Beaucoup de juristes humanistes ont rejeté les distinctions médiévales et sont revenus à une conception unitaire de l'équité, simple correctif de la loi, à laquelle, ce faisant, ils ont été conduits à l'opposer. Ils ont refusé au juge la faculté de faire prévaloir sa propre conception de la justice sur le texte clair des lois, ce que Grimaudet qualifiait d'« équité fantastique », et Pasquier de « jurisprudence cérébrine ». Pour la majorité des auteurs, comme Connan, Bodin, Le Caron, Pasquier, l'équité ne permettait que de corriger la lettre d'une loi pour retrouver sa véritable signification au-delà d'une formulation imprécise ou maladroite.

Dans la pratique, la faculté de juger en équité était également restreinte en France aux seuls parlements, à l'exclusion des juridictions inférieures. On l'a souvent soupçonnée d'arbitraire : « Dieu nous garde de l'équité des parlements », affirmait-on sous l'Ancien Régime. Pourtant, les jugements en équité des cours souveraines, et sans jouer un rôle aussi important que l'*equity* anglaise, ont permis d'édifier une jurisprudence cohérente, répondant à de réels besoins. Condamnée, même sous sa forme la plus restreinte, par le légicentrisme révolutionnaire, qui a amplifié la tradition hostile de l'Ancien Régime, l'équité a été réintroduite dans le Code civil à l'initiative de Portalis, et le célèbre article 4, qui oblige le juge à statuer en l'absence de loi, apparaît comme sa consécration tardive. Les jugements en équité n'ont pas disparu mais ont toujours pris soin de se dissimuler derrière des références au Code civil. Au XIXe siècle, l'équité a trouvé aussi un terrain favorable dans les juridictions des juges de paix, dont les jugements, non susceptibles de pourvoi en cassation pour violation de la loi, n'avaient aucune obligation de se fonder sur elle.

▶ Bibliographie

Georges Boyer, *La Notion d'équité et son rôle dans la jurisprudence des parlements*, *Mélanges Georges Boyer*, Toulouse, 1960, t. I, p. 210-235.

Jean-Marie Carbasse et Laurence Tarride (dir.), *La Conscience du juge dans la tradition juridique européenne*, Paris, PUF, 1999.

Michèle Ducos, *Les Romains et la loi*, Paris, Les Belles Lettres, 1984.

Charles Lefebvre, *Les Pouvoirs du juge en droit canonique*, Paris, 1938, et « Epikie » et « Équité », *Dictionnaire de droit canonique* (dir. R. Naz), Paris, 1953, t. V, col. 364-375, 394-410.

Robert Joseph Pothier (1699-1772)

« Père du Code civil », telle est l'étiquette définitivement attachée à Pothier, et du reste amplement justifiée. Né à Orléans, ville qu'il ne quitta pratiquement jamais, il mena la vie, tout entière vouée au labeur, d'un « bénédictin du droit ». Conseiller au présidial, comme l'avait été son père, il dut à l'estime et à l'amitié du chancelier d'Aguesseau d'être nommé, en 1750, professeur royal de droit français à l'université, qui, si elle avait perdu son lustre d'antan, conservait encore une honorable renommée. Il a laissé une œuvre immense et fort éclectique, qui s'ouvre sur un *Commentaire de la coutume d'Orléans* en 1740, se poursuit avec une édition des *Pandectes* en ordre systématique (1748), à laquelle il travaillait depuis sa jeunesse, et s'achève en apothéose avec une vingtaine de traités sur les principales matières du droit civil et la procédure, les obligations, les différents contrats, les successions, le mariage, la puissance du mari sur la femme, la communauté conjugale, les fiefs..., composés à partir des années 1750 et dont les derniers ne parurent qu'après sa mort, ouvrages qui ont fait sa réputation.

Pothier, qu'il a été longtemps de bon ton de couvrir de louanges, avait-il pour autant les qualités d'un grand juriste ? On ne peut lui dénier la clarté, un style limpide mais uniforme parfois un peu ennuyeux, la rigueur de pensée, l'étendue de l'information : propriétaire d'une vaste bibliothèque, il avait lu la plupart de ses contemporains et plus encore ses grands ancêtres, spécialement Du Moulin, à qui il vouait une profonde vénération, mais aussi les auteurs de l'École du droit naturel, Grotius, Pufendorf, Vinnen, Barbeyrac… On peut douter en revanche de son originalité : il n'avait pas l'audace et la vigueur d'esprit d'un Du Moulin, son modèle, ou d'un Domat (qu'il semble avoir peu apprécié) ; ses ouvrages sont nourris d'emprunts, qu'il est trop honnête pour dissimuler. Il serait excessif de voir en lui un simple compilateur, car il a toujours conservé une certaine liberté à l'égard de ses sources, les a critiquées et s'en est démarqué à l'occasion. Mais, autant que permettent d'en juger les études encore insuffisantes dont il a fait l'objet, il ne semble pas avoir introduit des théories très neuves, il s'est contenté de reprendre, d'infléchir, parfois de déformer celles de ses prédécesseurs. Il a joué le rôle d'intermédiaire intelligent plus que de créateur, en faisant la synthèse de toute la doctrine privatiste française d'Ancien Régime et, bien qu'il ne fût nullement adepte des « Lumières » mais plutôt janséniste dévot, il en a donné une vision laïcisée, volontariste et individualiste, que ne répudiait pas l'« esprit du siècle ». Il a poursuivi le travail d'unification entrepris depuis deux siècles, en dégageant les principes généraux au détriment des particularismes coutumiers.

Ce fut sans doute la principale cause de sa gloire posthume : son œuvre proposait un exposé synthétique et homogène de l'ancien droit, qui dispensait de lire les auteurs plus anciens. Les rédacteurs du Code civil surent en profiter en lui faisant de nombreux emprunts, et la Restauration, puis la monarchie de Juillet, soucieuses de rattacher le Code à la tradition historique du droit français, mirent en relief cette filiation : c'est entre 1814 et 1848 que l'on trouve le plus de références à Pothier et que furent rééditées ses œuvres complètes, par Dupin et par Bugnet. Mais son influence s'est étendue aussi hors de France, le plus souvent en accompagnant le Code civil, parfois en le précédant : en Allemagne, en Amérique latine, dans les pays de *Common Law*, surtout aux États-Unis où son *Traité des obligations* fut traduit en anglais.

▶ Bibliographie

A.-J. Arnaud, *Les Origines doctrinales du Code civil français*, Paris, 1969, p. 111 sq., 163 sq., 206 sq.

Joël Monéger, Jean-Louis Sourioux et Aline Terrasson de Fougères (dir.), *Robert Joseph Pothier, d'hier à aujourd'hui*, Paris, Économica, 2001.

BIBLIOGRAPHIE

I. MANUELS

Bien qu'enseignée en France depuis peu, l'« Introduction historique au droit » a donné matière à plusieurs manuels :

Brigitte BASDEVANT-GAUDEMET et Jean GAUDEMET, *Introduction historique au droit, XIIIe-XXe siècles*, Paris, LGDJ, 2000. Clair et bien informé ; ne commence qu'au XIIIe siècle.

Jean-Marie CARBASSE, *Introduction historique au droit*, Paris, PUF, coll. Droit fondamental, 1998. De Rome aux grandes codifications, avec d'importants développements sur les sources du droit et une précieuse bibliographie.

André CASTALDO, *Introduction historique au droit*, Paris, Précis Dalloz, 1998. Très clair, orienté vers l'histoire du droit privé.

Jean GAUDEMET, *Les Naissances du droit. Le temps, le pouvoir et la science au service du droit*, 2e éd., Paris, Montchrestien, 1999. Plus qu'un manuel, une mine d'informations, qui retrace l'évolution de toutes les sources du droit.

John GILISSEN, *Introduction historique au droit*, Bruxelles, Bruylant, 1979. Le manuel de base en Belgique, où la matière a été enseignée plus tôt qu'en France ; des développements intéressants, en particulier sur les systèmes juridiques extra-européens.

Antoine LECA, *La Genèse du droit. Essai d'introduction historique au droit*, Aix-en-Provence, PUAM, 1998. Des vues originales, une information de grande ampleur, mais un plan qui ne suit pas l'ordre chronologique.

Claire LOVISI, *Introduction historique au droit*, Paris, Dalloz, coll. Cours. Dense et d'une grande clarté.

Norbert ROULAND, *Introduction historique au droit*, Paris, PUF, coll. Droit fondamental, 1998. Plus orienté vers la sociologie et l'ethnologie.

Michel VILLEY, *La Formation de la pensée juridique moderne*, 3e éd., Paris, PUF, coll. Léviathan, 2003. Absolument essentiel pour l'histoire des idées et des philosophies juridiques, mais d'un abord difficile pour les étudiants débutants.

II. Droits de l'Antiquité

Pour une lecture d'initiation :

Jean Imbert, *Le Droit antique*, Paris, PUF, coll. Que sais-je ?, n° 924, 1961.

Sur le droit public, deux excellents manuels :

Jean Gaudemet, *Institutions de l'Antiquité*, 6e éd., Paris, Montchrestien, 2000.

Michel Humbert, *Institutions politiques et sociales de l'Antiquité*, 7e éd., Paris, Dalloz, 1999.

À compléter par :

Numa Denis Fustel de Coulanges, *La Cité antique. Étude sur le culte, le droit et les institutions de la Grèce et de Rome* (1864), réimp. Paris, Flammarion, coll. Champs, 1984.

Moses I. Finley, *L'Invention de la politique. Démocratie et politique en Grèce et dans la Rome républicaine*, trad. franç., Paris, Flammarion, coll. Champs, 1994.

Claude Mossé, *Politique et société en Grèce ancienne. Le « modèle athénien »*, Paris, Flammarion, coll. Champs, 2000.

Claude Nicolet, *Le Métier de citoyen dans la Rome républicaine*, Paris, Gallimard, 1976.

Pour le droit privé romain, on peut recommander à titre d'initiation :

Michèle Ducos, *Rome et le droit*, Paris, Livre de poche, 1996.

Jean Gaudemet, *Droit privé romain*, 2e éd., Paris, Montchrestien, 2000 (recueil de textes avec présentation).

Michel Villey, *Le Droit romain*, Paris, PUF, coll. Que sais-je ?, n° 195, 1964.

Plus approfondi, mais aussi d'une lecture plus difficile :

Robert Villers, *Rome et le droit privé*, Paris, Albin Michel, coll. L'Évolution de l'humanité, 1977.

Sur les sources :
Jean-Pierre CORIAT, *Le Prince législateur. La technique législative des Sévères et les méthodes de création du droit impérial à la fin du Principat*, École française de Rome, 1997.

On ne saurait oublier les travaux de deux grands maîtres de la science romanistique française, rassemblés en recueils :
Jean GAUDEMET, *Études de droit romain*, 3 vol., Publ. de l'univ. de Camerino, Naples, Jovene, 1979, à compléter par *Sociologie historique du droit*, Paris, PUF, coll. Doctrine juridique, 2000.
André MAGDELAIN, *Jus, imperium, auctoritas. Études de droit romain*, Publ. de l'École française de Rome, 1991.

III. DROIT PUBLIC FRANÇAIS

Il existe d'excellents manuels. D'abord un livre fort clair :
Jean BART, *Histoire du droit*, Paris, Dalloz, coll. Connaissance du droit, 1999.

Sur la période médiévale :
Olivier GUILLOT, Albert RIGAUDIÈRE et Yves SASSIER, *Pouvoirs et institutions dans la France médiévale*, 2 vol., Paris, Armand Colin, 1994.
Jean-François LEMARIGNIER, *La France médiévale. Institutions et société*, 2e éd., Paris, Armand Colin, coll. U, 2000.
Jean-Pierre POLY et Éric BOURNAZEL (dir.), *Les Féodalités. Histoire générale des systèmes politiques*, Paris, PUF, 1998.
Yves SASSIER, *Royauté et idéologie au Moyen Âge : Bas-Empire, monde franc, France (IVe-XIIe siècle)*, Paris, Armand Colin, 2002.

Sur une période plus large, du Moyen Âge à la Révolution :
Jean-Louis HAROUEL, Jean BARBEY, Éric BOURNAZEL et Jacqueline THIBAUT-PAYEN, *Histoire des institutions de l'époque franque à la Révolution*, 8e éd., Paris, PUF, coll. Droit fondamental, 1998.
François OLIVIER-MARTIN, *Histoire du droit français, des origines à la Révolution*, 1948, réimp. Paris, CNRS (ouvrage

ancien, vieilli sur certains points, mais qui reste essentiel pour la compréhension des institutions d'Ancien Régime).
Albert RIGAUDIÈRE, *Introduction historique à l'étude du droit et des institutions*, Paris, Économica, 2001.
Philippe SUEUR, *Histoire du droit public français (XVe-XVIIIe siècles)*, 2 vol., 2e éd., Paris, PUF, coll. Thémis, 1993-1994.
Pierre TIMBAL et André CASTALDO, *Histoire des institutions et des faits sociaux*, 10e éd., Paris, Précis Dalloz, 2000.

À compléter, sur des points essentiels, par quelques études spécialisées :
Jean BARBEY, *Être roi. Le roi et et son gouvernement en France, de Clovis à Louis XVI*, Paris, Fayard, 1992.
André GOURON et Albert RIGAUDIÈRE (dir.), *Renaissance du pouvoir législatif et genèse de l'État*, Montpellier, 1988.
Jacques KRYNEN, *L'Empire du roi. Idées et croyances politiques en France, XIIIe-XVe siècles*, Paris, Gallimard, 1993.
Arlette LEBIGRE, *La Justice du roi. La vie judiciaire dans l'ancienne France*, Paris, Albin Michel, 1988.
Guillaume LEYTE, *Domaine et domanialité publique dans la France médiévale (XIIe-XVe siècles)*, Presses de l'université de Strasbourg, 1996.
Antonio PADOA-SCHIOPPA (dir.), *Justice et législation*, Paris, PUF, 2000.
Philippe PAYEN, *Les Arrêts de règlement du parlement de Paris au XVIIIe siècle. Dimension et doctrine*, Paris, PUF, 1997, et *La Physiologie de l'arrêt de règlement du parlement de Paris au XVIIIe siècle*, Paris, PUF, 1999.
Jean-Pierre ROYER, *Histoire de la justice en France*, Paris, PUF, coll. Droit fondamental, 1995.
Karl-Ferdinand WERNER, *Naissance de la noblesse. L'essor des élites politiques en Europe*, Paris, Fayard, 1998.

À partir de la Révolution :
Guy ANTONETTI, *Histoire contemporaine politique et sociale*, 8e éd., Paris, PUF, coll. Droit fondamental, 1999.
Marcel MORABITO, *Histoire constitutionnelle de la France (1789-1958)*, 7e éd., Paris, Montchrestien, 2002.
Gérard SAUTEL et Jean-Louis HAROUEL, *Histoire des institutions publiques depuis la Révolution*, 8e éd., Paris, Précis Dalloz, 1997.

IV. Droit canonique

Jean Gaudemet, *Église et cité. Histoire du droit canonique*, Paris, Le Cerf-Montchrestien, 1994, et *Les Sources du droit canonique, VIIIe-XXe siècles*, Paris, Le Cerf, 1993.

V. Droit privé français

Deux ouvrages généraux jusqu'au Code civil :

Jean Bart, *Histoire du droit privé, de la chute de l'Empire romain au XIXe siècle*, Paris, Montchrestien, 1998.

Paul Ourliac et Jean-Louis Gazzaniga, *Histoire du droit privé français de l'an mil au Code civil*, Paris, Albin Michel, coll. L'Évolution de l'humanité, 1985.

Sur la doctrine :

André Gouron, *La Science du droit dans le Midi de la France au Moyen Âge*, Londres, 1984 ; *Études sur la diffusion des doctrines juridiques médiévales*, Londres, 1987 ; *Droit et coutume en France aux XIIe et XIIIe siècles*, Aldershot, 1993. Recueils d'articles essentiels sur l'histoire des droits savants.

André-Jean Arnaud, *Les Origines doctrinales du Code civil français*, Paris, LGDJ, 1969.

Sur la pratique juridique :

Jean Hilaire, *La Vie du droit. Coutumes et droit écrit*, Paris, PUF, 1994, et *La Science des notaires*, Paris, PUF, 2000.

Pour l'époque révolutionnaire :

Robert Badinter (dir.), *Une autre justice, 1789-1799*, Paris, Fayard, 1989.

Philippe Boucher (dir.), *La Révolution de la justice. Des lois du roi au droit moderne*, s.l., J.-P. de Monza, 1989.

Marcel Garaud, *La Révolution et l'Égalité civile*, Paris, Sirey, 1953, et *La Révolution et la Propriété foncière*, Sirey, 1959.

Marcel Garaud et Romuald Szramkiewicz, *La Révolution française et la Famille*, Paris, PUF, 1978.

Jean-Louis Halpérin, *Le Tribunal de cassation et ses pouvoirs sous la Révolution (1790-1799)*, Paris, LGDJ, 1987, et *L'Impossible Code civil*, Paris, PUF, 1992.

Marie-Françoise Lévy (dir.), *L'Enfant, la Famille et la Révolution française*, Paris, Olivier Orban, 1990.

Xavier MARTIN, *Nature humaine et Révolution française. Du siècle des Lumières au Code Napoléon*, Bouère, Dominique Martin-Morin, 1994.

La Révolution et l'Ordre juridique privé. Rationalité ou scandale ? Actes du Colloque d'Orléans, 11-13 septembre 1986, 2 vol., Paris, PUF, 1988.

Stéphane RIALS, *La Déclaration des droits de l'homme et du citoyen*, Paris, Hachette, coll. Pluriel, 1988.

Irène THÉRY et Christian BIET (dir.), *La Famille, la Loi et l'État de la Révolution au Code civil*, Imprimerie nationale, 1989.

À partir du Code civil :

Jean-Louis HALPÉRIN, *Histoire du droit privé français depuis 1804*, 2e éd., Paris, PUF, coll. Quadridge, 2001.

L'histoire des principales branches du droit privé a fait aussi l'objet de manuels spécialisés :

Jean-Louis GAZZANIGA, *Introduction historique au droit des obligations*, PUF, coll. Droit fondamental, 1992.

Anne LEFEBVRE-TEILLARD, *Introduction historique au droit des personnes et de la famille*, PUF, coll. Droit fondamental, 1996.

Anne-Marie PATAULT, *Introduction historique au droit des biens*, PUF, coll. Droit fondamental, 1989.

Romuald SZRAMKIEWICZ, *Histoire du droit français de la famille*, Dalloz, coll. Connaissance du droit, 1995.

Jean-Louis THIREAU, *Histoire du droit de la famille*, Lyon, L'Hermès, coll. L'essentiel, 1998.

VI. REVUES

Archives de philosophie du droit (APD).

Droits. Revue française de théorie juridique.

Revue de droit canonique (RDC).

Revue française d'histoire des idées politiques (RFHIP).

Revue historique de droit français et étranger (RHDFE).

Revue d'histoire des facultés de droit et de la science juridique (RHFDSJ).

Tijdschrift voor Rechtsgeschiedenis (TRG).

INDEX DES NOMS *

* Les pages en gras signalent les entrées du glossaire critique.

INDEX DES MATIÈRES *

* Les pages en italique visent les passages où la notion est traitée à titre principal, les pages en gras signalent les entrées du glossaire critique.

TABLE

DEUXIÈME PARTIE

LA FORMATION DES SYSTÈMES JURIDIQUES MODERNES

GLOSSAIRE CRITIQUE

N° d'édition : L.01EHQN000128.B003
Dépôt légal : septembre 2009
Imprimé en Espagne par Novoprint (Barcelone)